Martin Guddat

Kanoniere, Bombardiere, Pontoniere

Die Artillerie Friedrichs des Großen

Martin Guddat

Kanoniere, Bombardiere, Pontoniere

Die Artillerie Friedrichs des Großen

2., überarbeitete Auflage

E. S. Mittler & Sohn

Hamburg · Berlin · Bonn

Abbildungsnachweis

Grafiken und Gemälde
Richard Knötel, Seite 25, 50
Herbert Knötel, Seite 11, 13, 16, 70
Adolf Menzel, Seite 29, 32, 68, 80, 88, 95
A. v. Kossat, Seite 97
Geheimes Preußisches Staataarchiv, Seite 57

Fotografien
Archiv des Verfassers, Seite 14, 24, 25, 34, 39
Wehrtechnische Studiensammlung Koblenz, Seite 46, 48, 71
Deutsches Historisches Museum Berlin, Seite 15
Bayerisches Armeemuseum, Seite 50
Landesmuseum Braunschweig, Seite 52, 53
Bertelsmann Verlag, Seite 33
Verlag Bernard & Graefe, Seite 27, 42
Brandenburgisches Verlagshaus, Seite 21, 22, 38, 72, 73

Ein Gesamtverzeichnis der lieferbaren Titel schicken wir Ihnen gerne zu.
Bitte senden Sie eine E-Mail mit Ihrer Adresse an: vertrieb@mittler-books.de
Sie finden uns auch im Internet unter: www.mittler-books.de

> **Bibliografische Information der Deutschen Nationalbibliothek**
> Die Deutsche Nationalbibliothek verzeichnet diese Publikation in der Deutschen Nationalbibliografie; detaillierte bibliografische Daten sind im Internet über http://dnb.d-nb.de abrufbar.

ISBN 978-3-8132-0922-8
© 2., überarbeitete Auflage, 2011 by E. S. Mittler & Sohn, Hamburg, Berlin, Bonn
Ein Unternehmen der Tamm Media

Layout: Inge Mellenthin
Produktionsmanagement: impress media GmbH, Mönchengladbach

Printed in Germany

Inhaltsverzeichnis

Einleitung 7

Stärke und Gliederung der Artillerie von 1640 bis 1786 11
    I. Die Zeit des Großen Kurfürsten (1640–1688) 11
    II. Die Zeit des ersten Königs in Preußen (1688–1713) 13
    III. Die Zeit Friedrich Wilhelms I. (1713–1740) 15
    IV. Die Zeit Friedrichs II. (1740–1786) 18

Technik 34
    I. Die Fabrikation der Geschütze 34
    II. Die Konstruktionsmerkmale 35
    III. Lafetten, Protzen und Zubehör 41
    IV. Munition und Pulver 44
    V. Bedienung der Geschütze 48
    VI. Train 51
    VII. Bespannung 53

Mannschaften und Offiziere 55
    I. Die Mannschaften 55
    II. Das Offizierkorps 57

Die Artillerie im Frieden 64
    I. Die Ausbildung 64
    II. Bekleidung und persönliche Ausrüstung 68
    III. Die Unterbringung 72
    IV. Besoldung 74
    V. Verpflegung 76
    VI. Medizinische Versorgung 77
    VII. Urlaub 80
    VIII. Soziale Sicherung 81

Die Artillerie im Felde 84
    I. Vorbereitung und Marsch 88
    II. Unterbringung im Felde 90
    III. Die Verpflegung 91
    IV. Vorbereitung zur Schlacht 92
    V. Die Artillerie in der Schlacht 94
    VI. Die Artillerie im Festungskampf 97
    VII. Sanitätsdienst im Felde 100
    VIII. Gefangenschaft 102
    IX. Die Situation im Mutterland 103

Schlussbetrachtung 109

Verzeichnis der Chefs und Kommandeure der Artillerie 1762–1786 112

Verzeichnis der von Friedrich dem Großen ernannten höheren Artillerieoffiziere 112

Rangliste der königlich preußischen Feld- und Garnisonsartillerie von 1741 113

Rangliste der königlich preußischen Feld- und Garnisonartillerie von 1756 114

Rangliste der königlich preußischen Feld- und Garnisonartillerie von 1763 115

Rangliste des Feldartillerie-Corps in Schlesien Mai 1764 117

Erläuterung wichtiger Fachbegriffe 118

Literaturverzeichnis 120

Zum Autor

Dr. jur. Martin Guddat, Jahrgang 1943, trat 1972 in die Bundeswehrverwaltung ein. Nach einer Verwendung im Bundesamt für Wehrtechnik und Beschaffung war er Referatsleiter für Bundeswehrverwaltung, Rüstung und Rüstungswirtschaft im Bundeskanzleramt. Zuletzt leitete er als Chef die Rüstungsabteilung des Bundesministeriums der Verteidigung. Seine Veröffentlichungen zur preußischen Militärgeschichte haben breite Anerkennung gefunden.

Einleitung

Es wird berichtet, dass in den Mittagsstunden eines Wochentages, irgendwann zwischen den Jahren 1250 und 1320, ein donnerndes Getöse die schläfrige süddeutsche Stadt Freiburg erschreckt haben soll. Der Verursacher der ungewohnten Störung war damals schnell gefunden. Der Franziskanermönch Berthold Schwarz hatte in seinem Alchemistenkeller durch reinen Zufall fünf Teile Salpeter, einen Teil Schwefel sowie einen Teil Holzkohle zu einem gefährlichen Stoff gemischt und durch ungeschicktes Hantieren zur Explosion gebracht.[1] Neu war seine Entdeckung allerdings nicht. Der experimentierfreudige Kleriker hatte durch Zufall nur nachvollzogen, was den Indern, Arabern und Chinesen längst bekannt war. Aber die Wiederholung reichte aus, um seinen Namen für alle Zeit mit dem gefährlichen Gemisch zu verbinden.

Es besteht kein Zweifel, dass das Schwarzpulver die Kriegführung in Europa wesentlich beeinflusst, ja revolutioniert hat. Die Veränderung kam allerdings nicht über Nacht. Sie begann mit der Konstruktion schwerer Geschütze, und es dauerte lange, bis aus der »Artollorie« (ars tollendi = die Kunst des Anhebens) durch kontinuierliche Minimierung eine leichte Handfeuerwaffe entstand. Und selbst als die erste Arkebuse auf den Schlachtfeldern ihr Feuer versprühte, bedeutete die Armbrust für den gepanzerten Ritter noch für lange Zeit eine weit größere Gefahr. Sie war schnell gespannt, der Bolzen flog lautlos und ließ ihm kaum eine Chance zur Gegenwehr. Demgegenüber erfolgte das Laden des klobigen Schießrohrs geradezu schneckenhaft langsam. Pulver musste in den Lauf gefüllt, die Kugel nachgeschoben und das Ganze verdämmt werden, bis der Schütze endlich zum Abfeuern kam. Dazu griff er zu einem rechtwinklig abgeknickten eisernen Haken (Loseisen), dessen Ende er zuvor durch Erhitzen zum Glühen gebracht hatte. Bei Regen fand die aufwendige Prozedur gar nicht erst statt, und auch an trockenen Tagen war der Ritter meist schon über alle Berge oder der Schütze erschlagen, bevor er sein Feuerrohr aufgestellt und gezündet hatte. Und wenn er tatsächlich einmal traf, war die Wirkung gering. Noch bis in das 18. Jahrhundert hinein prallten die Musketenkugeln an den Brustpanzern der Kürassiere ab, wenn sie nicht aus nächster Nähe abgefeuert wurden und senkrecht auf den Panzer trafen. Dass die Feuerwaffen das Ende des Rittertums eingeläutet hätten, ist deshalb nicht mehr als eine Legende.

Der edle Einzelkämpfer wurde nicht durch die Technologie, sondern durch die Geldwirtschaft obsolet, der das Lehenssystem untergrub, auf dem die mittelalterliche Feudalordnung beruht hatte. Die neue Sitte, Kriegsdienste nicht mehr mit Landbesitz, sondern barer Münze zu entlohnen, führte den Fürsten ganze Heerscharen von Söldnern zu, die nach völlig anderen Gebräuchen lebten und kämpften. Weil jetzt Masse gegen Masse stand, war der Ritter zu Pferde nicht mehr gefragt und seine wirtschaftliche Zukunft durch die Beschäftigungslosigkeit blockiert. Während die Städte durch ihre überregionalen Handelsbeziehungen prosperierten, degenerierte er auf seinem ärmlichen Landsitz zum Krautjunker. Es dauerte nicht lange, bis nach einer Phase des Raubrittertums auch er Sold annahm und damit die Wandlung zum »Soldaten« vollzog.

Für die Kriegführung der Landesherren der Renaissance spielte das schwere Geschütz zunächst nur eine untergeordnete Rolle. Der Aufwand war enorm und der militärische Nutzen gering. Wegen des hohen Gewichts von dreieinhalb Tonnen und mehr benötigte die Truppe für den Transport eine große Anzahl Pferde, deren Beschaffung die finanziellen Mittel schnell überforder-

---

1 Ob der experimentierfreudige Kleriker, der sich »Bertholdus Niger« nannte, in Wahrheit aber Konstantin Aucklitzen hieß, dem Schießpulver tatsächlich auf der Spur gewesen war, ist historisch nicht erwiesen (Götz, Seite 19).

ten. Markgraf Johann von der Neumark berechnete für eine einzige Karthaune sage und schreibe 33 Pferde! Für 30 Geschütze wurden 588 Pferde benötigt, einschließlich des gesamten Trains sogar 1.525 Tiere.² Die Ungetüme wurden auf große Sattelwagen gewuchtet, vor Ort mit erheblichem Kraftaufwand in schwere Holzbettungen umgeladen, dort verkeilt und vor dem Abfeuern mit heißem Sand vorgewärmt, damit die Rohre nicht sprangen. Große Kunst erforderte das richtige Proportionieren der Ladung. War sie zu gering, rollte die Kugel nach wenigen Metern aus, war sie zu hoch, flog das Rohr den Stückmeistern um die Ohren. Stimmte die Mischung nicht, löste sich nicht einmal ein Schuss, und wenn es tatsächlich einmal geknallt hatte, dauerte es eine Ewigkeit, bis das Rohr nachgeladen war. Drang der Feind in die Stellung ein, ging das Geschütz verloren, weil es zu schwer war, um rechtzeitig in Sicherheit gebracht zu werden. Die Zahl der Geschütze und ihrer Bedienung war deshalb sehr gering.

Die wenige unterstützende Technik feuerte aus Rohren, die in abenteuerlichen Konstruktionen zusammengesetzt waren. Die großen Steinbüchsen, auch Bombarden genannt, verschossen mindestens einen Zentner Stein aus einem schmiedeeisernen, meist mit Dauben umringten Rohr großer Seelenweite, dem hinten ein kleineres Rohr mit geringerem Kaliber für die Aufnahme des Pulvers angefügt war.³

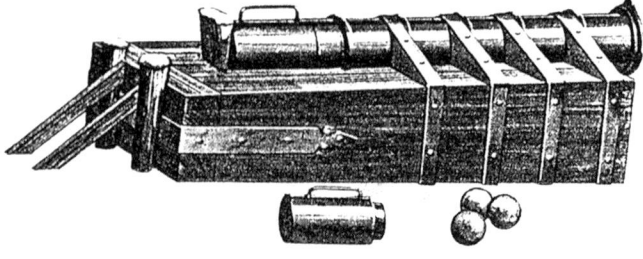

Mittelalterliche Kanone (Lotbüchse) in verkeilter Bettung. Interessant ist die herausnehmbare Kammer für die Aufnahme des Pulvers. Es handelt sich um eine frühe Form eines Hinterladers, der sich jedoch wegen mangelnder Gasdichtigkeit nicht bewährt hat.

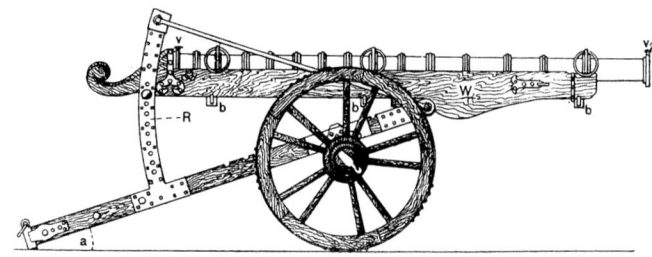

Einpfündige Kanone Karls des Kühnen auf sogenannter »Burgunderlafette«. Das Rohr sitzt mit drei Zapfen (b) fest in der Wiege (W). Durch Senken der Wiege am Richthorn (R) wird das Geschütz eleviert. Die höchstmögliche Elevation entspricht dem Lafettenwinkel (a).

Erste Fortschritte brachte die Einführung der Metallkugeln, wodurch bei unverändertem Geschossgewicht die Kaliber reduziert werden konnten, die bei der Verwendung des leichteren Steins noch bis zu 80 cm betragen hatten.⁴ Die Geschütze wurden leichter und ließen sich dadurch besser transportieren. Die Lotbüchsen, deren maximales Kaliber bei elf Zentimetern lag, verwendeten Bleikugeln (Lot = Blei) von bis zu 15 Pfund Gewicht. Die Treibladung befand sich in einer Kammer mit Handgriff, die mit einem Zapfen gegen den Boden des Rohres geschoben und mit einem zwischen Kammer und Block geklemmten Keil gegen den Rückstoß gesichert war. Zur Beschleunigung des Ladens verfügte jedes Geschütz über zwei bis drei separate geladene Kammern.⁵

Noch bedeutender für die Verbesserung der Beweglichkeit und Handhabung war die Einführung der Radlafette, bei der die das Rohr tragende Holzwiege mittels zweier Richthörner in der Höhe verstellt werden konnte. 1683 kamen Haubitzen hinzu, die Kugeln sowohl flach als auch im Bogen verschossen, sodass auch verdeckte Ziele nicht mehr sicher waren. Der Einsatz von Hohlkugeln bei den 12- und 24-Pfündern führte zu einer weiteren Gewichtseinsparung nicht nur beim Geschoss, sondern auch am Geschütz, weil die Stärke der Rohrwandung erneut zurückgenommen werden konnte.

---

2   Dolleczek, Seite 116
3   Der Flug der Steinbüchse wurde Bomba genannt, woraus sich der Begriff Bombarde für das Geschütz und Bombardiere für die Bedienung ergibt.
4   Goetz, Seite 22
5   Gohlke, Seite 20

Ungeachtet dessen blieb der Umgang mit dem schweren Gerät bis weit in das 19. Jahrhundert eine schweißtreibende Angelegenheit. Konnten in der Armee Friedrichs des Großen die dreipfündigen Feldgeschütze im Gelände noch von acht Mann relativ zügig bewegt werden, war das bei den schweren Sechspfündern kaum noch und bei den massigen Zwölfpfündern gar nicht mehr möglich. Die Sechspfünder erforderten im Gelände 12 Mann und für den Marsch sechs Pferde. Die Zwölfpfünder waren mit weniger als acht Tieren überhaupt nicht von der Stelle zu bringen. Geladen wurde wie eh von vorn und gerichtet bei Direktschüssen über Kimme und Korn oder mit einem Klappvisier. Bei den Haubitzen und Mörsern wurden Pendelrichtquadranten mit einem Lochvisier aufgesetzt. Schnelles Laden, Feuern und das anschließende Reinigen des Rohres erforderten Gewandtheit, Kraft und gelegentlich auch Mut. Denn bei einem nicht sauber gereinigten Rohr konnte der nächste Schuss durch Selbstentzündung leicht von allein losgehen.

Mit der Einführung gezogener Gewehrläufe, die es bisher nur vereinzelt gegeben hatte, verblasste die Wirkung der Artillerie. Weil die höhere Präzision der Infanterie erlaubte, zum eigenen Schutz in aufgelockerten Schützenschwärmen auf den Gegner loszugehen, statt wie bisher unter hoher Selbstgefährdung dicht gedrängt in drei Gliedern zu stehen, bot sie den Geschützen kaum noch ein Ziel. Daher wurden sehr schnell auch in die Rohre der Kanonen Züge eingeschnitten. Das Laden von der Mündung her blieb jedoch Standard, weil die Entwicklung eines gasdichten Hinterladeverschlusses noch Schwierigkeiten bereitete. Deshalb presste man die Munition weiterhin von vorn in die Züge, verwendete allerdings bereits statt der Kugeln zylindrische Geschosse, die aufgrund ihrer Form auch bei kleineren Kalibern ein größeres Geschossgewicht ermöglichten. Erst 1855 gelang der Firma Krupp die Entwicklung eines gezogenen Rohrs mit tauglichem Hinterladeverschluss. Das C 64 genannte Geschütz fand sofort großen Anklang und sollte der Grundstein für den Aufstieg dieser Firma zum Stammlieferanten des preußischen Heeres werden. Außerdem führten die Erfindung einer dynamithaltigen, rauchfreien Treibladung, die das schnelle Wiederaufnehmen des Ziels nach dem Schuss ermöglichte, und eine neuartige Rohrwiege dazu, dass sich die Feuergeschwindigkeit gegenüber der früheren auf das 14-fache erhöhte. Fortan lief nach dem Abschuss nicht mehr das ganze Geschütz aus der Bahn, sondern es bewegte sich nur noch das Rohr auf einem besonderen Schienenbett. Es wurde durch eine Flüssigkeitsbremse aufgehalten und anschließend durch Vorholfedern wieder in die ursprüngliche Position gebracht, sodass das umständliche Neuausrichten entfiel. An diesem Prinzip hat sich bis heute nichts geändert.

In der mehr als sechshundertjährigen Geschichte der Artillerie, welche die preußische Armee mit anderen Heeren teilte, bildete für Preußen die Zeit von 1713 bis 1756 einen besonderen Abschnitt. In ihr erreichte die Waffe durch den kontinuierlichen Ausbau einen Höhepunkt und vorübergehend sogar eine führende Stellung. Österreich und Frankreich, deren Bestände seit dem 30-jährigen Krieg unverändert geblieben waren oder sich in weiteren Kriegen vollständig erschöpft hatten, zogen auf Initiative des Generalfeldzeugmeisters Liechtenstein (Österreich) und des Generals Gribeauval (Frankreich) erst zwischen 1744 und 1756 nach, dann allerdings mit

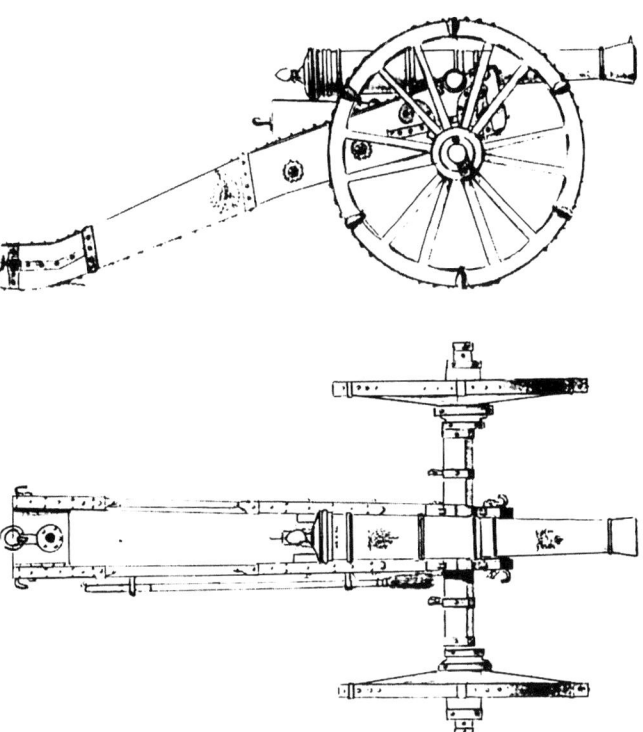

Dreipfündige preußische Feldkanone von 1717

beachtlichem Erfolg.[6] Im letzten Kampf um Schlesien waren zumindest die Österreicher den Preußen waffentechnisch überlegen. Während sich die preußischen Kanoniere mit einer Unzahl verschiedener Typen herumschlagen mussten, feuerten die Österreicher aus standardisierten Kanonen einfacher, aber überzeugender Konstruktion. Hinzu kam, dass die auf Beweglichkeit ausgelegten preußischen Geschütze wegen ihrer begrenzten Wirkung den Anforderungen einer zum Ende hin auf den verschanzten Kampf verlagerten Kriegführung nicht mehr gewachsen waren. Trotz dieses Handicaps haben die preußischen Kanoniere keineswegs versagt. Spektakuläre Einzelerfolge nach dem Beispiel der Infanterie und Kavallerie blieben ihnen als Unterstützungstruppe zwar versagt, dennoch ist gewiss, dass in dem einen oder anderen Fall eine für Preußen günstige Schlacht anders ausgegangen wäre, wenn sich die Infanterie und Kavallerie nicht auf die Artillerie hätte verlassen können. Grund genug, sich auch mit ihr näher zu beschäftigen.

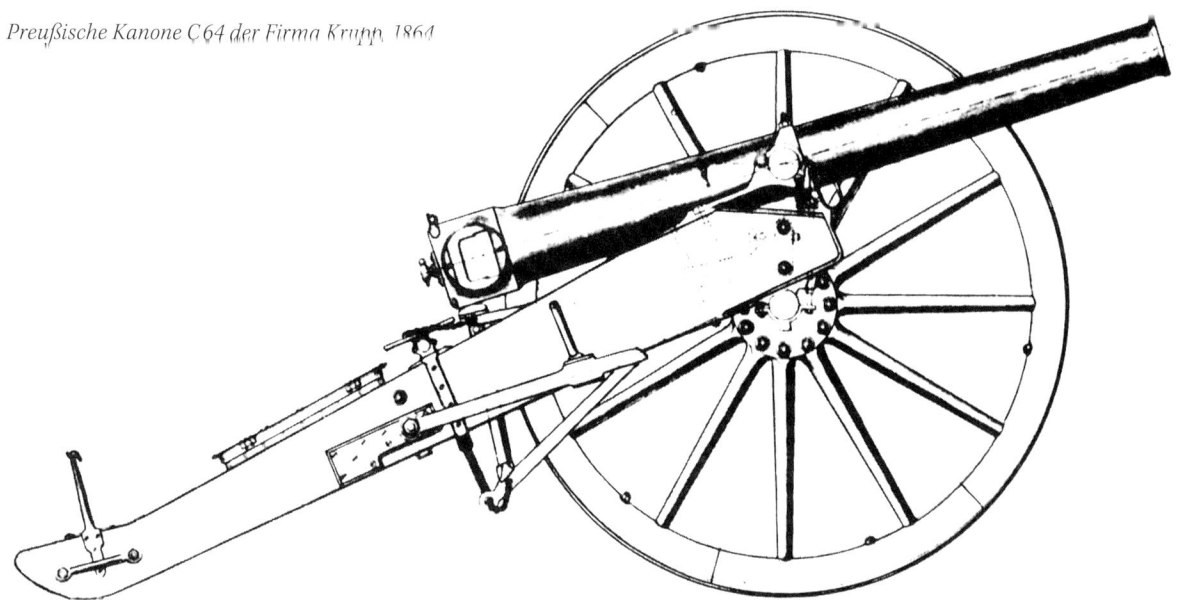

Preußische Kanone C 64 der Firma Krupp, 1864

---

6   Gohlke, Seite 87

Stärke und Gliederung der Artillerie von 1640 bis 1786

I.
Die Zeit des Großen Kurfürsten (1640–1688)

Bis zur Regierungsübernahme durch den Großen Kurfürsten (1640) gab es im brandenburgischen Kurfürstentum kein stehendes Heer. Die wenigen in den Festungen Küstrin, Peitz und Spandau stehenden Geschütze verschiedenster Kaliber wurden lediglich von jeweils rund 30 Bewaffneten bewacht.[7] Einige wenige ebenfalls ständig unter Waffen stehende Trabanten schützten den Landesherrn. Ansonsten gab es nur im Herzogtum Preußen durch das auf Initiative des Burggrafen Fabian von Dohna in den Ämtern der Herrschaft eingerichtete Defensionswerk eine von der Zustimmung der Stände unabhängige Komponente, deren weiterer Ausbau vom polnischen Lehnsherrn als wider seine Interessen verhindert wurde. Die außenpolitisch wenig ambitionierten brandenburgischen Kurfürsten sahen keine Veranlassung, hieran etwas zu ändern, weil sie dem Kaiser nach den Reichsmatrikeln für seine Kriege nicht mehr als eine Wagenbüchse zu stellen brauchten und im Falle eigener Krisen mit den üblichen Anwerbungen und diplomatischen Mitteln über die Runden zu kommen hofften.[8]

Der 30-jährige Krieg veränderte die Rahmenbedingungen vollkommen. Weil die Kriegsparteien die vom

Offizier, Kanonier und Tambour der Artillerie um 1690

---

[7] Jany nennt für 1638 einen Bestand von 106 Mann mit 12 Geschützen (Band 1, Seite 85).
[8] Gohlke, Seite 70

Kurfürsten Georg Wilhelm erklärte Neutralität missachteten, war das Land nahezu wehrlos der Willkür ausgesetzt. Waren heute die Protestanten mordend und raubend durch das Land gezogen, folgten ihnen morgen die kaiserlichen Truppen, die sich nicht weniger brutal verhielten. Der ehrgeizige und willensstarke Sohn Friedrich Wilhelm brauchte nicht lange, um zu erkennen, dass er die äußerst unbefriedigende politische Statistenrolle nur mit einem leistungsstarken, von den Launen der Stände unabhängigen Heer beenden konnte. Die den Herren dafür auf dem Landtag von 1653 mühsam abgerungene Steuerhoheit brachte jedoch nicht so viel ein, dass die Gelder für eine nennenswerte Verstärkung der Artillerie gereicht hätten. Deshalb konnte er der kämpfenden Truppe für die Schlacht bei Warschau (1656) nur 35 Geschütze und für das Engagement in Schleswig-Holstein (1658) sogar noch weniger zur Verfügung stellen. In der Schlacht von Fehrbellin (1675) waren es neun Dreipfünder, zwei Zwölfpfünder und zwei Haubitzen. Nach den Feldeinsätzen wurden die Regimentsstücke wieder der »Artillerie in Preußen«, der »Artillerie im Clevischen« und der »Artillerie zu Colberg« zugeführt, die aufeinanderfolgend Sparr, Derfflinger, Dohna und der Herzog von Holstein-Plön als Generalfeldzeugmeister kommandierten.[9] Ihnen zur Seite standen wenige Zeugmeisterleutnante, Zeugwärter, Zeugdiener und Schneller (Spezialisten der Windentechnik) als Rahmenpersonal. Kam es zum erneuten Krieg, schwärmten wie üblich die Werbekommandos aus, um die aus Stückhauptleuten (Feldartillerie), Büchsenmachern (Belagerungsartillerie) und Feuerwerkern (Munitionsherstellung) bestehende Bedienung zu verpflichten, die dann unter Zunftregeln ihr Handwerk verrichtete. Eine taktische Gliederung gab es noch nicht.

Erst ab 1675 erhielt die Artillerie mit der Einteilung in Kompanien, einer abgestuften Besoldung und einheitlicher Bekleidung ein militärisches Gesicht. 1685 folgte mit der Umbenennung der Konstabler (Stück- und Büchsenmeister) in Kanoniere und der Stückhauptleute in Artilleriekapitäne eine weitere Militarisierung.[10]

Im Todesjahr des Großen Kurfürsten (1688) verfügte die Feldartillerie über 456 Offiziere, Korporale und Kanoniere, von denen 212 in den brandenburgischen Festungen, 70 in Preußen, 53 in Magdeburg, weitere 36 in Kolberg, 46 in Minden und 39 in Kleve am Rhein garnisonierten.[11] Die Zahl der Geschütze belief sich auf 647 bronzene und 709 eiserne Kanonen, 52 bronzene und acht eiserne Mörser sowie 14 bronzene Haubitzen.[12] Die leichte Überzahl des eisernen Bestandes hat eine einfache Erklärung. Eiserne Kanonen konnten kostengüns-

Sechspfündige Kanone um 1685

---

9   Das Gerät war auf Memel, Königsberg, Pillau, Colberg, Driesen, Landsberg, Küstrin, Löcknitz, Oderberg, Frankfurt, Crossen, Peitz, Berlin, Spandau, Magdeburg, Regenstein, Minden, Sparenberg, Lippstadt, Wesel und Friedrichsburg sowie die preußischen Amtshäuser u.a. Labiau, Tilsit, Insterburg Ragnit, Rastenburg Ortelsburg. Lyck, Mohrungen und Marienwerder verteilt (Jany, Band 1, Seite 351).

10 In der Anfangszeit der Artillerie wurde die gesamte Geschützbedienung als Konstabler bezeichnet, weil man sie aufgrund ihrer besonderen Qualifikation nicht mehr nach einem Krieg entließ, sondern bis zum nächsten Ernstfall in besonderen Quartieren unterbrachte (Comes stabuli = Quartiergenosse).

11 Malinowski-Bonin, Band 1, Seite 27; Jany, Band 1, Seite 277. Einschließlich Stab und Hilfspersonal standen 1688 auf dem Etat: 2 Oberstleutnante, 3 Oberhauptleute (Majore), 6 Hauptleute, 6 Leutnante, 26 Korporale, 374 Konstabler, 2 Büchsenmacher mit 2 Gesellen, 1 Zeugmeister, 7 Zeugschmiede mit 9 Gesellen, 10 Zeugwärter, 1 Feuerwerksmeister, 29 Feuerwerker, 2 Petardiere, 7 Stellmacher mit 8 Gesellen, 1 Wagenbauer, 5 Artillerieknechte, 1 Profoß mit Steckenknecht, 1 Windenmacher und 1 Lafettenmacher.

12 Jany, Band 1, Seite 351

tiger hergestellt werden, hatten aber wegen der Sprödigkeit des Materials eine größere Metallstärke und folglich ein um 50 bis 100 Prozent höheres Gewicht. Sie wurden deshalb nur auf den Festungswällen verwendet und vorrangig aus Schweden bezogen. Erst Mitte der 60er Jahre kam mit der Errichtung der Eisenhütten in Peitz (1658), Neustadt a.d. Dosse (ab 1663) und Zehdenick (1666) eine geringe Eigenproduktion hinzu.

Zu den 647 Kanonen gehörten Zwölf- und Vierundzwanzigpfünder für den Festungskrieg sowie Sechspfünder, die sowohl für Belagerungen als auch für die Schlacht geeignet waren. Die bedeutendste Gruppe im Truppendienst bildeten jedoch die bis 1691 von vier, danach von drei Pferden gezogenen 186 cm langen Dreipfünder mit einem Kaliber von 8,2 cm und acht Zentnern Gewicht. Letztere hatten sich so bewährt, dass sie teilweise sogar noch in der Schlacht von Kesselsdorf (1745) Verwendung fanden.[13] Das Pulver bezog die Armee aus Holland, weil das einheimische noch nicht die erforderliche Qualität besaß.

II.
Die Zeit des ersten Königs in Preußen (1688–1713)

Höchste Priorität hatten für den Kurfürsten Friedrich III. (seit 1701 König Friedrich I.) das Erringen der Königswürde und die Pflege einer aufwendigen Hofhaltung, die zum Leidwesen seines Ministers Dankelmann Millionen verschlang. Die darüber finanziell vernachlässigte und deshalb zumeist ans Ausland »vermietete« Armee sah er kaum. Ganz aus den Augen verlor er sie jedoch wohl nicht, denn das erstmals 1675 so bezeichnete »Feldbataillon Artillerie« bekam eine neue Struktur. Der verantwortliche Generalfeldzeugmeister Markgraf Philipp Wilhelm von Brandenburg gliederte es in eine Bombardier- und vier Kanonierkompanien. Bombardiere waren ursprünglich die Bedienungsmannschaft der großen Steinbüchse (Bombarde), die Steinkugeln von 50 kg Gewicht verschoss. Als um 1530 die Kanonen in Hauptbüchsen (Bombarde a.A.), Karthaunen und Mortiers (Mörser) eingeteilt wurden, behielten die Bombardiere an den

Korporal, Offizier und Kanonier um 1705

Wurfgeschützen ihre Bezeichnung bei, übernahmen im 18. Jahrhundert auch die Bedienung der Haubitzen und bildeten fortan einen Dienstgrad zwischen den Korporalen und Gemeinen für sich (ab 1859 Obergefreiter).

Bis zur Jahrhundertwende wurde die Zahl der Kompanien auf neun mit ungleicher Stärke erhöht, wobei die Bombardierkompanie in Berlin und die acht Kanonierkompanien in Küstrin, Frankfurt, Löcknitz, Magdeburg, Pillau, Memel und Spandau garnisonierten. Drei Jahre nach der Erhebung Preußens zum Königreich kam eine zehnte Kompanie hinzu. Die Bombardierkompanie hatte jetzt 62 Mann mit fünf Hautboisten, einem Pfeifer und zwei Tambouren. Die neun Kanonierkompanien zählten drei Korporale und

---

13 Jany, Band 1, Seite 352

41 Mannschaften, sodass die Gesamtstärke des Artilleriekorps 1707 ohne Stab und Hilfspersonal 527 Mann betrug.[14] Alle Soldaten empfingen neue Uniformen mit weißen Strümpfen und zum Dreispitz geformte Hüte mit breiter goldener Tresse sowie Westen und Hosen in Orange (Offiziere) oder Paille (Kanoniere).[15] Die Tamboure und viele Unteroffiziere gingen weiterhin in Rot.

Zentrum der Artillerie wurde Berlin, wo der Markgraf auf der Straße Unter den Linden in unmittelbarer Nähe seiner Truppe ein Palais besaß. Von dort fiel sein Blick auf die Artilleriewache (heute Neue Wache) schräg gegenüber, etwas versetzt dahinter das Gießhaus und auf das Gerüst des am 28. Mai 1695 begonnenen Zeughauses für die Einlagerung des Materials, von dem der Italiener Leti später berichtet:

»*Dieses Zeughaus ist werth, daß man es genau betrachte und bewundere; es verdient auch nicht unbillig den Namen eines Heiligthums der Armee.*«[16]

Der Große Kurfürst hatte dazu den Anstoß gegeben und der französische Architekt und Festungsingenieur Blondel den Entwurf gefertigt. Johann Nering, später Grünberg, Schlüter und Jean de Bodt führten ihn aus.

Das Kommando über die Artillerie ging 1709 an den Oberst Gabriel Kühle. Es war das erste Mal, dass ein Offizier der technischen Truppe diesen Rang erreichte. Mit ihm stand die Führung wieder auf soliden Füßen, nachdem die ersten Kommandeure enttäuscht hatten. Christian v. Weiler hatte sich 1698 nach Aufdeckung von Veruntreuungen noch vor dem fälligen Prozess samt Freundin in Richtung Österreich aus dem Staube gemacht, was seinem Nachfolger Johann Schlundt, der 1708 wegen ungebührlicher Verbindungen zu Russland auffällig geworden war, nicht mehr gelang. Er stand vor Gericht und verlor seinen Posten.

Zeughaus in Berlin mit Wache der Artillerie

---

14 Jany, Band 1, Seite 608
15 Jany, Band 1, Seite 603
16 Schöning, Band 1, Seite 176

Reste der zwölf Kurfürsten im Innenhof des Berliner Zeughauses um 1924

Als die Regierung 1713 auf Friedrich Wilhelm I. überging, verfügte die Armee über 746 bronzene Kanonen, 78 bronzene Mörser, 26 bronzene Haubitzen, 1.045 eiserne Kanonen, 88 eiserne Mörser, 20 eiserne Haubitzen, die auf Berlin, Wesel, Magdeburg und die im Nordischen Krieg stark gefährdeten Grenzstädte verteilt waren.[17] Von den bronzenen Kanonen stammten die meisten von Jacobi, der 1697 zum Hof- und Artilleriegießer ernannt worden war und neben seinen technischen Kenntnissen über eine beachtliche künstlerische Begabung verfügte. Seine auf speziellen Wunsch des Königs gegossenen Prunkgeschütze, die zwölf reich geschmückten 24-pfündigen »Kurfürsten« mit einer Rohrlänge von 3,75 Metern und einem Kaliber von 15 cm, von denen einige 1744 bei der Belagerung von Prag aus Mangel an Transportmitteln verloren gehen sollten, waren Stücke von hoher künstlerischer Qualität, die Georg von England auf seinem ansonsten wenig glücklichen Besuch in Berlin (Oktober 1723) sehr bewunderte. Die Entwürfe für die plastische Gestaltung und die Reliefverzierungen stammen von Andreas Schlüter, der auch sein wohl berühmtestes Werk, das heute den Ehrenhof des Charlottenburger Schlosses beherrschende Reiterstandbild des Großen Kurfürsten, von Jacobi gießen ließ.[18] Während Schlüter in seinen Werken fortlebt, ist sein ebenso begnadeter Gehilfe, der später im Suff verkam, heute völlig vergessen.

III.
Die Zeit Friedrich Wilhelms I. (1713–1740)

Der im Gegensatz zu seinem Vater hochgradig militärisch orientierte zweite König in Preußen befasste sich acht Monate nach Übernahme der Regierung zum ersten Mal mit seiner Artillerie. Dazu ließ er sie am 1. Dezember 1713 in Köpenick zur Musterung zusammenkommen. Als Chef eines Infanterieregiments und ausgewiesener Kenner der Fußtruppe war er mit den Feinheiten der Militärtechnik wenig vertraut. Trotz-

---

17 Jany, Band 1, Seite 609
18 Müller, Alte Geschütze, Seite 66

dem reichte ihm der erste Eindruck aus, um sofort einzugreifen. Er schaffte die Bombardierkompanie, die Hautboisten und Tambours ab und verfügte die Gliederung in zwei Bataillone zu fünf Kompanien mit jeweils vier Offizieren, drei Korporalen, zwei Feuerwerkern, vier Bombardieren und 37 Kanonieren, wobei die frei gewordenen Bombardiere darin aufgingen und fortan die Bedienung der Haubitzen stellten.[19] Den Generalmajor Kühle, der später vor Stralsund fallen sollte, bestätigte er in seiner Funktion als Chef.[20]

Im Pommernfeldzug von 1715 wollte der König sehen, was die technische Truppe in der Praxis wert war. Zwölf Sechspfünder, acht Dreipfünder und zwei Haubitzen folgten den 36 Bataillonen Infanterie. Die benötigten Pferde lieferte die Mark. Außerdem gingen 80 Vierundzwanzigpfünder und 40 Mörser auf dem Wasserweg von Berlin zunächst in das von den Russen eroberte und dem König zu treuen Händen übergebene Stettin. Von dort verlegten sie nach der Besetzung Usedoms (durch von Arnim) und Rügens (durch Leopold von Anhalt) teils zu Lande, teils zu Wasser vor die Wälle der strategisch wichtigen schwedischen Festung Stralsund. Der Kapitän Beauvrye führte ein Mineurkorps von 24 Mann, der Kapitän de Rep ein Korps Pontoniere aus ebenfalls 24 Mann und 20 Pontons.[21] Von seinem Hauptquartier in Lüssow, wo sich bereits der Große Kurfürst einst einquartiert hatte, verfolgte der König das Geschehen.

1716 befasste er sich erneut mit der Organisation. Durch Kabinettsordre vom 20. Juli gliederte er die Artillerie in ein Feldbataillon mit fünf Kompanien zu 70 Kanonieren, drei Unteroffizieren, zehn Bombardieren, sechs Feuerwerkern mit Garnison in der Berliner Dorotheenstadt und drei, ab 1717 vier Garnisonkompanien zu 60 Kanonieren, zwei Unteroffizieren, einem Bombardier und einem Feuerwerker mit den Standorten Wesel, Pillau, Stettin und Magdeburg. Wer danach noch übrig blieb, verstärkte die Infanterie.[22] Die Aufgaben waren klar verteilt. Das Feldbataillon stellte der Truppe im Kriegsfall die Bataillonsgeschütze mit Bedienung zur Verfügung und entsandte unter eigenem Kommando Batterien zur Unterstützung (Positionsartillerie). Darüber hinaus spielte es im Verbund mit dem Ingenieurkorps und der bei Bedarf nachgeführten Belagerungsartillerie im Festungskampf eine wichtige Rolle.[23] Die Garnisonartillerie hielt die eige-

Zimmermann   Offizier   Dudelsack
              1731.

---

19   Jany, Band 1, Seite 632. Feuerwerker waren die Spezialisten der Pulverherstellung und des Proportionierens der Treibladung. Dem Range nach standen sie wie die Bombardiere zwischen den Kanonieren und Korporalen (ab 1859 Obergefreiter).
20   Jany, Band 1, Seite 632. Kühle wurde durch den Oberstleutnant und späteren GdA Linger ersetzt.
21   Jany, Band 1, Seite 636
22   Jany, Band 1, Seite 656
23   Die Einteilung der Feldartillerie in Bataillonsartillerie und Positionsartillerie wurde erst 1809 durch die Reform Scharnhorsts zugunsten einer einheitlichen Gliederung in Batterien aufgegeben. Zur Zeit Friedrichs des Großen waren Batterien taktische Formationen, aber keine Einheit im organisatorischen Sinne.

nen Festungen besetzt und übernahm im Falle einer Belagerung deren Verteidigung. Die Gesamtstärke betrug 1717 einschließlich des 26-köpfigen Stabspersonals, der acht Pontoniere und fünf Mineure 805 Mann.

Zur Förderung des Waffenstolzes verlieh der König seinen Artilleristen weitere militärische Dienstgradbezeichnungen. Der Zeugmeister nannte sich fortan Zeugkapitän und der Zeugwärter Zeugleutnant. Die damit möglicherweise verbundene Erwartung eines Motivationsschubs erfüllte sich jedoch nicht, denn von der Erhöhung der bescheidenen Besoldung, deren Aufbesserung die Soldaten sicherlich mehr beeindruckt hätte, sah der sparsame »Plusmacher« bewusst ab. 1731 zeigte er sich aus seiner Sicht erneut spendabel, indem er der Feldartillerie acht Dudelsäcke, und zwar vier Schalmeien- und vier Bockpfeifer, nach sächsischem Vorbild bewilligte, was bei den Soldaten auf ebenso begrenzte Begeisterung gestoßen sein dürfte, denn der Sold blieb auch jetzt weiterhin derselbe.[24] Die Spielleute trugen für preußische Verhältnisse ungewöhnlich lange Röcke (Katanken) mit Tambourbesatz, die 3 ¾ Ellen Stoff verbrauchten. Dazu kamen gelbe Westen mit roter Binde, gelbe Hosen mit Schoitaschierung, Artilleriepallasch, schwarze Halbstiefel und Bomardiermütze. Den Dudelsack aus Ziegenleder schmückte ein präparierter Ziegenkopf.

Bei Regierungsende hatte die Feldartillerie (»Feldbataillon Artillerie«) unter Einschluss der 30 Überkompletten eine Stärke von 815 Mann in sechs Kompanien.[25] Die Garnisonartillerie verfügte über 425 Soldaten in vier Kompanien. Die Ist-Stärke betrug nach dem Verpflegungsetat:

Februar 1713	Juni 1713	Februar 1731	Juni 1739
527	505	1.208	1.208 Mann

Der Geschützpark bestand aus 912 bronzenen Kanonen, 124 Mörsern und 29 Haubitzen und 1.513 eisernen Kanonen, 128 Mörsern und 25 Haubitzen, denn mit Stettin, Geldern und Mörs waren weitere Festungen hinzugekommen, die wehrhaft ausgestattet sein mussten.

Die Vielzahl der verwendeten Typen hatte bereits bei der ersten Besichtigung das Missfallen des Königs erregt. Schon 1715 waren deshalb die alten Kanonen nach Verbrauch der Munition eingeschmolzen und die Neugüsse bei den Bataillonsgeschützen auf die Drei- und Sechspfünder und bei der schweren Artillerie auf die 12- und 24-Pfünder konzentriert worden.[26] Ähnliches war bei den Mörsern geschehen, deren Kaliber auf die 50-Pfünder beschränkt wurden. Die Neuanfertigung der Haubitzen richtete sich nach dem Achtzehnpfünder als Grundmodell. Weil die für den Feldzug in Pommern gegossenen Vierundzwanzigpfünder sich vor Stralsund (Oktober 1715) nicht bewährt hatten, waren sie 1718 durch 223 Geschütze lingerscher Konstruktion ersetzt und 1722 durch 68 Drei-, Sechs- und Zwölfpfünder ergänzt worden. Die Festungen verstärkten seit 1730/36 knapp 200 von der Firma Splitgerber & Daum in Schweden bezogene eiserne Zwölfpfünder. Die dafür notwendigen Finanzmittel hatte sich der König kurzerhand durch den Verkauf von Artilleriehäusern in der Dorotheenstadt verschafft, wodurch sich die dort wohnenden Offiziere Linger und Holtzmann von heute auf morgen an die Luft gesetzt sahen.

Die Feldkanonen lagerten in den Zeughäusern, die Wagen des Trains in einem Depot neben der Berliner Pulvermühle und die Monturen der Soldaten kostenfrei auf den Dachböden der Rathäuser und Kirchen. Das Berliner Depot führte den größten Bestand, der auch Beutestücke aus der Schlacht von Malplaquet, die hundertpfündige »Asia« und die bereits erwähnten »12 Kurfürsten« seines Vorgängers enthielt. Kleinere Bestände gab es in Stettin, Magdeburg und Wesel. Oderberg, Frankfurt, Löcknitz und Crossen gaben ihr Inventar ab.

Die Zugpferde wurden aus Kostengründen erst bei der Mobilmachung von den Bauern requiriert. Falls dennoch einmal Geschütze bewegt werden mussten, mietete die Artillerie Pferde von Fall zu Fall an. Dass die Kanoniere dadurch nur die Handhabung des Geschützes üben konnten, nicht aber das Auf- und Abprotzen mit bockigen Pferden vor ungewohnter Last, nahm der sparsame König in Kauf.

---

24 Jany, Band 1, Seite 798
25 Jany, Band 1, Seite 657
26 Alle Angaben beziehen sich auf das preußische Pfund zu 467 Gramm.

Technische Daten der Artillerie Friedrich Wilhelms I.

	Rohr Kaliber/Länge/Gewicht in cm/in m/in kg	Geschoss in kg	Bespannung Pferde/Knechte
24-Pfünder Bronze M 1717	14,96/3,24/3.057,5	11,22	12/6
24-Pfünder Eisen M 1731		11,22	
12-Pfünder Bronze M 1717	12,01/2,74/1.440	5,6	8/3
12-Pfünder Eisen M 1731	2,73/1.600	5,6	8/3
6-Pfünder Bronze M 1717	9,53/2,34/745,6	2,8	5/2
6-Pfünder Eisen M 1731	2,18	2,8	5/2
3-Pfünder Bronze M 1717	7,1/1,73/260–275	1,4	3/1
3-Pfünder Eisen M 1731	1,73		3/1
18-pfündige Haubitze	20,53/1,57/473	19,6	4/2
18-pfündige Haubitze M 1718	20,53/1,57/473	19,6	4/2
18-pfündige Haubitze schwedisch	20,9/1,57	19,6	
75-pfündiger Mörser Bronze M 1718	32,7/0,65/1362	86,0	
50-pfündiger Mörser Bronze M 1717	29/0,49/923	56,6	
50-pfündiger Mörser Bronze M 1718	29,6/1,18/1183	56,6	
Handmörser Eisen	9,8/8,7	2,1	

Quelle: Gohlke Seite 73, Jany, Band 1, Seite 809

IV.
Die Zeit Friedrichs II. (1740–1786)

Die nach dem Regierungsantritt sofort mit aller Kraft in Angriff genommene Neustrukturierung der Armee berührte die technische Truppe nur marginal. Denn es wurden lediglich die 15 Mohrenpfeifer und der Mohrenpauker (Janitscharen) des Königregimentes Nr. 6, das dem Vater so viel bedeutet hatte, zur Artillerie versetzt, wo sie die acht Dudelsäcke ersetzten.[27] An sich war für die Reminiszenz alter Fürstenherrlichkeit, wo mindestens ein Mohr zur standesgemäßen Hofhaltung gehört hatte, in einem auf den Ernstfall gedrillten Heer überhaupt kein Platz. Anscheinend wollte jedoch der König aus Pietät nicht gleich in den ersten Tagen seiner Regierung das väterliche Erbe völlig auf den Kopf stellen. Auch die Trennung von Feldartillerie und Garnisonartillerie sowie die Konzentration der Feldartillerie in Berlin behielt er bei. Größere Veränderungen traten bei der technischen Truppe erst im Verlauf des Ersten Schlesischen Krieges ein, als sich mit der Besetzung Schlesiens neue Möglichkeiten für eine personelle Ergänzung ergaben.

1. Feldartillerie (Bataillons- und Positionsartillerie)

Nach der Übergabe von Neisse wurde das »Feldbataillon Artillerie« um ein zweites Bataillon in folgender Stärke ergänzt:

---

27 Der Janitschar übernahm die Uniform der Bockpfeifer, trug aber statt der Bombardiermütze den Hut der Unteroffiziere. Offenbar änderte sich auch die Instrumentierung, denn in den Quellen ist ein Beckenspieler dokumentiert.

	Bombardierkompanie (bis 1762)	Kanonierkompanie 1–5
Offiziere	4	4
Unteroffiziere	6	10
Feuerwerker	3	6
Bombardiere	90	12
Zimmerleute	6	12
Kanoniere		106
Tamboure	1	1
Überkomplette	8	10

Quelle: Jany, Band 1, Seite 657, Band 2, Seite 55

Die in der neuen Provinz angeworbenen Mannschaften protestantischen Glaubens (die Katholiken galten noch über längere Zeit als unzuverlässig) trugen im Gegensatz zum I. Bataillon keinen Artilleriepallasch, sondern ein Bajonett. Außerdem waren sie in der Besoldung mit zwei Talern pro Monat auf den Stand der Infanterie gesetzt, während ihre Kameraden vom I. Bataillon drei Taler erhielten.[28] Garnison wurde nach dem Kriege ebenfalls Berlin.

Stärke der Feldartillerie 1741–1756

	1. Feldbataillon	2. Feldbataillon
Offiziere	28	25
Unteroffiziere	60	59
Bombardiere	60	90
Kanoniere	576	560
Zimmerleute	24 (bis 1754)	6
Janitschar	16	16
Tamboure	19	6
Überkomplette	60 Kanoniere	8 Bombardiere 50 Kanoniere

Quelle: Jany, Band 2, Seite 190

---

28 Jany, Band 2, Seite 55
29 Hüttemann, Seite 9
30 Schöning, Band 2, Seite 433; Bleckwenn, Preußenadler, Seite 178, annähernd ebenso.
31 Insgesamt 156 Offiziere, 480 Unteroffiziere, 630 Bombardiere, 4.950 Kanoniere, 30 Feldschere und 63 Musiker

Zum Stab des nunmehrigen »Feldregiments Artillerie« gehörten der Chef (Schmettau formal, Linger effektiv), ein Adjutant, drei Stabskapitäne, der Regimentsfeldscher mit vier Kompaniefeldscheren, ein Regimentstambour, 32 Janitscharen und ein Profos.

Oberst Beauvrye übernahm das I. und Oberstleutnant Friedrich Holtzmann das II. Bataillon. Jedes hatte sechs Kompanien, wovon eine beim II. Bataillon die wiedererrichtete Bombardierkompanie war. Im Frieden fungierten die Kompanien, wie in der Armee üblich, vor allem als Wirtschaftseinheit. Im Kriege, wenn die Infanterie aus den Regimentern Bataillone und die Kürassiere Schwadronen bildeten und die Artilleristen auf die Bataillons- und Positionsgeschütze verteilt wurden, hatten sie keine Bedeutung.

1756 kamen beim 1. Feldbataillon zehn Mann pro Kompanie hinzu und die Überkompletten unter Gewehr. 1759 wurde das Korps durch die gemischten Kompanien »Hänsel« und »Winterfeldt« mit vier Offizieren, zehn Unteroffizieren, 60 Bombardieren und 150 Kanonieren bzw. vier Offizieren, zehn Unteroffizieren und 160 Kanonieren sowie durch die Reitende Artillerie als völlig neue Truppe ergänzt.[29] Von der gesamten Artillerie standen 3.905 Mann an der Front, davon 91 Offiziere, 297 Unteroffiziere, 428 Bombardiere, 3.000 Kanoniere und zwei Dutzend hinzugeworbene Feldschere.

Am 16. Februar 1762 traten wegen der Erhöhung der Zahl der Feldkanonen an die Stelle der bisher 14 Kompanien 30 Kompanien in sechs Bataillonen. Jede zählte 5 Offiziere, 16 Unteroffiziere, 21 Bombardiere, 165 Kanoniere und 2 (3) Tamboure. Die bisherige Bombardierkompanie des II. Bataillons entfiel. Nach der Übergabe von Schweidnitz teilte Friedrich das Feldtilleriekorps in zwei Regimenter à drei Bataillone und ernannte Dieskau und Moller zu Kommandeuren. Die Gesamtzahl der Feldartilleristen belief sich jetzt auf 6.513 Soldaten.[30]

Nach der Beendigung des Siebenjährigen Krieges verfügte der König im Zuge der Rückführung auf das Friedenssoll die Neugliederung in drei Feldregimenter zu zwei Bataillonen.[31] Am 1. Oktober 1772 kam ein

4. Artillerieregiment mit 34 Offizieren, 60 Unteroffizieren, 10 Feldscheren und 2.360 Mannschaften, davon 1.200 Ausländer, hinzu. Die Mannschaften waren zunächst nur für Handlangerdienste bestimmt und deshalb mit Schanzzeug ausgerüstet. Zum Selbstschutz trugen sie Pistolen. Außerdem wurden die Bombardiere des 1., 2. und 3. Regiments um jeweils 30 erhöht. Das gesamte Feldartilleriekorps war damit 8.893 Mann stark.[32]

1782 machte die Einführung zusätzlicher schwerer Haubitzen eine weitere Verstärkung um drei Kompanien notwendig, die dem 1. Regiment zugeteilt wurden. Zugleich änderte sich die Zusammensetzung des 2. und 3. Regiments, weil sie für die »Augmentation« Kräfte abgegeben hatten. Das 4. Regiment erhielt ebenfalls Feuerwerker und Bombardiere und das 1. Glied eine entsprechende Ausrüstung, während die Männer des 2. und 3. Gliedes ihre Schippen, Hacken und Pistolen behielten.

Über den endgültigen Stand berichtet Nicolai in seiner 1786 erschienenen »Beschreibung der Residenzstadt Berlin«:

»*Das Feldartilleriekorps besteht aus vier Regimentern, jedes von zehn Kompanien. Das 1. Regiment ist 1762 gestiftet. Das ganze Korps war 1784 (Frauen und Kinder eingeschlossen) stark 10.186, mit Beurlaubten und ihren Frauen und Kindern 20.392. Hierzu gehört auch das reitende Artilleriekorps von 180 Mann.*«[33]

Die Geschütze, die Friedrich II. für den Schlesischen Krieg vorsah, waren drei- und sechspfündige Kanonen von 1717, Haubitzen von 1718, 12- und 24-pfündige Kanonen von 1719 und eine Anzahl Mörser. Darüber hinaus verfügte er über einige neuartige dreipfündige Kanonen, die Holtzmann zur Optimierung des Gasdrucks mit verengtem Laderaum (Kammer) konstruiert hatte. Im Verlauf des Feldzugs hatten diese Dreipfünder jedoch in der Reichweite enttäuscht, sodass Zwölfpfünder auf das erste Treffen verteilt werden mussten. Eine endgültige Lösung konnte das jedoch nicht sein, weil die Zwölfpfünder als mit Muskelkraft zu bewegende Bataillonsgeschütze zu schwer waren. Deshalb konstruierte Holtzmann seinen Dreipfünder durch Nachbohrung der Kammer um und entwickelte zusätzlich eine äußerst wirksame zehnpfündige Haubitze. Außerdem präsentierte der Major und spätere

	1., 2., 3. Regiment	4. Regiment
Offiziere	52	42
Unteroffiziere	105	90
Feuerwerker	42	40
Bombardiere	240	230
Kanoniere	1.750	2.070
Feldschere	10	10
Janitschare	16 (nur 1. und 2. Rgt)	
Tamboure	10 (1. Rgt 11)	10

Quelle: Jany, Band 3, Seite 132

Bestand 1756

	Drei- und Sechspfünder	Zwölfpfünder	Vier- und Zwanzigpfünder	Zehnpfündige Haubitzen	Fünfzigpfündige Mörser	Pontons	Knechte	Pferde
Berlin	80	30	10	10	10	70	997	2276
Breslau	58	10	4				386	878
Königsberg	28	10	6	4			239	540
Stettin	24						102	236
Magdeburg	46	10	6		10		397	880
Glogau						20	44	112
Neisse						20	44	112
	236	60	26	14	20	110	2.209	5.034

32 Jany, Band 3, Seite 25
33 Nicolai, Seite 222

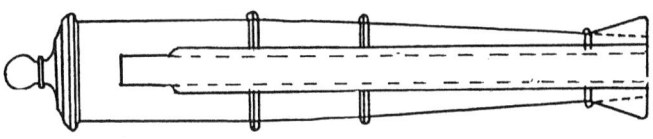

Kanone mit konischer bzw. zylindrischer Kammer

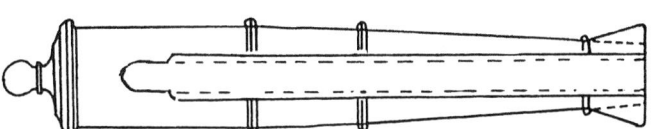

Aus diesem Bestand wurden 1756 für den Feldzug gegen Österreich 294 Geschütze mit 1.700 Mann Bedienung unter Führung von Dieskau, Holtzmann, Moller, Holtzendorff und Merkatz entnommen. Davon gehörten 222 Geschütze mit 1.000 Kanonieren zum Korps des Königs und 72 mit 300 Mann zu Schwerin. Für Lehwald in Preußen wurden 64 Geschütze und 300 Mann unter dem Kommando Holtzmanns, Belows,

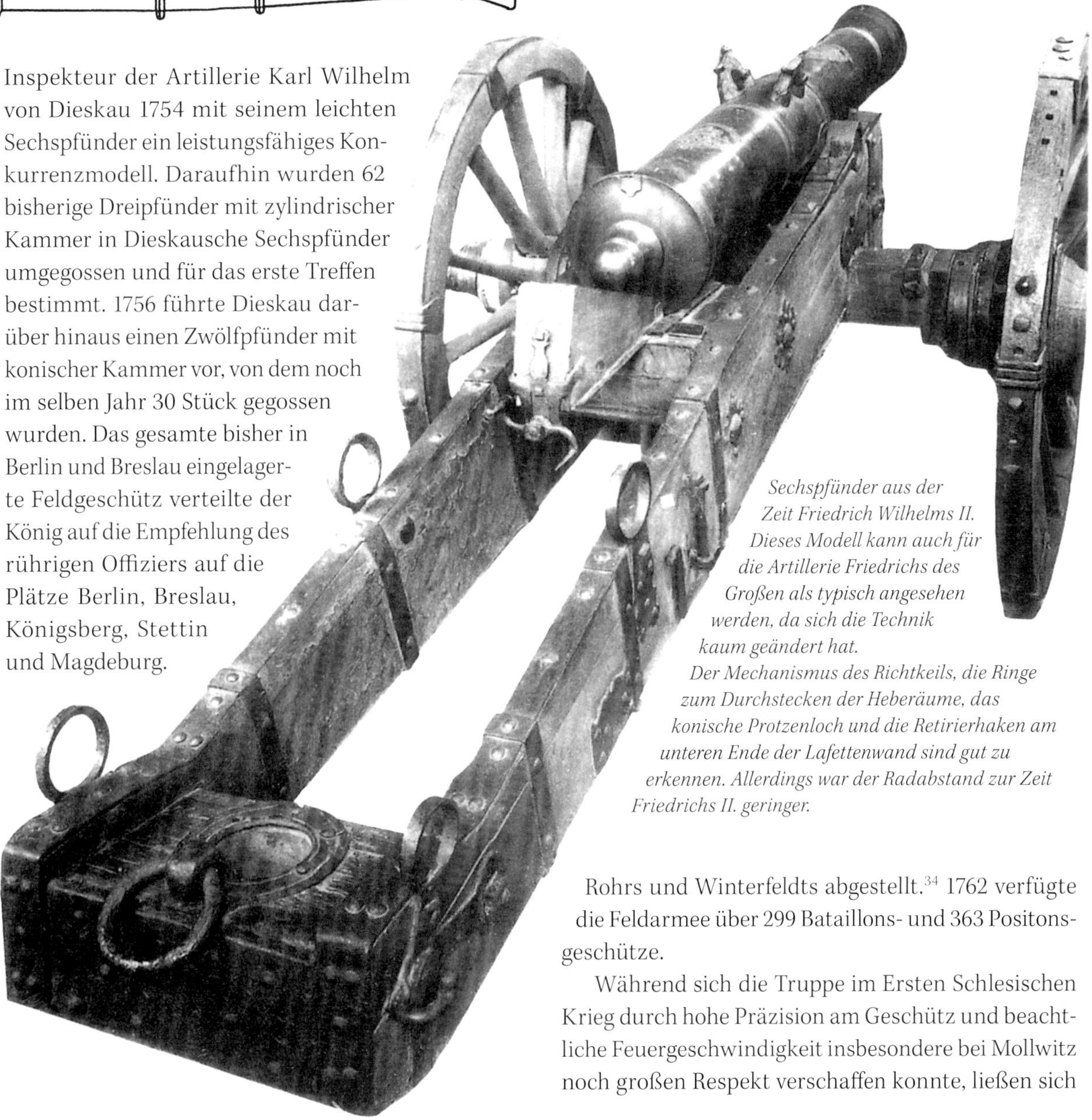

Inspekteur der Artillerie Karl Wilhelm von Dieskau 1754 mit seinem leichten Sechspfünder ein leistungsfähiges Konkurrenzmodell. Daraufhin wurden 62 bisherige Dreipfünder mit zylindrischer Kammer in Dieskausche Sechspfünder umgegossen und für das erste Treffen bestimmt. 1756 führte Dieskau darüber hinaus einen Zwölfpfünder mit konischer Kammer vor, von dem noch im selben Jahr 30 Stück gegossen wurden. Das gesamte bisher in Berlin und Breslau eingelagerte Feldgeschütz verteilte der König auf die Empfehlung des rührigen Offiziers auf die Plätze Berlin, Breslau, Königsberg, Stettin und Magdeburg.

Sechspfünder aus der Zeit Friedrich Wilhelms II. Dieses Modell kann auch für die Artillerie Friedrichs des Großen als typisch angesehen werden, da sich die Technik kaum geändert hat.
Der Mechanismus des Richtkeils, die Ringe zum Durchstecken der Heberäume, das konische Protzenloch und die Retrierhaken am unteren Ende der Lafettenwand sind gut zu erkennen. Allerdings war der Radabstand zur Zeit Friedrichs II. geringer.

Rohrs und Winterfeldts abgestellt.[34] 1762 verfügte die Feldarmee über 299 Bataillons- und 363 Positonsgeschütze.

Während sich die Truppe im Ersten Schlesischen Krieg durch hohe Präzision am Geschütz und beachtliche Feuergeschwindigkeit insbesondere bei Mollwitz noch großen Respekt verschaffen konnte, ließen sich

---

34 Schöning, Artillerie, Band 2, Seite 26, 27. Weitere 100 gehörten zum pommerschen Korps, 328 Feldartilleristen blieben mit der 1.400 Mann starken Garnisonartillerie daheim.

Preußischer Zwölfpfünder, Modell 1759 in Lafette 1762

die Österreicher im Siebenjährigen Krieg davon nicht mehr so leicht beeindrucken, denn sie hatten die preußische Überlegenheit in der offenen Feldschlacht erkannt und inzwischen Lehren daraus gezogen. Ihre neue Taktik, die dem König immer weniger Möglichkeiten für raumgreifende schnelle Operationen ließ und ihn stattdessen in den Krieg um verschanzte Stellungen zog, verlangte weitreichendes Feuer mit großer Wirkung, auf das die auf Beweglichkeit optimierten und deshalb leichten preußischen Bataillonsgeschütze nicht eingerichtet waren. Außerdem konnten die Kammerkanonen nur schwer ausgewischt werden. Bei flüchtigem Reinigen vor allem nach Geschwindschüssen entzündete sich die Kartusche an den heißen Rückständen, sodass die Explosion dem Kanonier den Ansetzer aus den Händen riss, wenn sie ihn nicht sogar tötete. Die puristisch unter Verzicht auf jegliche Extravaganzen neu konstruierten Drei- bis 24-Pfünder der Österreicher waren den preußischen Geschützen weit überlegen. Deshalb ordnete der König 1758 die Einstellung der Produktion von Dreipfündern an, ließ Sechspfünder neu gießen und ersetzte 1759 die aus dem Jahr 1756 stammenden Sechspfünder mit konischer Kammer Dieskauscher Art durch vollgütige Sechspfünder Lingerscher Konstruktion.

Für die Positionsartillerie (schwere Feldartillerie), wo die leichten bis schweren Zwölfpfünder dominierten, wurden in der leichten Kategorie bis 1759 fast nur die von Dieskau umgegossenen Lingerschen Geschütze von 1744 mit konischer Kammer verwendet und 1756/58 ergänzt. Diese hatten als Einzige zwischen den Lafettenwänden Protzkästen und sind daran von den mittleren und schweren 12-Pfündern gut zu unterscheiden.[35] 1759 kam ein weiterer, bereits 1754 konstruierter leichter 12-Pfünder ohne Kammer hinzu.

12-pfündige Kanone, Dieskau. Der Lafettenkasten diente zur Aufnahme des Zubehörs. In die Haken an der Lafettenwand wurden Wischer und Ansetzer eingehängt.

---

35   Der Lafettenkasten mit einem ersten Munitionsvorrat und dem Zubehör wurde vor dem Kampf herausgenommen und von zwei Männern getragen.

In der mittleren Kategorie finden sich erbeutete österreichische Kanonen und ab 1759 auch Dieskausche Nachgüsse »österreichischer Art«. Sie unterschieden sich von den Originalen durch eine um 2 D verlängerte Seele, wodurch Dieskau annähernde Leistungen des »Brummers« erreichen wollte, bei dem er wegen der eingeschränkten Beweglichkeit aufgrund des hohen Gewichts von 1.492 kg immer den Verlust in einer Schlacht befürchtete.

Die schwere Kategorie belegte der »Brummer« von 1735. Dabei handelt es sich um ein Festungsgeschütz, das für den Feldeinsatz auf Lafetten gesetzt und von 12 Pferden gezogen erstmals 1757 bei Leuthen zum Einsatz gekommen ist. Der König war davon so beeindruckt, dass er gegen Ende des Krieges (1761 und 1762) 26 Nachgüsse fertigen ließ. Darüber hinaus gehörten 26 zylindrische Vierundzwanzigpfünder zum schweren Bestand, die 1756 noch auf dem Feldetat erscheinen, aber ab 1760 nicht mehr nachweisbar sind.[36]

Im Todesjahr des Königs verfügte die Artillerie über 930 Feldgeschütze sowie ebenso viele Reservegeschütze mit folgender Aufteilung[37] (siehe unten):

Dazu gehörte ein beachtlicher Train aus 2.350 Wagen (99 Vorratsaffuiten, 790 Kartuschwagen, 294 Granatenwagen, 609 Munitionswagen, 330 Patronenwagen, 181 Hebefahrzeuge, 39 Werkstattwagen, 32 Pontonwagen, 127 Brotwagen und 12 Schmiedewagen)

Felddepot	Bataillonskanonen		Positionsartillerie Zwölfpfünder				Haubitzen			
	Dreipfünder	Sechspfünder	schwere Sechspfünder	leichte	mittlere	Brummer	Siebenpfünder	Zehnpfünder	Fünfundzwanzigpfünder	Summe
Wesel	20	10								30
Magdeburg	35	38	20	10	10	10	12	60	2	197
Berlin	15	132	10	40	30	40	12		2	281
Stettin		24		20		10	10			64
Friedrichsburg		29	10	20		10				69
Graudenz	14	11			20					45
Glogau		6	10					20	2	38
Breslau		27	10		40	20	12	40	2	175
Brieg	24	5								5
Schweidnitz		5								5
Glatz	6									6
Neisse	2	13								15
Summe	116	300	50	60	140	80	56	120	8	930
Berlin	35	20	4	5	5	5	4	20	1	99
Magdeburg	40	117	20	20	75	35	22	30	3	362
Küstrin	10	68	6	15	30	10	15	20	2	176
Glogau	12	60	10	10	20	20	10	30	2	174
Breslau	19	35	10	10	10	10	5	20		119
Summe	116	300	50	60	140	80	56	120	8	930

36 Bleckwenn, ZfHkde 1957/IV, Seite 74
37 Jany, Band 3, Seite 77

12-pfündiger »Brummer«, Dieskau 1761. Das Rohr wog 1.385 kg. Die relativ schmalachsige Lafette dieses sehr effizienten Geschützes ist gut zu erkennen.

mit einer Bespannung aus minimal vier und maximal 12 Pferden und einer entsprechenden Anzahl Knechte, die im Kriegsfall zu mobilisieren waren.[38]

2. Garnisonartillerie (Festungsartillerie)

Bei Regierungsantritt hatte der König vier Garnisonkompanien zur Verfügung, die in Stettin, Pillau, Wesel und Magdeburg in unterschiedlicher Stärke stationiert waren:

	Stettin	Pillau	Wesel	Magdeburg
Major			1	
Kapitän	1	1		1
Stabskapitän		1	1	
Premierleutnant	2	2		1
Secondeleutnant			3	1
Korporal	3	3	5	4
Feuerwerker	1	1	4	1
Bombardier	1	1	3	1
Kanonier	70	70	117	70
Zeugleutnant	3	2	2	1
Zeugschreiber		1	3	
Tambour			1	

Garnisonsartillerie 1740–1756

---

38 Schöning, Artillerie, Band 2, Seite 293

Zum Stab zählten ein Oberst, ein Geheimer Rat, ein Kapitän, ein Feuerwerksmeister, ein Gießer, ein Zeugkapitän und zwei Zeugschreiber nebst zwei Knechten. In Berlin befand sich mit dem Wegfall der Festungsmauern (1713) keine Garnisonartillerie mehr.

Nach der Eroberung Schlesiens trat eine fünfte Kompanie in Breslau hinzu. 1748 erhielt auch Neiße eine Kompanie. Zwei weitere wurden 1755 für Glatz und Schweidnitz errichtet und zunächst als »Schlesisches Artillerie-Corps« und später als Schlesische Garnisonartillerie zusammengefasst.

Unteroffizier der Artillerie mit Kameraden der Infanterie und des Feldjägerkorps. Er trägt als Dienstgradabzeichen eine breite goldene Huttresse und ebenfalls golden gefasste Ärmelaufschläge sowie einen Stock am zweiten Brustknopf.

	Breslau 1742	Neisse 1748	Glatz 1755	Schweidnitz 1755
Kapitän	1			
Premierleutnant	2	5	3	3
Secondeleutnant	3			
Korporal	11	7	5	5
Feuerwerker	6	3	2	2
Bombardier	6	20	14	10
Kanonier	110	130	86	88
Zeugleutnant	1	1	1	1
Zeugschreiber	4			

1756 erhielten Cosel, 1770 Kolberg und Glogau, 1782 Silberberg und 1784 Graudenz ebenfalls Kompanien. Pillau wurde 1777 durch Königsberg ersetzt.

In allen Einheiten dienten Soldaten, die aufgrund ihrer Körpergröße und schwächeren Konstitution für den Felddienst nicht geeignet waren. Trotzdem mussten sie häufig als Verstärkung der kämpfenden Truppe herhalten, denn die Ausfälle des Fachpersonals waren durch frische Rekruten oder kommandierte Infanteristen nicht zu ersetzen. Der Abzug des qualifizierten Personals traf die in den Festungen verbleibenden Offiziere hart, denn der Ersatz aus eiligst rekrutierten Bürgern und reaktivierten Veteranen war nur schwer an die völlig neue oder ungewohnt gewordene Aufgabe zu gewöhnen. Ihre Ausbildung verlangte deshalb der Führung und den wenigen Fachleuten viel ab. Durch

Mütze für Bombardiere der Feld- und Garnisonartillerie

Uniform der Garnisons- und Feldartillerie um 1751

Bei der Rückführung auf das Friedenssoll im Jahre 1763 blieb auch die Garnisonartillerie nicht ungeschoren, sodass die Zahl ihrer Soldaten auf 1.145 schmolz. Sie ist bis zum Regierungsende annähernd gleich geblieben.[39]

Wer auf den Wällen der Festungen spazieren ging, was auch im Kriege bei entsprechender Lage immer möglich war, traf auf Kanonen verschiedenster Kaliber, aber auch Haubitzen und Mörser, denn die Steilfeuerwaffen ermöglichten, verdeckte Stellungen zu beschießen und Laufgräben zu bestreichen, die im direkten Beschuss nicht zu bekämpfen waren. In der Nahverteidigung erwiesen sich die kleineren 18 kg schweren Coehoornschen Mörser (Handmörser) als besonders nützlich. Sie wurden zur Störung des Sturmangriffs in Reihen von 30–50 Stück aufgestellt und nach Art des Lauffeuers abgefeuert. Weil die der Witterung ausgesetzten eisernen Geschütze schnell rosteten, wurden die Rohre durch Einschub eines hölzernen, mit Stoff überzogenen Zylinders konserviert, der zuvor in reinen, ungesalzenen Talg getränkt worden war.

Die Zahl der Geschütze bestimmte sich nach der Größe der Verteidigungsanlage. Auf den Wällen Breslaus konnte der Besucher 81 bronzene und 85 eiserne Kanonen unterschiedlichster Kaliber sowie 20 Mörser zählen. Weitere 170 Stücke befanden sich in den Zeughäusern. Zur Verteidigung Magdeburgs bot der König 225 Geschütze, darunter 205 Kanonen, drei Haubitzen und 17 Mörser auf. Neisse und Stettin waren ähnlich bestückt. Am Ende der Regierungszeit hatte die Festungsartillerie die Zahl von 4.113 Geschützen erreicht, von denen 2.373 eiserne waren. Davon befanden sich in:

Probeschüsse machte sich die zusammengewürfelte Bedienung mit der Reichweite und Wirkung ihrer Waffen vertraut, sodass in den meisten Fällen die kritische Situation trotzdem gemeistert werden konnte. Während Breslau am 23. November 1757 mit lediglich 18 Artilleristen und 60 Handlangern den Österreichern noch unterlag, bestand Kolberg unter Führung des Majors Heyden ein Jahr später mit einem Unteroffizier und 14 Kanonieren sowie 120 eiligst am Geschütz ausgebildeten Milizen die Belagerung mit Bravour.

---

39 1786 standen 1.761 Mann bei der Garnisonartillerie (Jany, Band 3, Seite 134).

Wesel	66	Stettin	559	Schweidnitz	361
Magdeburg	565	Kolberg	180	Brieg	207
Spandau	88	Küstrin	159	Neisse	529
Berlin	10	Glogau	155	Cosel	191
Breslau	279	Glatz	324	Lyck	12
Silberberg	175	Graudenz	249	Pillau	2
Memel	2				

Quelle: Jany, Band 3, Seite 78

Der Bau neuer Festungen und der Ausbau der vorhandenen Werke ließen nach dem Kriege nicht nach. Dafür wurde jede Erfahrung von den Ingenieuren genutzt. Insbesondere die Belagerung von Schweidnitz im Jahre 1762 hatte zu wichtigen Erkenntnissen geführt, die der König in die Vorhaben einfließen ließ:

»Engster Anschluß an das Gelände und breite Verwertung desselben durch die Bauten. Anwendung vorgeschobener Werke, um den Gegner fernzuhalten und ihn zu hindern, gegen alle Fronten mit gleichem Vorteil zu approchieren.«[40]

Nach diesen Grundsätzen wurde Neisse 1758 gleich nach der Belagerung verstärkt, Glatz 1770 verändert, Schweidnitz 1764 bis 1770 erweitert und Silberberg 1766 völlig neu konzipiert. Bei allen Bauten finden sich schmale, sehr tiefe Gräben, bei denen das Mauerwerk gut gedeckt und deshalb schwer unter direktes Feuer zu nehmen ist. Sämtliche Kräfte der Verteidigung waren gegen artilleristische Fernangriffe ebenfalls gut geschützt, sodass sie nach dem Feuersturm nahezu kampfstark für die Nahverteidigung zur Verfügung standen.

Über die Abwehrmaßnahmen, die vom Kommandanten einer solchen Anlage im Falle eines Angriffs zu treffen waren, hatte der König feste Vorstellungen. Während die Theoretiker des Festungskrieges dem Verteidiger empfahlen, ihre Artillerie bis zum unmittelbar bevorstehenden Sturm zurückzuhalten und allenfalls Mörser aus gedeckten Stellungen zur Störung der Angriffsvorbereitung einzusetzen, verlangte Friedrich als Anhänger der aktiven Verteidigung den sofortigen und nachdrücklichen Beschuss der feindlichen Demontierbatterien mit schwerem Geschütz bereits dann, wenn sie in Stellung gingen. Kein Kom-

Die Festung Glatz um 1924. Die Anlage wurde 1770 umgebaut. Die Berücksichtigung des Geländes, die Friedrich forderte, ist gut zu erkennen. Berg und Festung bilden eine Einheit.

40   Müller, Geschichte des Festungskrieges, Seite 96

mandant sollte sich auf das Widerstandsvermögen der Mauern verlassen und Munition für den Augenblick des unmittelbaren Angriffs sparen, wenn es möglicherweise bereits zu spät war. Die mächtigste Waffe des Angreifers sollte gar nicht erst zum Einsatz kommen. Im 24. Kapitel der Generalprinzipien des Krieges warnt er darüber hinaus vor unüberlegten Ausfällen, weil die Verluste vom Belagerten schwerer zu ersetzen seien als vom Belagerer. Derartige Aktionen sollten deshalb nur unternommen werden, wenn Entsatztruppen im Anmarsch seien oder des Nachts erfolgen und sich alsdann gegen die zivilen Schanzarbeiter richten, weil diese nach seinen Erfahrungen sich nur mit großer Mühe zur Wiederaufnahme ihrer Arbeit bewegen ließen, wenn sie einmal durch einen überraschenden Angriff empfindlich gestört worden waren.

Festungen unter allen Umständen zu behaupten, war nicht nur wichtig, um feindliche Kräfte zu binden, sondern auch, weil sie als Magazine große Mengen an Versorgungsgütern enthielten. Als Schweidnitz unter dem Kommando des Ingenieurgenerals von Seers aufgegeben werden musste, verlor die preußische Armee 134 Geschütze, 161 Mörser, 158.183 Kugeln, 13.000 Bomben, 8.900 Granaten, 4.500 Zentner Pulver und 100.000 Schuss Infanteriemunition.[41] Nachlässigkeiten in der Verteidigung wurden deshalb unnachsichtig bestraft. Lestwitz, Katte, Kyau, Zastrow, Schmettau, Seers und d´O haben das am eigenen Leibe erfahren. Während erstere mit Haftstrafen davonkamen, büßte d´O seine Versäumnisse mit dem Leben.

Aufgrund der weiten räumlichen Verteilung, sie reichte von Wesel im Rheinischen über Kolberg bis Lyck in Ostpreußen, von Pommern bis hinter Breslau, konnte Friedrich die Festungen nur begrenzt in seine strategischen Pläne einbeziehen. Dort jedoch, wo sie wie in Schlesien näher beieinander lagen, hat er sie als Magazine und Lazarette intensiv genutzt. Dieskau beschaffte sich daraus regelmäßig den im Winterquartier ermittelten Ersatzbedarf an Pulver und Geschützen für die nächste Kampagne. Wenn dadurch einmal ein Mangel entstand, glichen die Festungskommandanten diesen untereinander aus.

3. Reitende Artillerie

In zahlreichen Darstellungen wird Friedrich der Große als der Schöpfer der berittenen Artillerie genannt, obwohl bereits der Große Kurfürst in der Schlacht bei Fehrbellin (1679) eine ähnliche Truppe eingesetzt hatte und die Kavallerieregimenter der Russen schon lange über zwei mitgeführte Geschütze verfügten. Dabei handelt es sich um sogenannte Schuwalows oder Einhörner, deren Rohr von 18,5 Zentimeter Länge eine ovale Seele von 15,5 Zentimetern größter Breite hatte, um die Streuung zu erhöhen.[42] Auch die Österreicher kannten eine Reitende Artillerie (Kavallerie-Artillerie), wenngleich deren Bedienung noch keine Pferde besaß, sondern auf einem langen gepolsterten Sitz über dem Lafettenschwanz aufsaß (Wurstlafetten).[43] Dem König dürfte der Streit um die Urheberschaft gleichgültig gewesen sein. Ihm kam es allein darauf an, für die bewegliche Kriegführung eine »Artillerie volante« zu besitzen, die ihm überall hin folgen konnte, wozu die schwerfällige Feldartillerie nicht in der Lage war. Mit der reitenden Komponente hatte er eine Waffe zur Hand, die nahtlos mit seinen bevorzugten schwungvollen Aktionen korrespondierte.

Im April 1759 überraschte er die Österreicher bei Landeshut zum ersten Mal mit einer Brigade aus sechs leichten sechspfündigen Kanonen und einer 42-köpfigen berittenen Bedienung.[44] Zur Rosspartei (Schirrwesen) gehörten 36 Zugpferde, 18 Knechte, ein Wagen- und ein Schirrmeister mit einigen Handwerkern. Das Kommando hatte der Secondeleutnant Schwebs vom Feldartillerieregiment, dem drei Unteroffiziere zur Seite standen. Die Geschütze ruhten auf sechsspännig gezogenen Kastenprotzen und wurden von drei Knechten auf den links gehenden Pferden geführt. Jeweils zwei Geschütze standen unter dem Kommando eines Unteroffiziers. Die Artilleristen, denen Major Kien-

---

41 Schöning, Band 2, Seite 67
42 Müller, Alte Geschütze, Seite 79
43 Gohlke, Seite 97
44 Jany, Band 2, Seite 516. Die Kosten für die Berittenmachung der drei Unteroffiziere und 42 Mann betrugen gem. Ordre des Königs vom 21. April 1759 an den Minister Schlabrendorff 2.227 Taler, wobei ein Reitpferd mit 40, ein Sattel mit 6 und ein Paar Reitstiefel mit 3 Talern angesetzt waren.

Reitende Artillerie mit schwerem Sechspfünder nach 1762

baum von den Bayreuther Dragonern das Reiten beigebracht hatte, saßen in deutschen Sätteln auf blauer, mit weißem Band und königlichen Initialen verzierter Tuchschabracke. Den Futtersack mit Dreitagevorrat, den mit der persönlichen Habe gefüllten Mantelsack, die Fourierleinen und eine Heurolle hatten sie auf der Hinterpausche mit drei Riemen festgeschnallt. Der Mantel lag zusammengerollt vorne über dem Sattel und der Piketpfahl hing auf der rechten Seite des Sattels, sodass das Auf- und Absitzen einige Gewandtheit erforderte. Die Zugpferde hatten Halftertrensen, der Vorspann Sielen und die Stangenpferde zusätzlich Hintergeschirre. Wo sich Hindernisse auftaten oder Bergstrecken zu überwinden waren, legten die Kanoniere ihre Pferde mit vor. Dafür war das Sattelzeug bereits mit entsprechendem Geschirr versehen. Zum Feuern saßen sie ab, wobei der später hinzukommende achte Mann die Pferde hielt.

Der König fand an der Truppe so viel Gefallen, dass er es sich in Reichshennersdorf nicht nehmen ließ, ihre Übungen jeden Morgen zu beobachten.[45] Allerdings scheint er das Interesse bald wieder verloren zu haben, denn entgegen allen Bekundungen ihrer Einmaligkeit kam die Wunderwaffe im Verlauf des Krieges weder über 22 Geschütze (1/30 des Gesamtbestandes) hinaus, noch wurde sie systematisch eingesetzt. Ein Grund für die sporadische Verwendung war mit hoher Wahrscheinlichkeit die Furcht vor Nachahmung.

»Die leichte Artillerie ist rasch wie der Wind, und in weniger als einer Minute fährt sie an der bezeichneten Stelle auf. Nähme man diese Erfindung im täglichen Gebrauch, so ahmte der Feind sie nach, und man hätte dann einen Gegenpart. Hält man sie aber geheim und benutzt die leichte Artillerie nur gelegentlich, wird man zweifellos den größten Nutzen daraus ziehen«[46]

Die Sorge war so groß, dass der König die Reitende Artillerie selbst noch in den Feldmanövern der Nachkriegszeit, in denen 20 Bataillone und mehr mit 35 Schwadronen Kavallerie auf unvorbereitetem Gelände kriegsmäßig übten, die Sporen und Federbüsche ablegen ließ und mit Stiefeletten unter die Fußartillerie mischte, damit der Herzog von York und Lafayette die Spezialtruppe in der Masse der übenden Soldaten nicht zu Gesicht bekamen.[47]

Anscheinend entsprach jedoch auch der militärische Nutzen nicht den Erwartungen. Auf dem Marsch war die »fliegende« Truppe mit 120 Schritten/Minute nur wenig schneller als die Infanterie (108/Minute), sodass sich die Vorteile erst auf längeren Strecken durch Zwischeneinlagen im Trabe oder Galopp ergaben. Das Pferdematerial, ein ewiges Problem der Artillerie, das bei der reitenden Komponente eigentlich das Beste hätte sein müssen, entsprach noch nicht einmal dem Durchschnitt. Es wurde von versoffenen Schirrmeistern nur unzureichend überwachten Knechten betreut, die bei der ersten Gelegenheit reihenweise türmten, sodass zur Überwachung kleine Kavallerietrupps abkommandiert werden mussten. Auf dem Marsch behinderten die sechsspännigen Züge die Verkehrswege, boten überall viel Ziel und zeigten im Kampf für gewöhnlich weniger Durchhaltefähigkeit als die Feldartillerie. Bei Kunersdorf (12.08.1759) verlor die vermeintliche Elitewaffe sämtliche Geschütze. Nach der Neuaufstellung im Lager von Fürstenwalde kämpfte sie im Korps des Prinzen Heinrich mit sechs Sechspfündern bei Pretsch etwas glücklicher und ging bei Maxen (21.11.1759) mit dem Finckschen Korps endgültig verloren. 1760 wurde deshalb eine zweite Brigade mit jetzt 21 leichten Sechspfündern und einer siebenpfündigen Haubitze errichtet, von denen der König 16 Kanonen in sein Korps übernahm. Der Rest wurde dem Prinzen Heinrich zugeteilt und unter Platen vor allem gegen die Russen eingesetzt.[48] Ihren Höhepunkt hatte sie im Gefecht bei Reichenbach (1762), wo die eiligst aus Peterswalde herangeführten Kanonen unter dem Kommando des Leutnants Carl Philipp von Anhalt die

---

45 Jany, a.a.O.
46 Volz, Band 6, Seite 230
47 Strotha, Seite 23
48 Der von Dieskau 1771 für die Reitende Artillerie genannte Reservebestand von 16 Sechspfündern und 6 Dreipfündern lässt darauf schließen, dass im Kriege auch andere Kombinationen möglich waren. Die Zusammensetzung von fünf Kanonen und einer siebenpfündigen Haubitze wird einmal erwähnt (Platen im Lager von Kolberg). Auch die Einsatzmethoden waren unterschiedlich. In der Armee des Königs avancierte die Reitende Artillerie mit Menschenkraft, während im Korps des Prinzen stets aufgeprotzt wurde (Hüttemann, Seite 36).

*Offizier der Reitenden Artillerie.
Der Hut hat bereits die Kavallerieform; die Allianzfeder wurde 1762 eingeführt. Borte, Puschel und Kordon waren infanteristisch.*

Kavallerie O´Donnels mit halbstündigem Enfilierfeuer eindeckten und endlich einmal die erwartete Wirkung zeigten. Der insgesamt jedoch schnell verblichene Glanz führte dazu, dass der König die kleine Truppe nach dem Hubertusburger Frieden demobilisierte. Die Mannschaften kehrten zu ihren Kompanien zurück, und die Geschütze wanderten in das Berliner Zeughaus.

1771 erinnerte sich der König an die einst mit viel Vorschusslorbeeren bedachte Waffe, sodass er den Pferdebedarf für zwei ständige Brigaden zu je zehn Kanonen und zwei Haubitzen ermitteln ließ, der mit der Remonte von 1772 beschafft werden sollte. Die Tiere wurden dann aber den Bellingschen Husaren zugeteilt oder als Dispositionsmasse zurückgehalten, sodass sich die Wiedererrichtung bis in das Jahr 1773 verschob. Aufgestellt wurde schließlich eine Brigade, die aus neun dreipfündigen Kanonen, einer Haubitze, dem Kapitän Carl Philipp von Anhalt, dem Leutnant von Hertig, zehn Unteroffizieren (davon einer als Futtermeister), 60 Kanonieren, einem Schmied, 20 Knechten und 110 Pferden bestand.[49] Die Kanoniere stellten die Feldartillerieregimenter in jährlichem Austausch, sodass sich ein im Reiten und im Umgang mit Zugpferden geübtes Aufwuchspotenzial für den Ernstfall ergab. Als Garnison bestimmte der König Potsdam, wo das Kommando am Brandenburger Tor ein Quartier erhielt. Doch erneut geschah die Durchführung erstaunlich stiefmütterlich. Die im März 1773 angeworbenen Knechte waren im Schnitt über 40 Jahre alt. Das Pferdematerial, von dem 68 Reitpferde aus Posen kamen und 22 Zugpferde zum Preis von 50 Talern aus Mecklenburg bezogen wurden, blieb immer unter dem Soll (110) und in seiner Qualität mangelhaft.

In den Bayerischen Erbfolgekrieg zog die Reitende Artillerie in sechs Brigaden mit je acht Sechspfündern und einer Haubitze.[50] Die Geschütze waren dieselben wie in den vorangegangenen Kriegen, nur hatte man den Radabstand etwas verkürzt, um die Bewegung in beengtem Gelände zu erhöhen. Von dem Kontingent standen drei Brigaden

Geschütze der Feldartillerie

	Kaliber	Gewicht in kg	Ladung in kg	Bedienung	Pferde
Dreipfünder	7,32 cm	210–230	1,4	6	4
Sechspfünder	9,42 cm	268–462	2,8	6	6
7-pf.-Haubitze	14,9 cm	343	6,5	7	6

---

49 Schöning, Artillerie, Band 2, Seite 278. Die Haubitze hatte gegenüber einer kriegsstarken nur sechs Kanoniere und vier Zugpferde statt sechs.

50 Duffy, Seite 181. Malinowski-Bonin, Band 1, Seite 302, erwähnt sieben Brigaden zu acht Kanonen und zwei Haubitzen.

mit drei Leutnanten, 15 Korporalen, 21 Bombardieren, 144 Kanonieren, einem Regimentsfeldscher, einem Trainbedienten, sechs Offizierknechten, 15 Offizier- sowie 465 Mannschafts- und Zugpferden unter dem Kommando des Majors Carl von Anhalt bei der Armee des Königs und drei unter dem Befehl des Kapitäns von Schönermark beim Prinzen Heinrich. Dort verstärkten sie vor allem die Detachements, wofür sie sich aufgrund ihrer Beweglichkeit gut eigneten, oder schützten die Fouragekommandos, aus denen sich häufig kleinere Artilleriegefechte entwickelten.

4. Pontoniere

Die Spezialisten des militärischen Brückenbaus bildeten mit einem Kapitän, zwei Unteroffizieren und 20 Mann sowie einem Klempnermeister und 20 Pontons das kleinste Korps der Armee Friedrich Wilhelms I. Er hatte es am 1. April 1715 der Artillerie zugeordnet und als Garnison Berlin bestimmt, wo es nach vorübergehender Reduzierung mit dem Pontonkapitän de Rep, zwei Unteroffizieren, 24 Pontonieren und einem Klempner Unter den Linden Nr. 74 Quartier bezog. Das Gelände hatte Zugang zur Spree, sodass die jetzt 24 Pontons bei Bedarf schnell zu Wasser gelassen werden konnten.[51]

Fahne der Pontoniere
Die Symbole unter dem Namenszug stellen kupferne Pontons dar.

Friedrich II. teilte es 1742 den Mineuren zu, die in dem neu errichteten Regiment Pioniers (Nr. 49) die Stelle der Grenadierkompanien einnahmen. Gleichzeitig ordnete er in mehreren Schritten Aufstockungen an. Das Ergänzungspersonal stellten im Wesentlichen die Elb- und Rheinschiffer, weil sie berufsbedingt die größte Nähe zu der künftigen Aufgabe mitbrachten. Als 1759 auch das pommersche Korps einen Pontontrain mit 30 neu angefertigten Brückensegmenten bekam, musste die Stärke nochmals um einen Unteroffizier und 30 Mann erhöht werden, sodass auf dem Höhepunkt des Siebenjährigen Kriegs zur Verfügung standen:

- in der Armee des Königs ein Pontonkorps mit einem Offizier und 44 Mann,
- beim Sächsischen Korps ein Pontonkorps mit einem Offizier und 55 Mann,
- beim Pommerschen Korps ein Pontonkorps mit einem Unteroffizier und 30 Mann, zusammen 132 Soldaten.[52]

Im Verlauf des Krieges leistete die kleine Truppe mit über 50 großen Brückenschlägen wichtige Dienste. Das damals dazu üblicherweise verwendete Material waren Schwimmkörper mit nahezu rechteckigem Boden, die vor Ort aus Holz, Leder oder Segeltuch gebaut oder fertig von der Truppe mitgeführt wurden. Preußen bevorzugte etwas über

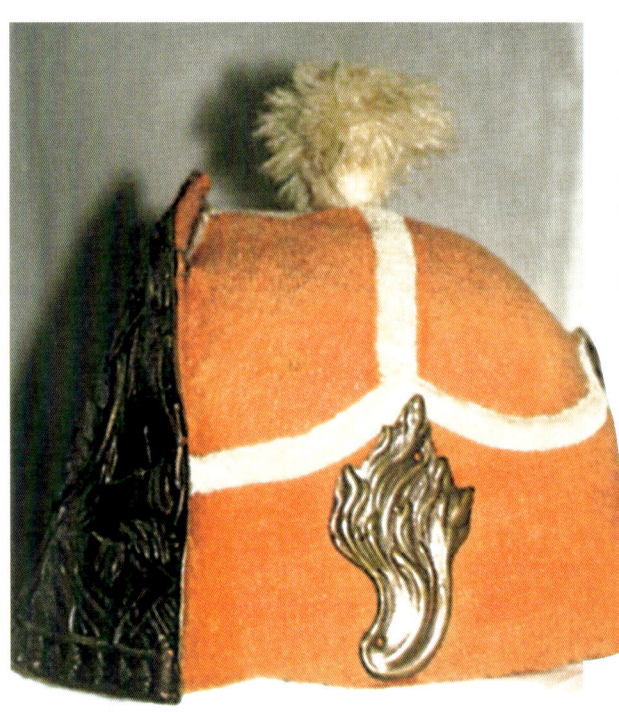

Mütze der Pontoniere
Bis 1773 trugen die Pontoniere die Uniform der Artillerie mit Stiefeln für Mann und Offizier.

---

51   1736 zogen die Pontoniere von dort in die Prenzlauer Straße um. Auf dem frei gewordenen Gelände richtete die Artillerie ein Laboratorium und ein Holzlager ein.
52   Jany, Band 2, Seite 516

acht Meter lange vorfabrizierte Pontons aus Metall. 1749 führte die Armee 78, vier Jahre später 110 Pontons im Bestand. Die doppelwandige, mit roter Schutzfarbe gestrichene Außenhaut aus Kupfer oder Blech (ab 1759) hatte mehrere Sektionen, sodass der Schwimmkörper nach Beschuss oder anderer Beschädigung nicht sank. Transportiert wurden sie bis 1760 nach niederländischer Art auf zweirädrigen »Hakets«, danach auf vierrädrigen Fahrgestellen, die keine Gleichgewichtsprobleme hatten.[53] Die Hakets wurden von fünf Pferden in einer Reihe, die Pontonwagen von sechs Pferden gezogen. Die Fahrzeuge trugen den blauen Anstrich der Artillerie. Ihre Mobilmachung erforderte 242 Knechte und 616 Pferde.[54]

Den Brückenbau begann nach der Ablage des durch Pfähle gesicherten Uferbalkens mit dem Spannen zweier Haltetaue über den Fluss, zwischen denen die Pontons zum Liegen kommen sollten. Danach hoben 12 Mann den Ponton vom Wagen, trugen ihn auf den Schultern zum Strom, schoben ihn ins Wasser und überbrückten die Distanz zum Uferbalken durch Streckenbalken. Mit der Verspannung der Konstruktion durch Taue und der Beplankung der Streckenbalken durch Bohlen war die erste Phase abgeschlossen. In der zweiten schoben sie den nächsten Ponton mit den darauf befestigten Streckenbalken in Position und belegten die Verbindung wiederum mit Bohlen. Es folgten weitere, bis das Gewässer überwunden war. In der letzten Phase platzierten die Pontoniere zur Befestigung des Belages zwei Rödelbalken quer zur Flussrichtung auf die Bohlen und verschnürten sie mit den Streckenbalken. Beim Abbau wurde die Brücke auf einer Seite gelöst, mit der Strömung ans andere Ufer getrieben und zerlegt.

Für einen Brückenschlag über die Elbe benötigten die Pontoniere gute zwei Stunden. Für das Übersetzen größerer Verbände legten sie häufig mehrere Brücken nebeneinander.

Bis 1773 kleideten sich die Pontoniere mit kaum sichtbaren Unterschieden wie die Mineure. Danach schlüpften die zwei Offiziere, drei Unteroffiziere und

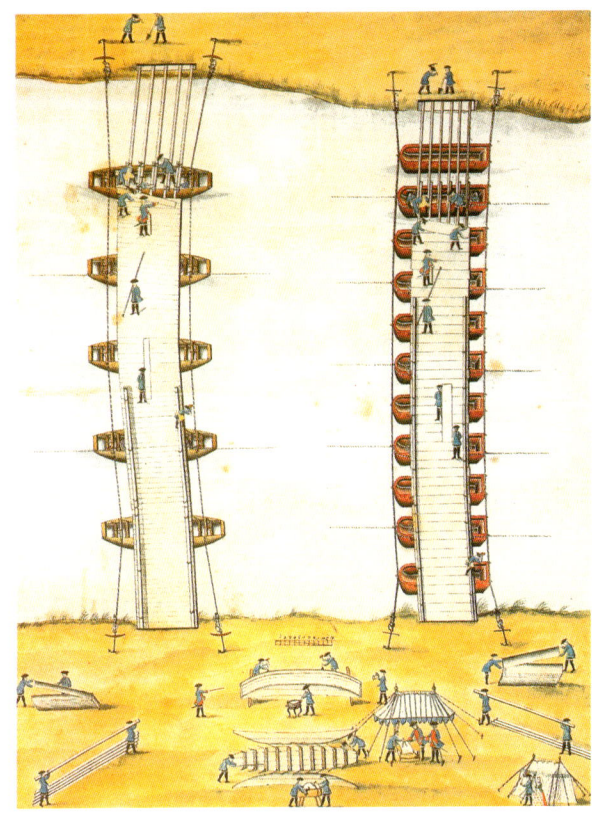

Zeitgenössische Darstellung eines Brückenschlages. In Preußen wurden dafür vorgefertigte Pontons verwendet.

Ponton aus doppeltem Eisenblech. Die preußischen Pontons hatten einen roten Mennigeanstrich. Andere waren aus Kupfer gefertigt.

24 Mann, auf die das Pontonkorps inzwischen zusammengeschrumpft war, wieder in die Uniform der Feldartillerie. Was sie dann noch von ihr unterschied, war die schwarze Halsbinde.[55]

---

53 Bleckwenn, Preußenadler, Seite 118
54 Jany, Band 2, Seite 256
55 Bleckwenn, Uniformen, Band 4, Seite 35

Technik

I.
Die Fabrikation der Geschütze

Die Mehrzahl der Geschütze wurde in Berlin vom 1645 errichteten und 1875 abgerissenen Gießhaus hinter dem Zeughaus hergestellt. Friedrich der Große erweiterte die Kapazität 1743 durch Produktionsstätten in Breslau und Vietz, wobei Vietz nur in geringem Umfang lieferte. Insgesamt ließ er 3.600 Geschütze gießen oder umgießen. Die Jahresproduktion belief sich auf durchschnittlich 80 Stück. Das dabei angewendete Verfahren war bei allen Kalibern dasselbe.

Am Anfang des Produktionsprozesses stand die Herstellung eines Rohrmodels. Dazu wurde eine Holzspindel mit einem Lehmmantel umwickelt und der Masse durch Drehen gegen ein Profilbrett die nötige Form gegeben.[56] Danach setzten die Arbeiter die separat geformten Henkel auf, bestrichen das Model mit einer Wachsschicht und umgaben alles mit einem Formmantel aus Lehm. Unter ständigem Drehen über offenem Feuer trockneten die Lehmschichten und das Wachs schmolz aus. Nach dem Entfernen des Innenteils zeigte sich die fertige Form.

Zum Guss wurde die Form nach Einfügung der mit getrocknetem Lehm bezogenen Kernstange senkrecht in eine Dammgrube gestellt und von der Mündung her mit der Schmelzmasse gefüllt. Nach dem Erkalten zerschlugen die Arbeiter die Form, entfernten die Kern-

Zeitgenössischer Stich des königlichen Gießhauses in Berlin

---

56 Dem Lehm wurden Kuhmist, Kuhhaare, Wasser oder Pferdemistlauge beigemengt (Malinowski, Bonin, Band 1, Seite 625).

stange, welche die Seele freimachte, und der Guss war abgeschlossen. Jetzt brauchte das Rohr nur noch durch Nachbohren der Seele auf das Nennkaliber gebracht und das Zündloch eingesetzt werden.[57]

Als Schmelzmasse diente Kupfer und Zinn im Verhältnis von 10 : 1. War das Kupfer von schlechter Qualität, musste Zinn zugesetzt werden. Die richtige Mischung ermittelten die Gießer durch Probeguss. Gelegentlich enthielt die Masse aus Kostengründen auch geringe Mengen anderer Metalle wie Blei und Eisen. Griffen die Gießer auf altes Material zurück, was im Kriege häufig geschah (Beutestücke), schmolzen sie dieses zuerst ein und gaben Kupfer später hinzu. Das Gemisch rührten sie mit Birkenstangen um, die durch eine Lehmschicht vor dem Verbrennen geschützt waren. In der Regel war das Metall nach vier Stunden flüssig und nach weiteren drei Stunden und dem Entfernen von Fremdkörpern gussbereit. Kurz vor dem Abgießen heizten die Arbeiter zum Ausgleich des Temperaturverlusts noch einmal kräftig auf. Die Gussrinnen wärmten sie ebenfalls vor.

Die Bohrmaschine bestand aus einem stehenden Bohrer, der von unten durch Pferde oder Menschenhand bewegt wurde. Über dem mit vier bis sechs Schneideeisen versehenen Kopf hing an einem Flaschenzug das in Schienen geführte Rohr, sodass es durch sein Eigengewicht für den notwendigen Druck sorgte. Die technische Auslegung des Bohrkopfes barg das größte Geheimnis des ansonsten nicht aufregenden Verfahrens. Sie wurde deshalb überall in Europa sorgsam gehütet.

Als letzten Arbeitsgang setzten die Gießer das Zündloch mit einem Spezialbohrer ein und polierten das Rohr. Danach war es zur Abnahme bereit.

Die Güteprüfung begann mit der Kontrolle der Maße, wofür Messlatten und Einschubschablonen verwendet wurden. Anschließend waren die Prüfer der Qualität der Bronze auf der Spur. Dunkle Farbe des Metalls deutete auf zu viel Kupfer, helle auf zu viel Zinn. Beanstandete Gasblasen glichen die Gießer durch großzügiges Nachbohren aus. Zuletzt wurde das Rohr beschossen. Das geschah durch drei Kugelschüsse mit der üblichen Pulverladung. Bei den Zwölfpfündern mit konischer Kammer von 1744 gingen acht Pfund schwere Kartätschen mit einer dreieinhalbpfündigen Ladung durch das Rohr. Für die in Vietz gegossenen Eisenrohre waren zehn Probeschüsse angesetzt, davon die ersten mit kugelschwerer, die folgenden mit halber Treibladung. Beim Zerspringen sollten die Stücke möglichst nach hinten fliegen. Um sich davor zu schützen, zog sich das Prüfpersonal in einen Sicherheitsstand aus Bohlen und Erdreich zurück.

Die Lebensdauer der Rohre war auf maximal 2.000 Schuss berechnet.[58] Das Zündloch brannte allerdings schon früher aus. Weil die Treibladung dadurch einen Teil ihrer Wirkung verlor, musste es bereits nach 250 bis 300 Schuss nachbearbeitet werden.[59]

II.
Die Konstruktionsmerkmale

Die Berechnungen des klassischen Geschützbaues richteten sich nach dem Durchmesser der verwendeten Kugel. Das mit »D« (Diameter) bezeichnete Grundmaß gliederte sich in mehrere Teile (»partes«). 24 p entsprachen einem D.

Bei den bis zu einem Winkel von 45 Grad feuernden Haubitzen wurden traditionell nicht die Maße der Metallkugeln, sondern der Steinkugeln zugrunde gelegt. Da Stein weniger wiegt als Metall, war bei demselben Geschossgewicht der Kugeldurchmesser und folglich das Kaliber der Haubitzen größer als bei den Kanonen.

1. Kanonen

Bis in das 18. Jahrhundert galt für alle Kanonen eine Rohrlänge von 24 D als ideal. Der Lagerpunkt lag bei drei Siebtel der Gesamtlänge, die von der Mündung bis zum Bodenfries ohne Bodenstück und Traube gemes-

---

[57] In Holland wurde die Seele aus dem Vollguss gebohrt. Das streng geheime Verfahren war durch die Anwerbung ausländischen Personals möglicherweise auch in Berlin bekannt, aber wegen fehlender Technik (Bohrkopf) nicht Praxis.
[58] Tempelhof, Teil 2, Seite 63, 73
[59] Malinowski, Bonin, Band 1, Seite 639. Gaudi berichtet, dass die Zündlöcher nach der Belagerung von Breslau so ausgebrannt waren, dass die Hälfte der Pulverladung verloren ging (Jany, Band 2, Seite 482).

sen wurde. Die Rohrstärke betrug hinten ein D und nahm nach vorne um jeweils zwei p bis zu ½ D ab. Ein derartiges Rohr nannte man »vollgütig«.

Zwischen 1717 und 1738 werden insbesondere die Vierundzwanzigpfünder zwei Mal ein wenig verkürzt. In der Metallstärke blieben die jetzt 16 D langen Rohre jedoch unverändert »vollgütig«. Die Stärke des Bodens entsprach in der Regel der hinteren Metallstärke.

Das Gewicht lag bei den »ordinären« Feldkanonen (ohne Kammern) beim 260- bis 275-fachen und bei den schweren Kammergeschützen zwischen dem 293- und 325-fachen des Kugelgewichts. Die am Stoßboden eingeschlagenen Angaben (»W 16 C 97 PF« = wiegt 16 Zentner, 97 Pfund) entsprechen den altpreußischen Werten (ein Zentner = 51,4 kg; ein Pfund = 467 Gramm). Das Zündloch stand senkrecht, hatte einen Durchmesser von ¼ Zoll und wurde von den Gießern sechs p vom Boden entfernt gesetzt.[60]

An die Stelle des an der Mündung üblichen Frieskopfes trat aus praktischen Gründen der Schiffskopf, dessen glatte Form auf den Kriegsschiffen verhinderte, dass das Rohr beim Rücklauf an der Stückpforte hängen blieb.

Die Berechnung des Spielraums zwischen Kugel und Rohrmantel erforderte besondere Aufmerksamkeit. War er zu groß, ließ sich das Rohr zwar gut laden, aber die Treibladung verlor an Kraft, weil ein Teil der Gase verpuffte. War er zu gering, wirkte die Ladung voll, aber die Kugel blieb unter Umständen schon beim Laden stecken. Die Gießer lösten das Problem der optimalen Seelenweite auf folgende Weise:

Mit dem Radius der Kugel beschrieben sie am Punkt B einen Halbkreis, machten von B und C den Kreisschnitt, verbanden D mit dem Mittelpunkt A und zogen von E eine Linie zum Schnittpunkt F.

Dann ergab das Verhältnis EB zu EF den Spielraum, der dem Kugeldurchmesser zur richtigen Bemessung der Seele hinzugerechnet werden musste.[61]

Kannte man zwar die Seelenweite, wusste aber nicht, welche Kugel dazu passte, was bei Fundmunition häufig der Fall war, wurde die Passgenauigkeit wie folgt berechnet:

Der Radius der Seelenweite AB wurde im Punkt C halbiert, anschließend mit dem Viertelradius von B ein Halbkreis zum Punkt D geschlagen und der Punkt E mit D verbunden. Danach schlug man mit dem Radius AB von E den Halbkreis zum Schnittpunkt F. Dann ergab FD den Radius der Kugel. Im Felde behalfen sich die Soldaten mit Eisenringen in den Maßen des Rohrdurchmessers, die sie über die erbeuteten Kugeln legten.

Außerdem bildete über lange Zeit das richtige Verhältnis von Gewicht und Mobilität ein Problem. Schwächten die Konstrukteure zugunsten der Beweglichkeit das Rohr, flog es den Kanonieren bei unveränderter Ladung um die Ohren. Passten sie die Treibladung an, entsprachen Reichweite und Wirkung nicht den Erwartungen. Holtzmann löste es in zwei Schritten. Zunächst verringerte er die Rohrstärke der dreipfündigen Kanone, sodass sie mit vier Zentnern 30 Pfund weit weniger wog als der alte »ordinäre« Dreipfünder Friedrich Wilhelms I., der siebeneinhalb Zentner auf die Waage gebracht hatte.[62] Danach fräste er in das Bodenstück eine zylindrisch oder auch konisch geformte Kammer für die Aufnahme der geringeren Treibladung ein, deren direkte Wirkung auf die Mitte der Kugel den innerballistischen Nachteil des verminderten Gasdrucks weitgehend ausglich.

1747 verlängerte Holtzmann die Kammer für eine eineinhalbpfündige Ladung von 16 auf 23 p, um die Forderung des Königs nach einer auf 1.200 Schritte gesteigerten Reichweite zu erfüllen.[63] Außerdem sollten ein Klappvisier und eine Schraubenrichtmaschine

---

60 Malinowski, Bonin, Band 1, Seite 57
61 Malinowski, Bonin, Band 2, Seite 12
62 Kanonen, deren Seele vorne wie hinten denselben Durchmesser hatten, also keine Kammer besaßen, wurden als ordinäre bezeichnet.
63 Ein Schritt entspricht etwa 0,45 Metern. Es gab hierfür noch keine Norm. Das metrische Maß nach französischem Vorbild wurde erst Mitte des 19. Jahrhunderts eingeführt.

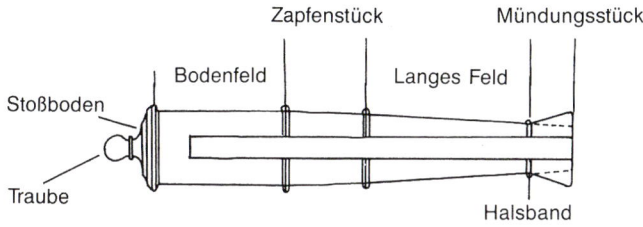

Untergliederung eines Kanonenrohres

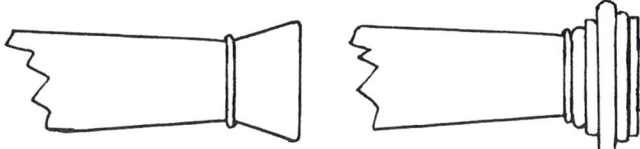

*Mündungsstück einer Kanone
links: Schiffskopf, rechts: Frieskopf*

die Bedienung vereinfachen, wodurch das »Unterkneifen« des Rohrs an der Traube mittels eines Hebebaums für das Nachsetzen des Richtkeils entfiel.[64] Alle Kammergeschütze hatten jedoch den Nachteil, dass sie nur unter Schwierigkeiten gereinigt werden konnten. Sie kamen deshalb bald wieder außer Gebrauch. Die letzten ihrer Art wurden 1756 gegossen. Dabei handelte es sich um 62 leichte Sechspfünder mit konischer Kammer, einer Rohrlänge von 16 D und einem Gewicht von fünfeinhalb Zentnern sowie um einen 14 D langen Zwölfpfünder Dieskauscher Konstruktion, der etwa siebeneinhalb Zentner wog und mit einer Schraubenrichtmaschine à la Holtzmann ausgestattet war.

Die mittelschwere Komponente ergänzten 1759 die 18 D langen kammerlosen mittleren Zwölfpfünder Dieskau nach österreichischem Muster in 212 Exemplaren, die 17 Zentner und 35 Pfund auf die Waage brachten und für den Verschuss der 5,6 kg wiegenden Eisenkugel 1,8 kg Pulver verbrauchten.

1761/62 folgten 26 schwere 12-Pfünder (»Brummer«) mit zunächst flachem, später halbrundem Boden, einer Länge von 24 D und einem Gewicht von 29 Zentnern, 65 Pfund. Das Kaliber betrug 11,9 cm. Die Lafette hatte eine Länge von 3,70 Metern. Auf dem Stoßboden befand sich neben der Gewichtsangabe die

Richtmaschine eines preußischen Zwölfpfünders

Baunummer und der Fabrikationsort (BR = Breslau), auf dem Bodenfeld das Monogramm »FR« mit Krone und Bandeau »Ultima ratio regis« und auf dem langen Feld der Hoheitsadler mit dem Spruchband »Pro gloria et Patria«.

*Holzmodel für den Guss der »Henkel«.
Die Form des Delphins wurde in Preußen schrittweise durch einen Greifen ersetzt.
Der als Greif geformte Henkel fiel 1774 bei den leichten und 1812 bei allen übrigen Geschützen weg.*

---

64   Die Klappvisiere wurden 1748 für die Dreipfünder und 1774 für alle Feldgeschütze eingeführt, welche die Quadranten als Richtmittel ersetzten.

Rohr eines 24-Pfünders, das schwerste preußische Kaliber, und damit die »ultima ratio« des Königs. Diese Devise über den Initialen auf dem Bodenfeld wählten schon Richelieu und Ludwig XIV in leicht abgewandelter Form. Auf dem langen Feld befindet sich wie bei allen preußischen Geschützen der preußische Adler mit der Devise »pro gloria et patria«, zunächst durch Palmenzweige eingegrenzt, später durch ein schwungvolles Rokokomuster. Davor die Rohre eines Drei- und Sechspfünders.

Bei den nach dem Kriege gegossenen Rohren bekam die Traube die Form einer Kugel an Stelle des bisher üblichen Pinienkerns (ab 1774).[65] Die Henkel in Greifenform bei den Dreipfündern und leichten 6 Pfündern entfielen.

2. Haubitzen

Zur Zeit des Großen Kurfürsten hatten die Haubitzen unterschiedlichster Kaliber Rohre aus Bronze. Die Henkel waren als Delfine ausgeprägt.

Friedrich Wilhelm I. konzentrierte sich auf die 18-Pfünder, deren ein D und 15 p lange Kammern vier Pfund Ladung fassten. Sein Nachfolger ersetzte sie durch die von Holtzmann konzipierten Zehnpfünder M 1744 mit einer ungewöhnlichen Länge von acht D. Das Bodenstück hatte eine Stärke von 25 p. Die Metallstärke am Zapfenstück betrug 17 p und verjüngte sich im langen Feld auf acht. Das Rohrgewicht lag bei 910 bis 1.210 Pfund, sodass das

10-pfündige Haubitze Holtzmann. Die Gesamtlänge des Rohres beträgt 145 cm. Am Stoßboden (nicht sichtbar) ist die Gewichtsangabe eingeschlagen: W 16 C 97 Pf = wiegt 16 Centner 97 Pfund (1 altpreußisches Pfund = 0,46 kg)

---

65 Gohlke, Seiten 89, 91

Schussarten einer Kanone

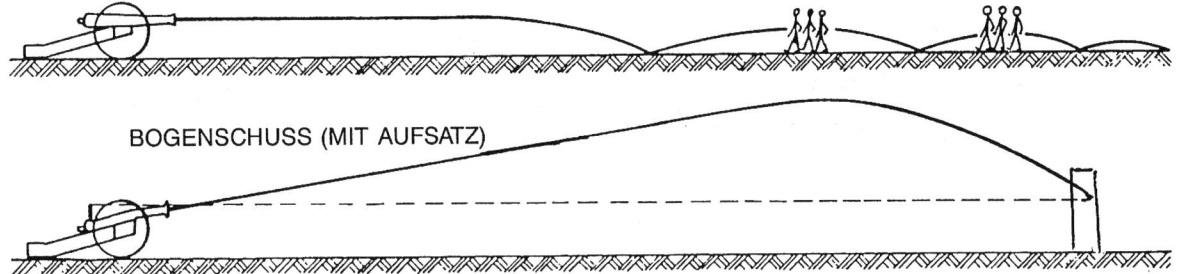

relativ leichte Geschütz von vier Pferden gezogen werden konnte.

1758 folgte ein Siebenpfünder mit einer Rohrlänge von sechseinhalb D. Wegen des geringen Gewichts von 343 kg eignete er sich hervorragend als Feldgeschütz, sodass er auch bei den Grenadierbataillonen und ab 1761 der Reitenden Artillerie zum Einsatz kam. Das Geschütz wurde bis 1762 sowohl in Berlin als auch in Breslau in 45 Exemplaren gegossen und bei der Infanterie von vier und bei der Reitenden Artillerie von sechs Pferden gezogen.

Die wirkliche »ultima ratio regis« in künftigen Kriegen bildeten die zehnpfündigen Haubitzen von 1766. Sie feuerten mit einer Ladung von bis zu 2,3 kg gut 11 kg schwere Hohlkugeln oder Kartätschen auf den Feind. Die Kolosse wogen bis zu 1.738 kg und hatten das beachtliche Kaliber von 17,26 cm.

Das klassische Ziel der Haubitzen waren verdeckte Objekte, zu deren Bekämpfung das Rohr bis zu 45 Grad elaviert werden konnte.

3. Mörser

In der Gruppe der klassischen Steilfeuergeschütze, die ihre Projektile im Winkel von 45 bis 85 Grad verschossen, unterschied man hängende und liegende Mörser. Bei den hängenden waren die Schildzapfen am Mittelstück angebracht, bei den liegenden am Fuß. Zur Zeit der Kurfürsten hatten die hängenden Mörser eine Länge von vier D. Der Flug maß zwei D drei p oder zwei D neun p. Bei den liegenden proportionierten die Gießer die Länge auf drei und den Flug auf eineinhalb D. Daneben standen eine Anzahl eiserner Coehoornscher Mörser (Handmörser) in den Arsenalen, die auf einem angeschmiedeten Klotz befestigt waren und kleinkalibrige Granaten warfen.

Friedrich Wilhelm I. konzentrierte sich auf die bronzenen 10-, 25-, 50- und 75-pfündigen Kaliber und die Coehoorner. Was nicht dazu gehörte, wurde nach dem Verbrauch der Munition eingeschmolzen. Sämtliche Mörser waren jetzt liegende mit zumeist zylindrischen Kammern, einer Länge von ein D bis ein D, 8 p und einer beachtlichen Leistung. Ein 50-Pfünder warf am 17. Januar 1770 in Anwesenheit des Königs im Probeschuss eine 56 kg schwere Bombe mit einer viereinhalbpfündigen Pulverladung bei 45 Grad Elevation 1.420 Schritte weit. Mit der größtmöglichen Ladung von sechseinhalb

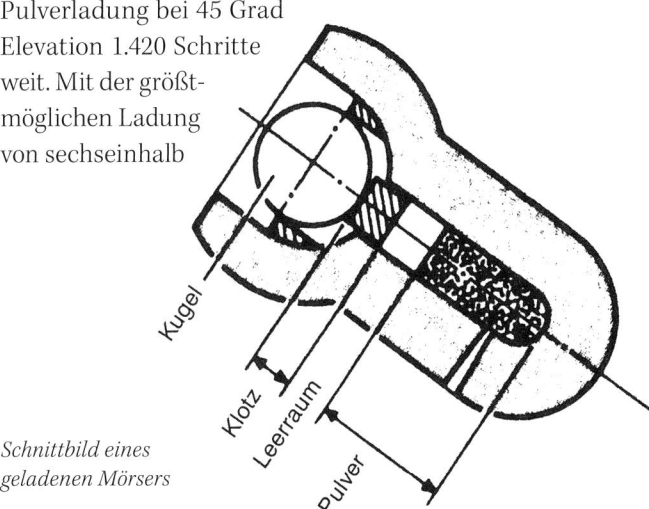

Schnittbild eines geladenen Mörsers

Technische Daten preußischer Geschütze

	Kaliber in cm	Gewicht in kg	Kammer	Geschoss in kg	Ladung in kg	Max. Reichweite in Schritten
Kanonen						
3-Pfünder Holtzmann	7,32	210–230	konisch	1,4	0,47 1/3	300 (Kernschuss)
1740	7,32	140–147	zyl.	1,4	0,35	1.500 (Bogen 45´´)
						400 (Kartätsche)
3-Pfünder Linger 1746	7,32	207	konisch	1,4	0,47–0,58	
3-Pfünder (Beauvrye) 1746	7,32	270–280	ohne	1,4	0,7 1/2	
3-Pfünder Dieskau 1754/58	7,32	206	ohne	1,4	0,48	
3-Pfünder Holtzendorff 1774	7,32	–	ohne	1,4	0,47–0,58	
leichter 6-Pfünder Holtzmann 1740	9,42	420–462	konisch	2,8		
			zyl.	2,8		
Leichter 6-Pfünder Dieskau 1754	9,42	268	konisch	2,8	0,9 1/3 0,7	1.000 (Kernschuss)
						1.500 (Bogenschuss)
Schwerer 6-Pfünder Dieskau 1762	9,42	719	ohne	2,8		2.000 (Rollschuss)
						600 (Kartätsche)
Schwerer 6-Pfünder 1760/66	9,42	902–925	ohne	2,8	1,4	
Leichter 12-Pfünder Holtzmann 1740	11,9	340–462	konisch	5,6	1,4	
		560–588	zyl.	5,6	1,8	
Leichter 12-Pfünder Linger 1744	11,9	487	konisch	5,6	1,6 1/3	800 (Kernschuss)
						2.000 (Bogenschuss)
Leichter 12-Pfünder Dieskau 1754	11,9	358	ohne	5,6	1,4–1,6 7/24	800 (Kartätsche)
Mittlerer 12-Pfünder (Österreich)	11,9	952	ohne	5,6	1,4 7/24	2.000 (Kernschuss)
Kopierter 12-Pfünder Dieskau 1759	11,9	1.385	ohne		1,8 1/3	3.000 (Kernschuss)
Schwerer 12-Pfünder 1753	11,9	1.697	ohne	5,6	2,8	4–5.000 (Kernschuss)
1761 (Brummer)	11,9	1.492	ohne	5,6	2,3	1.000 (Kartätsche)
24-Pfünder Holtzmann 1740	14,9	1.680–1.848	ohne	11,2	3,2 1/2	1.000 (Kartätsche)
24-Pfünder 1754	14,9	3.203	ohne	8,1	4,7	
Haubitzen						
7-Pfünder 1758/62	15	343		6,5	0,9	
10-Pfünder Holtzmann 1744	17,2	863		12,6	1,8–2,1	4.000 (Granate)
10-Pfünder 1766	17,2	1.726		12,6	2,3	
25-Pfünder 1767	22,7	1.105		29	2,8	
30-Pfünder 1762	24,1	1.324		30	3,27	
Mörser						
Handmörser Coehoorn	10,4	18,7		2,1	–	
10-Pfünder 1785	17	182		12,6	0,6	
25-Pfünder 1778	22,9	397		29	1,16	2.600
50-Pfünder Linger	28,5	807,3		85,5	–	2.500
50-Pfünder Holtzendorff	28,5	803,5		85,5	2,8	
25-Pfünder Dornstein	22,9	397		29	1,16	
140-Pfünder Steinmörser	39,7	874			1,8	

Quelle: Bleckwenn, ZfHkde 1957/V, Seite 87, Gohlke, Seite 92 ff.

Handmörser Coehoorn (Modell). Der leicht transportierbare Kleinmörser auf hölzerner Bodenplatte mit einem Kaliber von 10–13 Zentimeter und einer Reichweite von 500–700 Schritten wog 24–26 Kilogramm.

Pfund konnten sogar Ziele in 2.680 Schritten Entfernung erreicht werden.

Alle zur Zeit Friedrichs des Großen eingeführten Mörser, darunter 50- und 75-pfündige sowie die 1775 entwickelten 140-Pfünder (Stein), waren liegende mit zylindrischer Kammer. Jedoch hat es bei den 50-Pfündern auch einige mit konischer Kammer gegeben. Die Kammern von einer Länge zwischen 24 p und einem D sechs p fassten in der Regel sieben Pfund Pulver. Der Boden hatte eine Stärke zwischen 20 und 32 p und war damit größer als die Metallstärke über der Kammer. Die Mörser wurden im Verlauf des Siebenjährigen Krieges zunehmend durch die für den Kampf gegen verdeckte Ziele ebenso geeigneten und dazu leichteren Haubitzen ersetzt. Weil die Stühle überdies bei hoher Beanspruchung leicht zu Bruch gingen (Olmütz) und vor Ort nur schwer zu reparieren waren, sind die Mörser ab 1758 immer seltener und nach 1761 überhaupt nicht mehr mit ins Feld genommen worden.[66]

III.
Lafetten, Protzen und Zubehör

Die Einführung der seit 1494 nachweisbaren Radlafette bedeutete den größten Fortschritt in der Entwicklung des Geschützwesens, denn sie hat das gegossene Rohr erst feldverwendungsfähig gemacht. Ihre Konstruktionsmerkmale sind einfach und haben sich über die Jahrhunderte allenfalls in den Maßen und in der Art des verwendeten Holzes geändert.

---

66 Bleckwenn, Die preußischen Feldgeschütze, ZS HKde 1957/VI, Seite 116

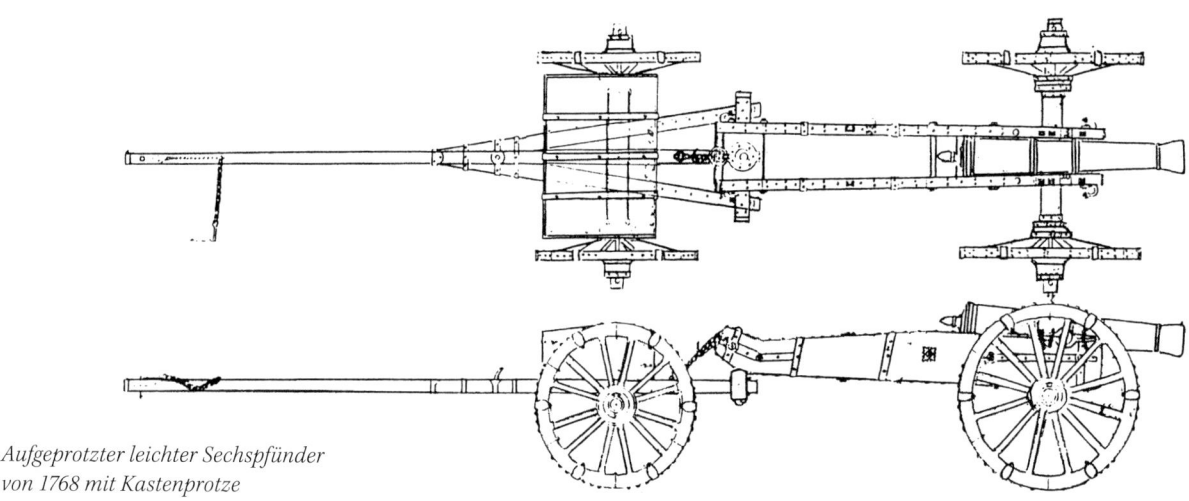

Aufgeprotzter leichter Sechspfünder von 1768 mit Kastenprotze

Zwei dicke Wände, die auf einer Radachse ruhten und durch vier Riegel auf Abstand gehalten wurden, trugen das Rohr. Sie waren aus drei Teilen zusammengesetzt (Bruststück, Mittelstück und Schwanz). Die Breite und Stärke richteten sich nach dem Rohrgewicht. Erstere nahm ab dem Mittelstück etwas ab, weil das Rohr einen Teil des Rückstoßes auffing.[67] Die Distanz zwischen der Vorderkante und dem Zapfenlager maß zwei D, die Weite des Lagers selbst ein D. Der Stirn- oder Brustriegel, der Keil- oder Ruhriegel, der Stell- oder Stoßriegel und der bis 1759 bzw. 1766 leicht gewinkelte Schwanzriegel hatten eine Stärke von eineinhalb D. Ihre Breite nahm zum Schwanzriegel zu, in dem sich ein trichterförmiges, nach oben sich ausweitendes Loch für das Einhängen auf der Protze befand.[68] Dadurch verhinderten die Techniker, dass sich die Lafette und Protze bei Bergfahrten verkanteten. Keil- und Stoßriegel waren mit einem massiven Brett verbunden, auf dem der Richtkeil ruhte. Der Raddurchmesser betrug bei den 12-Pfündern 1.480 mm und die Spurweite 1.250 mm.[69] Die gesamte Lafette erhielt einen blauen Anstrich und auf den Seiten den Namenszug des Königs.

Zur Zeit des Soldatenkönigs bevorzugten die Konstrukteure Eiche für die Wände und Rüsternholz für Achse und Räder. Das Holz ließen sie im November schlagen, wenn der Saft in die Wurzeln gezogen war. Anschließend wurde das Holz zum Auslaugen für mehrere Monate in ein Wasserbad gelegt, weil es danach besser austrocknete. Die Lafettenriegel bestanden ebenfalls aus Hartholz. Die beim Schnitt anfallenden Reste dienten als Richtkeile. Für die Deichseln, Stangen und Gabelbäume wurde Birke, für die Hebebäume Weißbuche verwendet.

1770 wurden die Lafettenwände wie die Achsen und Räder aus Rüsternholz gefertigt. Sprünge im Holz beugten Eisenbeschläge vor, die einen schwarzen Anstrich bekamen. Die Schmalflächen der Lafettenwände waren ebenfalls mit Bändern gegen Risse geschützt, ebenso die Laufflächen der Radfelgen. Große vorstehende Radnägel hielten den Schienenbelag auf der hölzernen Grundfläche fest. Eisenbänder verstärkten die Ober- und Unterpfannen der Schildzapfenlager, die neben den Lafettenwänden der größten Belastung standhalten und deshalb häufig repariert werden mussten.[70] Eingeschobene Keile in den Ösen

---

67 Die Lafettenwände eines Dreipfünders hatten an der Stirnseite eine Stärke von 60 mm, eine Breite von 310 mm und eine Länge von 2.480 mm (Bleckwenn, Zur Ausbildung und Taktik der Artillerie, Seite 11). Beim schweren 12-Pfünder »Brummer« betrug die Wandstärke an der Stirnseite 98 mm, am Schwanz 96 mm, die Breite 435 mm und die Länge 3.700 mm. (WTS Katalog Seite 59).

68 Malinowski, Bonin, Band 1 Seite 511

69 WTM-Katalog, Seite 59. Die Spurweite wurde 1779 bei allen Fahrzeugen verringert, um im bergigen Gelände beweglicher zu sein (Schöning, Band 2, Seite 493).

70 Schöning, Artillerie, Band 2, Seite 394

der Unterpfannen, die aus den Schlitzen der Oberpfannen herausragten, garantierten den festen Sitz des Rohres.⁷¹

Sämtliche Bataillonskanonen hatten eine von Holtzmann um 1745 konstruierte Kastenprotze, auf der sie während des Transports mit waagerechter Lafette auflagen. Ebenso wurde die siebenpfündige Haubitze bewegt. Der Kasten enthielt den Erstvorrat an Munition (100 Kugeln und 20 Kartätschen für die dreipfündige Kanone sowie 70 Kugeln und 20 Kartätschen für den leichten Sechspfünder; 22 Granaten, zehn Kartätschen und zwei Brandkugeln für die Haubitze).⁷² Die Beladung machte die Geschütze in der ersten Phase ihres Einsatzes nicht nur vom Train unabhängig, sondern verbesserte aufgrund des höheren Gewichts auch die Geländegängigkeit. Die schweren Kaliber verwendeten einachsige Auflieger ohne Kasten. Beide Arten wurden aus dem Sattel der links gehenden Zugpferde gefahren.

Zu jedem Geschütz gehörte zahlreiches Zubehör, ohne dass ein Schuss nicht abgegeben werden konnte. Bei den Bataillonsgeschützen benutzte der Kanonier Nr. 1 einen Flegelwischer für das Ansetzen der Ladung und das Auswischen des Rohres, der aus zwei beweglichen miteinander verbundenen Einzelstangen bestand. Bei den schweren Geschützen gebrauchte er eine ungebrochene Stange, an deren einem Ende sich eine zylindrische Verdickung zum Einschieben der Kartusche oder Verdichten der Pulverladung (Ansetzer) befand und am anderen der Wischer. Hinzu

24-pfündige Kanone (1754) auf Sattelprotze in Lafette 1717

kam eine Ladeschaufel für offenes Pulver. Sämtliche Wischer-, Ansetzer- und Ladeschaufelstangen waren braun oder blau gestrichen.

Avancierbäume verschiedener Länge (bei den Bataillonsgeschützen 2,17 Meter für vier, bei den Positionsgeschützen 3,3 Meter für sechs Mann) mit einer mittigen Verdickung zur Verbesserung der Stabilität erleichterten den Stellungswechsel. Sie wurden bei den leichten Kanonen in einem Stück am Lafettenschwanz durch die Ringe gesteckt. Bei den Haubitzen, ab 1762 auch den schweren Sechs- und leichten Zwölfpfündern, waren sie geteilt, damit sie sowohl als Mittelbaum, durch zwei zusätzliche Lafettenringe gesteckt, für den Stellungswechsel als auch für das Richten des Geschützes verwendet werden konnten.⁷³ Hebebäume von 2,50 Meter Länge dienten als Handspaken zum Richten der Geschütze. Kleinzeug, das leicht verloren gehen konnte, lag im Protzen- bzw. Lafettenkasten:

- eine Puderdose aus Messing mit feinem Pulver zum Bestäuben der Schlagröhre,
- ein Fläschchen aus Messing mit Baumöl nebst Bürste zum Schmieren des Richtkeils,
- ein »Mundpfropf«, der während des Marsches in die Mündung des Geschützes geschoben und mit einem Lederriemen (»Maulkorb«) festgezurrt wurde,

12-pfündige Kanone (1754) in Lafette 1717 auf Sattelprotze

---

71 Müller, Das Heerwesen in Brandenburg und Preußen, Seite 192
72 Strotha, Seite 18
73 Bleckwenn, Zur Ausbildung und Taktik der Artillerie, Seite 114

- ein dunkelbrauner Kartuschentornister mit einigen Schuss Munition für den Kanonier Nr. 2,
- eine schwarze Schlagröhrentasche mit einigen Schlagröhren für den Kanonier Nr. 4,
- eine eiserne Notschraube zum Entfernen abgebrochener Setzkolben und sonstiger fester Rückstände aus dem Rohr,
- ein Aufsatz aus Messing für die Bestimmung der Elevation (nur bei den schweren Geschützen),
- ein Quadrant (für Haubitzen und Mörser) sowie
- bei den Dreipfündern bis zur Einführung der Kastenprotze ein Erstvorrat an Munition.

IV.
Munition und Pulver

Die gängige Munition war die Eisenkugel, die bei den kleineren Kalibern massiv, bei den schweren zur Gewichtseinsparung und Schonung des Rohrs auch als Hohlkugel verschossen wurde. Sie hatte beim Dreipfünder einen Durchmesser von 2 ¾ und beim 24-Pfünder von 5 ½ Zoll.[74] In aller Regel gingen die Kugeln einzeln durchs Rohr. Zur Steigerung der Wirkung gab es jedoch auch eine Reihe teuflischer Varianten. Dazu wurden zwei Geschosse mit einer Kette verbunden, die wegen ihres instabilen Fluges nicht auszurechnen waren und fürchterliche Verletzungen verursachten. Eine andere Version bestand aus zwei durch eine mit einem Gelenk versehene Stange verbundenen Halbkugeln, die zur Schonung des Rohres als Vollkugel geladen wurden, wobei die Halbstange

---

74 Bleckwenn, Zur Ausbildung und Taktik der Artillerie, Seite 5

Nachweis des Zubehörs für Feldgeschütz aus dem Jahr 1768

Benennung	Kanonen 3-pfündige	6-pfündige leichte	6-pfündige schwere	12-pfündige Kanonen leichte	österreichische	Brummer	Haubitzen 7-pfündige	10-pfündige
Gebrochene Wischer	2	2	-	-	-	-	-	-
Wischer mit Ansetzer	-	-	2	2	2	2	2	2
Ladeschaufeln	zu 10 Geschützen 1 Stück							
Mundpfropfe nebst Maulkörben	1	1	1	1	1	1	1	1
Lederne Pfanndeckel	1	1	1	1	1	1	1	1
Juchtene Kartusch-Tornister	2	2	2	3	3	3	2	3
Schlagröhrentaschen	1	1	1	1	1	1	1	1
Puderdosen	1	1	1	1	1	1	2	2
Lunten-Verberger	1	1	1	1	1	1	1	1
Lichter dito	1	1	1	1	1	1	1	1
dito Klemmen	1	1	1	1	1	1	1	1
Notschrauben nebst Dammzieher	zu 2 Kanonen 1 Stück							
Kartuschlehren	zu 2 Kanonen 1 Stück							
dito Schablonen	zu 2 Kanonen 1 Stück, zu 5 Geschützen 1 Stück							
Avancierriemen mit Strängen	6	8	8	8	-	-	8	-
Avanciertaue mit eisernen Haken zu Menschen	-	1	1	1	-	-	1	-
Vorder-Avancierbäume mit Ösen zu Menschen kurze	-	1	1	1	-	-	1	-
lange	-	1	1	1	-	-	-	-
Avanciertaue zu Pferden kurze	-	-	-	-	1	-	-	-
lange	-	-	-	-	1	-	1	1
Lenktaue	-	-	-	-	1	1	-	1
Hinter-Avancierbäume kurze	1	-	-	-	-	-	-	-
lange	-	1	1	-	-	-	-	-
Gebrochene Avancierbäume mit Eisen kurze	-	1	-	-	-	-	1	-
lange	-	-	-	-	-	-	-	-
dito mittlere mit Eisen	-	1	1	-	-	-	-	-
Hebebäume	-	-	-	-	4	4	-	4
Baumölfläschchen und Bürsten zu Richtkeilen	zu 2 Kanonen ein Satz							
Schippen	zu jedem Geschütz eine							
Hacken	zu jedem Geschütz eine							
Laternen	zu 2 Kanonen 1 Stück, zu 5 Geschützen 1 Stück							
Hölzerne Aufsätze	-	-	1	1	1	1	1	1
Quadranten	-	-	-	-	-	-	1	1
Einsetzmaße	zu 2 Kanonen 1 Stück, zu 5 Geschützen 1 Stück							
Kleine Richtkeile	2	2	2	2	2	2	3	3
Mess-Instrumente	zu 2 Batterien 1 Stück							
Vogelzungen	pro Kanonen-Batterie 1 Stück							

vorne lag. Weil die Ketten- und Stangenkugeln wegen ihrer inhumanen Wirkung 1724 allgemein geächtet wurden, hat Preußen sie nur noch einmal (1742) verschossen und auf die prompte Beschwerde der Österreicher endgültig darauf verzichtet, während die Russen noch bis in den Siebenjährigen Krieg hinein daran festhielten. Dominicus berichtet, dass in der Schlacht bei Kay ein solches Geschoss drei seiner Nebenmänner die Beine vom Leib gerissen habe.[75]

Als Brandgeschosse dienten Klebekugeln. Dazu wurden gewöhnliche Eisenkugeln kleineren Kalibers mit Werg bis zum Vollkaliber umwickelt und anschließend in Schwefel getränkt. Nach dem Abfeuern zerlegten sich die Geschosse jedoch häufig, sodass die Kanoniere ab 1744 glühend erhitzte Vollkugeln bevorzugten.

Auf geringe Entfernung, vor allem gegen die Kavallerie, kamen Kartätschen zum Einsatz. Das waren zylindrische, mit kleineren Kugeln gefüllte Behältnisse aus Blech (Büchsenkartätschen) oder Leinen (Beutelkartätschen), die beim Verlassen des Rohrs platzten und den Inhalt in Form eines Schrotschusses freigaben. Die einzelne Kugel hatte ein Gewicht von sechs Lot. Die Büchsenkartätsche des Dreipfünders enthielt 50, des Sechspfünders 80 und des Zwölfpfünders 150 Kugeln. Bis 1754 bestand die Submunition aus Blei oder Eisen. Danach wurde ausschließlich Eisen verwendet, weil es während des Fluges nicht verklebte.

Holtzmann führte mit der »Klemmkartätsche« eine weitere Variante ein. Dabei handelt es sich um einen Holzzylinder mit Sollbruchstellen, der in zunächst zwei, später auch drei Bohrungen dreipfündige Kugeln enthielt.

In einer Handschrift aus dem Jahre 1779 wird schließlich noch eine sonst nirgendwo erwähnte Kartätsche mit Brandgeschossen beschrieben, die der preußische Artillerist Moller erfunden haben soll. Die Quelle berichtet:

»Als die Franzosen klagten, daß die Preußen bei Roßbach Feuer auf sie geschossen, ich auch wirklich einige Blessirte sah, an denen das Klebefeuer jämmerliche Spuren zurückgelassen, so erhielt ich zu gleicher Zeit 6 Stück dergleichen Kartätschenkugeln. Bei der Untersuchung

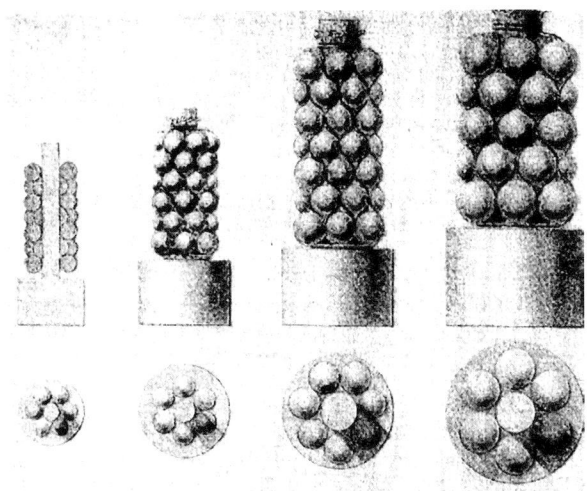

Kartätschen für 3- bis 24-Pfünder

fand ich, daß es viereckige, ohngefähr 1 ½ Loth schwere Stücke Blei waren, welche in einen gelbgrauen Brandsatz getaucht und mit Anfeuerung bestrichen waren. Um nun die Komposition des Satzes auch noch zu erforschen, so legte ich ein solches Stück auf ein starkes eisernes Blech und zündete es an. Kaum hatte das weiße Feuer solches berührt, so gerieth es in heftigen Brand. Die Flamme war dunkelroth und der Rauch dick, ehe es aber noch 20 Sekunden gebrannt hatte, fiel es durch das Blech auf das Steinpflaster. Weder darauf gegossenes Wasser noch darauf geworfene nasse Lappen konnten dieses Feuer auslöschen, sondern es brannte fort, bis die ganze Masse verzehrt und das Blei zu Schlacke geworden war, welches ungefähr 4 Minuten Zeit dauerte. Sowohl der Geruch, als die Durchschmelzung des Eisenblechs, wie die Verwandlung des Bleies in Schlacke zeigten mir die Gegenwart des häufigen Schwefels an, aber das, was diesem Feuer die Unauslöschlichkeit gab, war mir noch ein Geheimniß, mithin mußte ich auf anderem Wege die Bestandteile dieser Komposition untersuchen und fand endlich, daß Asphalt dasjenige war, so diese vorzügliche Eigenschaft hervorbrachte.«[76]

Das typische Geschoss der Haubitzen und Mörser war die mit Pulver gefüllte gusseiserne Granate und Bombe, deren Ladung durch das Mündungsfeuer über eine Zündschnur oder hölzerne Brandröhre gezün-

---

75 Dominicus, Seite 56
76 Schöning, Band 2, Seite 64

det wurde. Den Zeitpunkt regelte der Feuerwerker durch kurzes oder langes Abschneiden der Schnur, wozu viel Erfahrung gehörte. Setzte er den Schnitt zu kurz an, explodierte die Granate vor dem Ziel. War die Zündschnur zu lang, konnte der Feind das Geschoss unschädlich machen, bevor es in die Luft ging. Wegen der Kürze der zur Verfügung stehenden Zeit durften die Soldaten mit den Abwehrmaßnahmen nicht lange fackeln. Männer, die glimmende Zündschnüre kaltblütig löschten, indem sie darauf urinierten, sind für ihre mutige Tat wiederholt ausgezeichnet worden.

Die Bomben der Mörser hatten zwei eingelegte Griffösen, an denen sie in den Flug versenkt wurden. Beim 50-Pfünder betrug die Wandstärke fünf Zentimeter und das Gewicht 56 kg ohne und 58,8 kg mit Inhalt.

Die Munition wurde in der Regel mit proportionierten Pulverladungen (Kartuschen) verschossen. Der zylindrische Beutel bestand aus Wolle oder Kamelhaar, notfalls auch Leinen oder Papier und schloss mit einer Holzscheibe (Spiegel) ab, auf deren konkav gewölbter Oberseite die Kugel in den Kartuschsack eingebunden war. Auf die Kartuschen der schweren Kanonen und Exerziermunition wurden keine Kugeln aufgebunden.[77] Wolle und Kamelhaar waren das bevorzugte Material, weil der Beutel wegen der Dichtigkeit des Gewebes auf dem Transport seine Form behielt. Papier und Leinwand hatten den Nachteil, dass die Rückstände das Zündloch verklebten oder die Nachladung vorzeitig entzündeten.

Die Herstellung des Pulvers und dessen Abfüllung war Sache der Artillerie, die durch ziviles Personal unterstützt wurde.[78] Ein festgelegtes Mischungsverhältnis der drei Bestandteile Salpeter, Schwefel und Holzkohle gab es nicht. Jeder Feuerwerker bestimmte die Mengen selbst. Das Spandauer Rezept sah für einen Pulversatz ein Pfund Salpeter, drei Lot Schwefel und vier Lot Holzkohle vor. Andernorts wurden 68 Einheiten Salpeter mit 13,4 Einheiten Schwefel und 18,6 Einheiten Kohle vermengt.

Die Kohle aus harzfreiem Linden-, Weiden- oder Faulbaumholz lieferten die ortsansässigen Köhler. Haselnuss, Esche, Espe und Vogelbeerbaum kamen ebenfalls in Betracht. Birke und Espe waren für Kanonenpulver, Haselnuss und Faulbaum für feineres Pulver am besten geeignet.[79]

Den Salpeter bezogen die Pulverproduzenten ebenfalls so weit wie möglich aus dem Land. Sie vermengten die salpeterhaltige Erde mit Wasser, ließen die Mischung zum Reinigen mehrfach durch Buchen- oder Eichenasche laufen und sotten danach die Lauge. Das Ergebnis waren feine, glatte weiße Kristalle, die beim Zerdrücken an den Fingern nicht hängen blieben.

Der Schwefel kam aus Goslar, Holland oder dem Nassauischen, wobei die Farbe die Qualität bestimmte. Nassau lieferte kräftiges Gelb zu hohem Preis, Goslar und Holland helles Gelb mit entsprechenden Abschlägen.

Die Artilleristen mischten die Komponenten, bis sie ein gleichmäßiges Aussehen erhielt, fügten Wasser hinzu und mahlten die Mixtur. Für Kanonen musste die Masse drei bis vier Stunden, für Musketen vier bis fünf Stunden und für besonders feines Zündpulver acht bis zehn Stunden durch die Mühlen gehen. Danach lag das Gemisch zum Trocknen auf Paletten in einem 24 bis 30 Zentner fassenden Raum, der über zwei Tage und drei Nächte kräftig beheizt wurde. Sechs Stunden nach dem Erlöschen des Feuers wurde die Hitze abgelassen, das Pulver über ein Sieb abgefüllt und auf seine Qualität geprüft. Lief bei mehreren in bestimmten Abständen aufgeschichteten Häuflein nach dem Zünden eine Kettenreaktion ab, war der Tauglichkeitsnachweis erbracht. Bewiesen war die Qualität auch, wenn eine bestimmte Menge auf einem Blatt Papier angezündet werden konnte, ohne dass es verbrannte.[80]

Bei der Herstellung nahm die Berliner Pulvermühle eine zentrale Rolle ein. Die Fabrik lag auf der rechten Spreeseite etwas unterhalb des Unterbaums, etwa dort, wo heute der Hauptbahnhof steht. »*Die königliche Pulverfabrik liegt nächst der Spree und ist mit einem Bretterzaune eingeschlossen*«, schreibt Nicolai. »*König Friedrich Wilhelm ließ sie von 1717 bis 1719*

---

77 Bleckwenn, Zur Ausbildung und Taktik der Artillerie, Seite 23
78 Die Verwaltung der gesamten Organisation einschließlich der Siedereien lag bis 1779 bei der Artillerie, danach bei der Berg- und Hüttenverwaltung.
79 Malinowski, Bonin, Band 1, Seite 612
80 Malinowski, Bonin, Band 1, Seite 594

durch zwei Holländer namens Brauer und Van Zee anlegen. Sie enthielt damals nur drei Gänge. Im Jahre 1728 ward 1 Gang, 1742 2 Gänge, 1745 2 Gänge und 1765 noch 8 Gänge angebaut, so daß die Fabrik jetzt aus 16 Gängen in 8 Häusern besteht. Hierbei sind 2 Körnhäuser, 2 Trockenhäuser, 1 Salpeterläuterungshaus, 1 Wohnhaus für den Vorgesetzten und viele andere Gebäude, deren Zahl klein und groß 30 beträgt.

Nächst der Fabrik an der Spree stehet das Alte Große Wagenhaus und zwischen dem Sandkrug und der Fabrik das Neue Wagenhaus: Beide sind für die Munitionswagen der Artillerie bestimmt. Beim Eingang der Pulverfabrik ist ein Wachthaus, welches von dem Artilleriekorps besetzt wird. Gegenüber ist eine Kohlenbrennerei und 3 Holzschuppen nebst Kohlenhaus, wo die Kohlen zum Pulver gebrannt werden.«[81]

Die Lagerung des fertigen Produkts erfolgte ursprünglich in Pulvertürmen, von denen jeder rund 700 Zentner fasste. Das Pulver befand sich in Fässern in vier Lagen, die in bestimmten Abständen kontrolliert wurden. Später kamen Magazine hinzu, wobei der Zentralbau des 1773 errichteten Berliner Hauptmagazins 1.152 Zentner fasste. Im linken Seitenflügel lagerten 1.175.040 Flinten- und im rechten 1.728.000 Karabinerpatronen. Um die Gebäude trocken zu halten, blieben die unteren Räume leer. Die Bürger mussten mit der gefährlichen Nachbarschaft leben. Unfälle waren zwar nicht die Regel, aber es gab sie häufig genug. Am 12. August 1720 war in der Wallstraße in Berlin ein Turm in die Luft geflogen. Von den 13 in dem Gebäude beschäftigten Feuerwerkern hatte keiner das Unglück überlebt. Darüber hinaus hatte es 59 weitere Tote gegeben, darunter der Garnisonküster Carl mit 35 Kindern aus der nahe gelegenen Garnisonschule. Der bestürzte König war sofort an die Unglücksstelle geeilt, aber wegen der weiterhin bestehenden Explosionsgefahr zunächst nicht vorgedrungen. Erst am Nachmittag hatte er sich ein genaues Bild machen können.

Am 14. April 1752 explodierte das Körnerhaus der Berliner Pulvermühle, wieder mit einigen bedauerlichen Todesfällen. Der König reagierte prompt:

»Mein lieber General der Artillerie von Linger. Nachdem Ich aus Eurem Schreiben vom 16sten dieses ersehen habe, was Ihr wegen der hinterbliebenen Wittwen und

50-pfündige Bombe für einen Mörser
Kaliber: 27,9 cm, 23 kg, Sprengladung: 2,8 kg,
Material: Eisenguss

Kinder der Arbeitsleute, welche bei letzter Aufspringung des Körnhauses zu Tode gekommen, meldet, so ist Euch darauf in Antwort, daß, um gedachte Wittwen nebst ihren Kindern zu soulagiren, Ich die Ordre stellen werde, daß Jeder derselben, und zwar vom 1sten kommenden Monats Mai an zu rechnen, Ein Reichsthaler monatliches Gnadengehalt aus einer der Berlinischen Kassen, so Ich Euch nächstens bekannt machen werde, gezahlt werden soll. Was deren Kinder anlangte, so habe Ich die Ordere an das Armen-Direktorium zu Berlin gestellt, daß davon die Söhne sowohl als Töchter, so bereits die Jahre haben, daß sie in dem großen Friedrichs Hospital zu Berlin aufgenommen werden können, darin aufgenommen und erzogen werden sollen, wie denn auch die übrigen kleinen Kinder von Ihnen, wann sie hiernächst die Jahre erreicht haben werden, daß selbige in gedachtes großes Friedrichs Hospital und Waisenhaus in Berlin aufgenommen werden können, und auch darin aufgenommen werden sollen. Ihr habt Euch also erwähnter Kinder halber und deren Aufnahme in gedachtes Waisenhaus mit dem Etats-Minister Freiherrn v. Danckelmann näher zu concertiren, als an

---

81 Nicolai, Residenzstadt Berlin, Seite 97 ff.

welchem Ich die erforderliche Ordre deshalb gestellt habe. Potsdam den 28sten April 1752.«

Gleichzeitig erging Weisung an die Staatskasse: »*Nachdem Seine Königliche Hoheit resolvirt haben, den hinterbliebenen Wittwen der vier Arbeitsleute, welche bei letzterer Aufspringung des Körnhauses bei der Pulvermühle in Berlin zu Tode gekommen, Namens Marie Zimmermann, Catharina Elisabeth Gerhardt, Anna Dorothea Kurow und Catharina Paul, eine jährliche Gnaden-Pension und zwar einer jeden mit Einem Thaler monatlich vom 1sten des anstehenden Monats Mai an zu rechnen, aus Dero Depositions-Quanto bei der extraordinären Kasse reichen zu lassen, als machen Sie solches dem Rendanten gedachter Kasse, Grün, hierdurch bekannt, mit Befehl, sich danach allerunterthänigst zu achten, und die Auszahlung gehörig zu verrichten. Potsdam den 28sten April 1752.«*[82]

Aufgrund der ständigen Gefahr interessierte sich der König für alles, was das Risiko vermindern konnte. Der Blitzableiter, eine Erfindung des Amerikaners Franklin, erregte sofort seine Aufmerksamkeit und wurde deshalb schnell übernommen, allerdings auf die für Preußen typische ökonomische Weise:

»*Mein lieber General-Lieutenant v. Dieskau. Ich habe Euch auf Euren Bericht vom 2ten dieses in Ansehung der auf den dortigen 3 Artillerie-Kasernen anzubringenden Gewitter-Ableiter, hierdurch zu erkennen geben wollen, daß der Ueberschlag der dazu erforderlichen Kosten viel zu hoch und eine Apotheker-Rechnung ist, und muß solches alles weit wohlfeiler gemacht werden. Es brauchen ja auch der Konducteurs nicht so viele zu sein, wie Ihr angesetzt habt, vielmehr halte Ich davor, daß es hinlänglich ist, wenn auf dem Platze zwischen den Kasernen in der Mitte ein großer Mastbaum eingegraben und befestigt, und sodann darauf eine eiserne elektrische Stange angebracht wird. Ihr habt also, wie dieses zum besten zu bewerkstelligen, mit den Gliedern der Akademie näher zu überlegen und genauer zu überschlagen, wieviel sodann die Kosten betragen werden, wovon Ich Eure anderweite Anzeige hiernächst erwarte. Potsdam, den 11ten August 1777.«*[83]

Darüber hinaus beschäftigte sich der König mit dem Naturphänomen und den damit verbundenen Gefahren ganz generell. In den Abendgesprächen mit de Catt, die ihn auf den Feldzügen vom Tagesdruck befreien sollten, waren sie Gegenstand mancher Unterhaltung. So wusste er bereits, dass ein Reiter zu Pferde dem Blitz mehr ausgesetzt war als ein abgesessener.[84] Der König als Physiker! Ein bisher wenig bekannter Beleg für seine Vielseitigkeit.

V.
Bedienung der Geschütze

Die Informationen über die Zahl der Mannschaft ergeben kein befriedigendes Bild. Quellen aus den Schlesischen Kriegen deuten darauf hin, dass die dreipfündigen Regimentskanonen von einem Unteroffizier und acht Kanonieren bedient worden sind.[85] In anderen Schriften ist nur von fünf Männern unter dem Kommando eines Unteroffiziers die Rede. Zur sechspfündigen Kanone, dem zweiten klassischen Bataillonsgeschütz, gehörten neben dem Geschützführer acht bis neun Mann.[86]

Bei der Reitenden Artillerie sind für dasselbe Geschütz aus den Vorbereitungen zum Bayerischen Erbfolgekrieg sechs Kanoniere mit einem Unteroffizier für jeweils zwei Geschütze verbürgt. An der siebenpfündigen Haubitze, die neben den beiden erwähnten Kanonen ebenfalls als Bataillonsgeschütz eingesetzt wurde, standen gewöhnlich ein Feuerwerker als Geschützführer und 12 Mann. Bei der Reitenden Artillerie waren es sieben und ein Unteroffizier. Die Unterschiede werden erklärlich, wenn berücksichtigt wird, dass die Feldartillerie nur die Kernmannschaft der Bataillonsgeschütze stellte und sich zur weiteren Unterstützung an die Infanterie hielt. Diese half beim Richten der Geschütze, besorgte den Munitionsersatz und packte beim Stellungswechsel mit an, während

---

82 Schöning, Band 1, Seite 486
83 Schöning, a.a.O.
84 De Catt, Tagebücher, Seite 30
85 Bleckwenn, Zur Ausbildung und Taktik der Artillerie, Seite 81
86 Dieskau rechnet einen Unteroffizier und acht Mann bei einem Greanadier- und neun bei einem Musketierbataillon (Schöning, Band 2, Seite 425). Nach Jany, Band 2, Seite 258, waren im Feldetat von 1753 für das erste Treffen zunächst zwölf, im Kriege acht und für das zweite Treffen sechs oder weniger angesetzt.

Reitende Artillerie in Minimalbesetzung korrekt aufgestellt und feuerbereit

sich die autarke reitende Komponente mit dem Minimum begnügen musste.

Die schweren sechspfündigen Positionsgeschütze benötigten 10 bis 12 Mann. Bei den leichten Zwölfpfündern reichten wegen der Schraubenrichtmechanik zehn als Kernmannschaft aus, während für die schweren Zwölfpfünder zwei Mann mehr benötigt wurden, die das Rohr zum Nachsetzen des Richtkeils mit Hebebäumen an der Traube »unterkniffen«.

Der 1767 eingeführte 25 pfündige Mörser erforderte im Felde zwölf Mann. Der 50 Pfünder benötigte neben dem für die Pflege der Munition verantwortlichen Feuerwerker 13 Bombardiere. Auf je zwei Mörser kam ein weiterer Feuerwerker für das Proportionieren der Ladung.

Um einen Schuss abzufeuern, waren bei allen Kanonen und Haubitzen die Kanoniere Nr. 1 bis Nr. 4 als Mindestbedienung unerlässlich. Sie mussten ausgebildete Artilleristen sein, während es bei dem Rest vor allem auf die Muskelkraft ankam. Die Aufgaben der Kernmannschaft waren an allen Geschützen dieselben.

Das exerziermäßige Schießen geschah bei den Kanonen in acht, bei den Haubitzen in neun Kom-

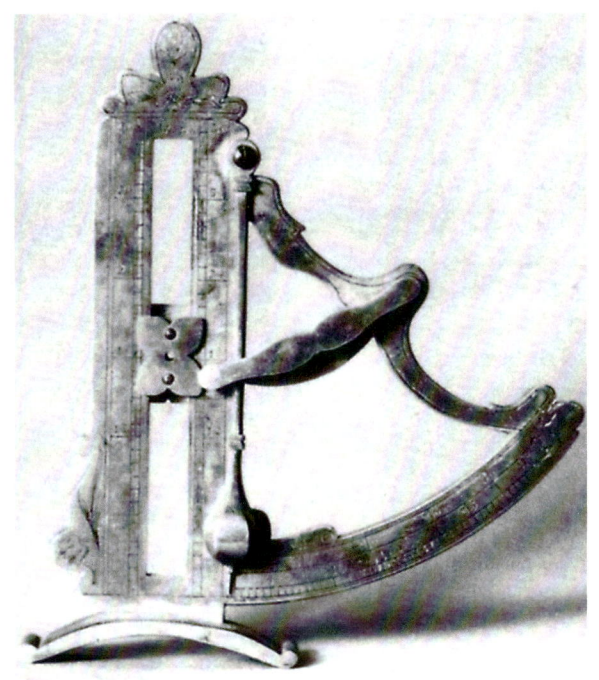

Pendelrichtquadrant mit Lochvisier zum Ablesen der Elevation. Das Gerät war kanpp 12 cm hoch und 9 cm breit. Es wurde mit der 5 cm breiten Basis auf das Rohr aufgesetzt.

mandos, weil bei den Steilfeuergeschützen die Nr. 1 Ladung und Granaten getrennt ansetzte. Dazu stand der Geschützführer eines Dreipfünders in der Grundstellung vor der Kanone. Auf sein Kommando »Heran getreten!« nahmen die Kanoniere 1 und 3 rechts, die Kanoniere 2 und 4 links neben dem Geschütz und die Nr. 5 bis 8 in zwei Reihen am Lafettenschwanz Aufstellung. Auf das Kommando »Richt euch« machten Nr. 1 und 3 links und Nr. 2 und 3 rechts um. Gleichzeitig nahm der Geschützführer links neben der Lafette Aufstellung und der Rest formierte sich hinter dem Geschütz zu einer Linie.

Auf das Kommando »Wischt aus!« trat Nr. 1 mit zwei Schritten an das Geschütz, stellte die Beine breit und reinigte das Rohr. Nach dem Auswischen verharrte er, wo er stand. Auf das Kommando »Kartusche!« trat Nr. 2 mit zwei Schritten an die Mündung, führte mit beiden Händen die Kartusche mit der aufgebundenen Kugel ein. Auf das Kommando »Setzen!« stieß Nr. 1 die Ladung mit dem langen Ende des Flegelwischers in den Lauf.

Auf das Kommando »Schlagröhre herein, richtet!« schlägt Nr. 4, der bereits die Kartusche mit der Räumnadel durch das Zündloch durchstoßen hat, die Schlagröhre ein, pudert mit Pulver nach, und Nr. 3 bestimmt gleichzeitig die Elavation. Dazu bedient er sich bei den Haubitzen eines Quadranten, den er auf das Zapfenstück des Geschützes aufsetzt. Nr. 4 verschiebt nach den ihm zugerufenen Daten den Richtkeil, nachdem er sich dazu auf die Lafette geschwungen hat. Die Seitenrichtung bestimmt er selbst. Handschlag auf die rechte Seite der Lafette bedeutet Schwanz nach links, Schlag auf die linke Seite, Schwanz nach rechts. Nr. 5 führt die Befehle aus, indem er den Lafettenschwanz mit Unterstützung durch Nr. 7 in die entsprechende Richtung wirft. Wenn Nr. 4 das Feuer freigibt, löst Nr. 3 mit dem 80 cm langen Luntenstab den Schuss. Er braucht den »verlängerten Arm«, weil das Geschütz nach dem Abfeuern zurückläuft. Anschließend wischt Nr. 1 das Rohr wieder aus, während Nr. 4 den Daumen auf das Zündloch hält, um nachglimmenden Resten im Rohr die Luft zu nehmen. Nr. 8 gibt inzwischen an der Kastenprotze die neue Munition aus und Kanonier Nr. 6 besorgt mit einem Kartuschtornister den Transport zu Nr. 2.[87]

Beim Stellungswechsel nach vorn zogen die Kanoniere 1 bis 4 das Geschütz mit an der Achse und den Naben befestigten Avanciertauen, während der Rest die Lafette am Schwanz mit einem durchgesteckten Avancierbaum anhob. Beim bespannten Avancieren schaffte Nr. 5 die Vorspannpferde herbei und schirrte sie vor die Kanone. Die Nr. 6 und 7 steuerten den Lafettenschwanz mit Lenktauen.

Bei den schweren Kanonen gab die Nr. 13 am Granatenwagen die Munition aus, die von Nr. 9 und 10 herangeschafft wurde. Die Kanoniere 11 und 12 unterstützten das Richten des Geschützes, indem sie ihre Hebebäume unter das Mittelstück der Lafette stecken. Dieselben Werkzeuge dienten auch zur Erleichterung des Auf- und Abprotzens, die dann scherenförmig unter die Lafette gesetzt wurden, damit die Protze untergeschoben oder entfernt werden konnte.

Bei den steil feuernden Mörsern formierte sich die Mannschaft aufgrund der Konstruktionsunterschiede in lockerer Form. Auf das Kommando des Geschützführers »Wischt aus!« entfernte Nr. 1 den Mundpfropf und reinigte den Flug. Auf das Kommando »Geladen!« schaffte Nr. 8 (Feuerwerker) die Treibladung in einem zylindrischen Lademaß herbei. Nr. 1 setzte es in den Flug ein, drehte es zur Entleerung behutsam um und strich die Füllung anschließend mit der Hand glatt. Auf das Kommando »Bombe!« schleppten Nr. 9 und 10 das Geschoss herbei und hielten es vor die Mündung. Nr. 1 wischte die Bombe mit einem Salzlappen sorgfältig sauber, damit kein Sand in den Flug geriet, und versenkte sie an den Haltehaken in die Mündung. Anschließend bereitete er die Zündung vor und schloss die Mündung mit dem Mundpfropf ab. Auf das Kommando »Richtet!« bestimmte Nr. 1 mittels eines Quadranten die Elevation und gab die Daten an Nr. 2 und 3. Währenddessen hatte Nr. 6 die Zündung der Treibladung aufgepudert und mit einem Deckel geschützt sowie mit einem Bleilot die Horizontale bestimmt. Auf das Kommando »Feuer!« gab Nr. 7 zunächst dem Zünder der Bombe und dann der Ladung Lunte, nachdem Nr. 1 den Mundpfropf und Nr. 6 den Deckel entfernt hatten.[88]

---

87 Bleckwenn, Zur Ausbildung und Taktik der Artillerie, Seite 30 ff.
88 Bleckwenn, a.a.O., Seite 54

VI.
Train

Die Versorgung der Geschütze erforderte einen beachtlichen Fuhrpark, zumal die Artillerie auch für den Nachschub der Infanterie- und Kavalleriemunition zuständig war.

Für den Transport der Gewehr- und Karabinermunition wurden zweirädrige Karren mit Gabeldeichsel eingesetzt. Der Kasten mit senkrechten Wänden war mit einem zweiflügelig gewölbten, mit Zwillich beschlagenen Deckel verschlossen und fasste in 24 Fächern mit 24 Bund zu 20 Patronen pro Fach 6.720 Schuss Infanteriemunition. Das Gewicht der Ladung betrug etwa 240 Kilogramm. Daneben gab es vierspännige Patronenwagen, die 9.600 Schuss Munition fassten. 1785 kam ein Patronenwagen mit größerer Zuladung nach Art der Kartuschwagen in Gebrauch, der jedoch ein Jahr vor dem Tode des Königs nicht mehr als typisch für die Armee angesehen werden kann.

Die Bataillonsgeschütze erhielten ihren Erstbedarf aus der 1745 eingeführten Kastenprotze und den Folgebedarf aus Kartuschwagen, die, wenn es sich nicht um oft verwendete österreichische Beutewagen handelte, drei Abteilungen hatten, worin sich in der ersten und dritten die Kugeln/Granaten in vier Längsreihen

Einspänniger Munitionskarren. Der Deckel war mit Zwillich überzogen, der an den Seiten zum besseren Regenschutz eine Handbreit überhing und mit Ölfarbe bestrichen war. Auf dem hinten überhängenden Ladegrill konnte wie beim Rüstwagen Futter oder anderes Material mitgeführt werden.

und in der mittleren die Kartuschen befanden. Der Granatenwagen für die 1758 eingeführte siebenpfündige Haubitze verfügte über 70 Geschossfächer für 50 Granaten und 20 Kartätschen, von denen 30 vor und 40 hinter der Kartuschabteilung lagen. 1772 wurde die Zuladung auf 58 Granaten, 20 Kartätschen, drei Brandkugeln, zwei Einsatzgranaten und 85 Ladungen erhöht, von denen 15 in einem besonderen Einsatz auf den hinteren Granaten untergebracht wurden. Von den 85 Kartuschen waren 72 liegend und 13 stehend verpackt.

Der Kartuschwagen für die schwere Artillerie fasste 38 gefüllte Granaten, zwei sogenannte Rebhühner (Granaten mit Submunition), zwei Brandkugeln, zwei Leuchtkugeln, vier Kartätschen, 34 einpfündige und 14 dreipfün-

Schmiedewagen

Rüstwagen alter Bauart mit Aufsatz aus Rohrgeflecht und gewölbtem Deckel. Fahrzeuge dieser Art wurden zum Transport sämtlichen Artilleriegeräts – hier offensichtlich Pulver – verwendet. Ab 1744 wurden diese Wagen schrittweise durch Fahrzeuge mit Kastenaufsatz und dachförmigem Deckel ersetzt.

dige Kartuschen, 16 Lot Pulver und 25 Pfund Lunte.[89] 1754 kam ein neuer Wagen für die Dieskauschen Zwölfpfünder in Gebrauch, der sich durch schräge Wände vom bisherigen, dem Granatenwagen sehr ähnelnden Typ unterschied. Er fasste in drei Abteilungen je 36 Kugelschuss in stehender Verpackung, insgesamt also 108 Schuss. Ein anderes Modell war mit 96 Schuss, davon 78 Kartuschen mit aufgebundenen Spiegeln, bepackt.

Der Bombenwagen für die Mörser enthielt 10–12 Geschosse.[90]

Der Sattelwagen diente zum Transport der klobigen Mörser. Er war deshalb mit einer aufwendigen Hebevorrichtung ausgerüstet. Auf dem Transport ruhte das Geschütz mit dem Mundstück über der Hinterachse zwischen zwei Bäumen. Zwei Hölzer sicherten es zu den Seiten. Das Geschütz wurde mit Winden von hinten über eine mit Walzensprossen versehene Schrotleiter auf das Fahrzeug gezogen.

Im 15 Zentner fassenden Pulverwagen mit Wänden aus Korbgeflecht wurde die in gepichten Säcken, ledernen Beuteln oder Tonnen abgefüllte Treibladung für die schweren Geschütze und Mörser transportiert.[91]

In den 120 Geschosse fassenden Kugelwagen wurde die Munition für die 12-pfündigen Kanonen nachgeführt. Der Kugelwagen für 24-Pfünder fasste 60 Kugeln.

Ein Wagen (Vorratsaffuite) diente zum Transport von Ersatzteilen (vier Reserveräder für die Geschütze, zwei Räder für die Protzen, zwei Achsen für Lafette und Geschütz und zwei Wagenwinden).

Ein Gerätewagen enthielt das Handwerkszeug für Schmiede-, Sattler- und Stellmacherarbeiten, ein

---

89   Klio, Seite 55
90   Tempelhof, Teil 2, Seite 68
91   WTS-Katalog, Seite 179

Wagen die Brotverpflegung und ein weiterer die Hebevorrichtungen und schwere Winden.

Die Fahrzeuge hatten keine Bremsen, sodass sie bergab mit Hemmtauen gehalten werden mussten. Bis auf den rot gestrichenen Brotwagen trugen alle den blauen Anstrich der Artillerie in altersbedingt unterschiedlicher Intensität. Bei den österreichischen Beutestücken ist die gelbe Lafettenfarbe häufig noch einige Zeit beibehalten worden.

Die Zahl der Wagen richtete sich nach den zu versorgenden Geschützen. Ein Kartuschwagen folgte drei Bataillonsgeschützen oder einer leichten 12-pfündigen Kanone. Auf einen schweren 12-Pfünder und die leichte 24-pfündige Kanone entfielen rechnerisch 1,5. Auf eine 10-pfündige Haubitze kam ein Granatenwagen, dem Siebenpfünder folgten rechnerisch 1,5. Für jeweils acht bis zehn Geschütze waren eine Vorratsaffuite, ein Gerätewagen, ein Hebezeug- und ein Proviantwagen vorgesehen. Der einer Armee folgende Artillerietrain hatte deshalb eine beträchtliche Länge. Bei einer Armee aus 22 Grenadier- und 59 Musketierbataillonen, vier Freibataillonen und 24 Kavallerieregimentern mit 212 Geschützen waren es 512 Patronenwagen für den Transport von 4.957.500 Schuss Infanterie- und Kavalleriemunition, 118 Kartuschwagen, 55 Granatenwagen, 18 Bombenwagen, 3 Schmiedewagen, 16 Proviantwagen und 19 Vorratsaffuiten mit 4.619 Pferden und 1.960 Knechten.[92]

Der Train fuhr in Trupps zu 50 Pferden und der entsprechenden Zahl Knechte, für die jeweils ein Schirrmeister verantwortlich war. Vier solcher Trupps wurden von einem Wagenmeister kommandiert. Artillerie- und Stallmeister (Offizier), einige Oberwagenmeister, etwas Zeug- und Verwaltungspersonal sowie die Handwerker (Wagenbauer, Schmiede, Sattler, Zimmerleute) bildeten den Stab.

Auf zwei Bataillonsgeschütze, ein Positionsgeschütz und drei Pontons kam jeweils ein Zelt. Drei Zelte gehörten zu zwei 24-pfündigen Haubitzen.

VII.
Bespannung

Der Umfang der Bespannung richtete sich nach dem gezogenen Gewicht. Während des Dreißigjährigen Krieges wurden pro Pferd etwa fünf Zentner angesetzt, wobei sich bei Verdoppelung der Last die Zahl der Pferde nicht ebenfalls verdoppelte. Zum Einsatz kamen dann weit mehr, weil das Fahrzeug oder das Geschütz tiefer in den Boden einsank.

Zur Zeit des Großen Kurfürsten legten sich vor dem dreipfündigen Regimentsgeschütz vier Pferde in die Sielen. Acht Pferde zogen die sechspfündige Kanone. Den 12-Pfündern wurden 12 Pferde vorgespannt.[93]

Zur Zeit Friedrich Wilhelms I. zogen drei Pferde das dreipfündige Geschütz. Den Sechspfündern waren nach niederländischem Vorbild fünf Tiere vorgespannt, von denen eines in der Gabeldeichsel lief. Diese Anordnung war aber nur bei leichten Lasten üblich. Schwere Fracht zogen schon immer vier Pferde in zwei Paaren, den 12-Pfünder acht.[94]

Retirieren und Avancieren eines Zwölfpfünders mit vorgespannten Pferden.

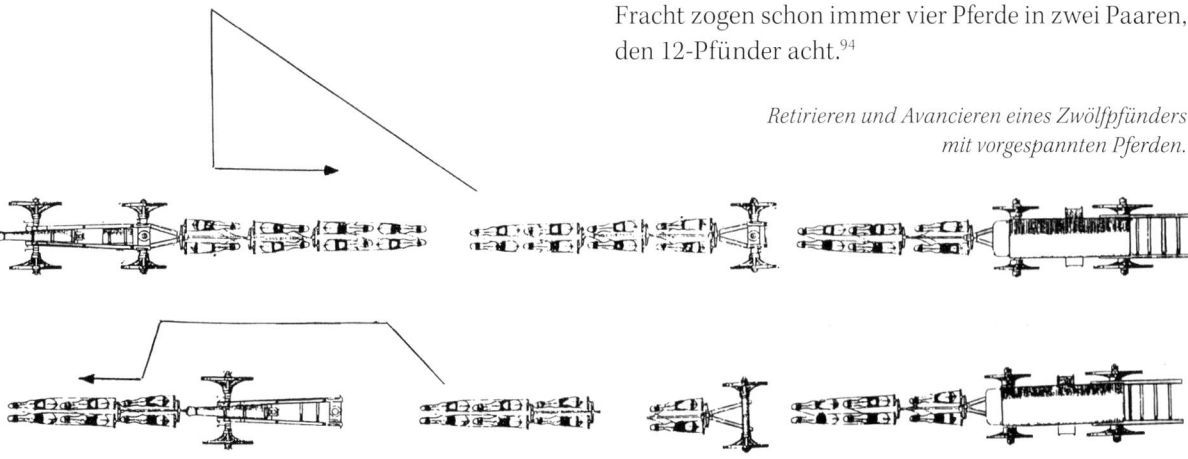

---

92 Schöning, Band 2, Seite 377
93 Jany, Band 1, Seite 352
94 Jany, Band 1, Seite 809

Auch nach der Regierungsübernahme durch Friedrich II. liefen bis 1745 drei Pferde vor den Bataillonsgeschützen, danach vier. Sechs zogen die schweren Sechspfünder, zehn die mittleren und 12 die schweren 12-pfündigen Kanonen.[95] Auf je zwei Zugpferde entfiel ein Artillerieknecht, auf zehn Pferde ein Ersatzpferd.

Noch aufwendiger war die Bespannung des Trains. Die Kartusch-, Proviant-, Kugel- und Bombenwagen der leichten und mittelschweren Artillerie wurden von vier Pferden und einem Knecht geführt. Bei den Artilleriebrigaden mit zehn zehnpfündigen Haubitzen waren es zehn Granatenwagen mit 30 Knechten und 60 Pferden. Die schweren Kanonenbrigaden hatten 15 Munitionswagen mit 90 Pferden und 45 Knechten. Dazu kamen jeweils zwei Vorratslafetten mit sechs Knechten und 12 Pferden, ein Hebewagen mit drei Knechten und sechs Pferden, ein Trainwagen und ein Brotwagen mit einem Knecht und vier Pferden sowie 24 Reservepferde.[96] Unter Hinzurechnung der Spannpferde für die Geschütze werden die enormen Anstrengungen der Mobilmachung sofort deutlich. In den Siebenjährigen Krieg zog die Artillerie mit 5.760 Spannpferden und 2.612 Knechten.[97] Im weiteren Verlauf benötigte die Truppe pro Jahr gut 3.700 Tiere als Ersatz. Legt man die aus den verschiedenen Kriegen bekannten Zahlen zugrunde, waren für 80 schwere Geschütze einschließlich Tross 2.938 Pferde mit 1 341 Knechten, für 364 Kanonen 5.034 Tiere mit 2.200 Knechten und für 662 Feldstücke 11.975 Pferde und 5.757 Knechte erforderlich.[98] Ein Zugpferd wurde bis 1760 mit 40, danach mit 45 Talern bezahlt. Ein Hufeisen stand mit drei Groschen auf dem Etat. 1.000 Hufnägel kosteten zwei Taler.[99] Die Beschaffung erfolgte im eigenen Lande oder in Mecklenburg getrennt von den Remonten der Kavallerie. Die Gelder standen deshalb auch nicht bei der Generalpferdekasse, sondern bei der Hauptartilleriekasse auf dem Etat.[100]

---

95 Bleckwenn, Preußenadler, Seite 116
96 Klio, Seite 55 ff.
97 Hochgerechnet aus der von Schöning (Artillerie, Band 2, Seite 27) angegebenen Zahl für die Armee des Königs
98 Jany, Band 2, Seite 257, 619. Die Mobilisierung des Feldgeschützbestandes von 1786 erforderte 10.361 Knechte und 21.256 Pferde (Jany, Band 3, Seite 133).
99 Schöning, Band 2, Seite 136, 137
100 Niemeyer, Seite 81

Bespannung der Geschütze und die dazugehörigen Hilfsfahrzeuge

Geschütz/Wagen	Knechte	Pferde	Reitsättel	Tragsättel
3-Pfünder Holtzmann	1	3	1	
ab 1745	2	4	2	
3-Pfünder Dieskau	2	4	2	
6-Pfünder Holtzmann, leicht	2	5	1	1
ab 1745	2	4	2	
– Reitende Artillerie, leicht	3	6	3	
schwer	3	6	3	
6-Pfünder Dieskau, leicht	1	3	1	–
ab 1745	2	4	2	
schwer	3	6	3	
12-Pfünder Holtzmann 1740	2	4	2	
12-Pfünder Linger	2	4	2	–
12-Pfünder Dieskau (1754)	4	8	4	–
12-Pfünder Österreich	4	8	4	–
12-Pfünder Brummer	6	12	6	
24-Pfünder Holtzmann	4	8	4	
7-Pfünder Haubitze	2	4	2	
– Reitende Artillerie	3	6	3	
10-Pfünder Haubitze	3	6	5	
25-Pfünder Haubitze (1767)	6	12	6	
Sattelwagen	3	6	3	
Pulverwagen	1	4		
Munitionswagen 120 Kugeln	1	4		–
Munitionswagen 60 Kugeln	1	4		
Patronenkarren	1	1–3		
Patronenwagen	1	4		
Kartuschwagen				–
Bataillonsgeschütze	1	4		
Brummer	2	6		
leichter 12-Pfünder	2	6		
schwerer 12-Pfünder	2	6		
24-Pfünder	2	6		
Bombenwagen	1	4		–
Granatwagen				–
10-Pfünder Haubitze	2	6		
25-Pfünder Haubitze/Brummer	4	8		
Pontonwagen	2/3	5, 6 ab 1756		1
Vorratsaffuite				
– für Bataillonsartillerie	1	4		
– Positionsartillerie	1–2	4–6		
Hebezeugwagen	2	6		
Werkstattwagen	1	4		
Schmiedwagen, schwer	2	6		
leicht	1	4		
Proviantwagen	1	4		

Quelle: Gohlke, Seite 92; Hüttemann, Seite 23; Klio, Seite 55, Schöning, Band 2, Seite 171, 382

Mannschaften und Offiziere

I.
Die Mannschaften

Das Herz Friedrich Wilhelms I. und seines Dessauer Soldatenfreundes schlug eindeutig für die Infanterie. Beide kannten die Stärken und Schwächen dieser Waffengattung sehr genau, bei ihrer Beurteilung waren sie Männer vom Fach. Der König hatte schon als junger Kurprinz mit der Aufstellung des »Roten Leibbataillons Grenadiers« und der Finanzierung aus sorgsam aufgespartem Taschengeld seine Affinität deutlich unter Beweis gestellt und bei Malplaquet, wenn auch nur als Hospitant, die Höhepunkte und Tiefen des Ernstfalles erlebt. Beim Alten Dessauer stand die Expertise als Chef eines kaiserlichen und preußischen Infanterieregiments und bedeutender Unterführer in nahezu allen wichtigen Schlachten des Spanischen Erbfolgekrieges erst recht außer Frage. Es überrascht deshalb nicht, wenn beide bei der Restrukturierung der Armee ihr Augenmerk vor allem auf die Fußtruppe richteten. Für die Kavallerie mit ihren besonderen Anforderungen an Mensch und Tier fehlte sowohl dem König als auch dem Fürsten die Sensibilität. Weil beide der Überzeugung waren, dass auch für die Regimenter zu Pferde gut sein müsse, was für die Infanterie von Vorteil war, verordneten sie ihnen dieselbe Kur. Die Folge waren Riesengestalten auf kolossalen Pferden, denen im Gelände schnell die Luft ausging, und weil der kostenbewusste König die teuer eingekauften Pferde nicht durch anstrengendes Exerzieren ruinieren wollte, wurden Ausdauer und Wendigkeit erst gar nicht geübt.

Bei der Artillerie ahnten der knauserige Herr und sein Berater zumindest die Besonderheiten, sodass sie von nachteiligen Eingriffen weitgehend verschont blieb. Dass der König dort grundsätzlich keine im Ausland angeworbenen Freiwilligen sehen wollte, damit das Spezialwissen möglichst im Lande blieb, ist durchaus plausibel. Ebenso einleuchtend ist die Weisung des Nachfolgers, über längere Zeit noch keine katholischen Schlesier zur sensiblen Artillerie einzuziehen, weil die Begeisterung für den neuen Landesherrn in dieser Bevölkerungsgruppe am geringsten war. Ihnen deshalb am ehesten Desertionsabsichten zu unterstellen, wofür die Feldartillerie aufgrund ihrer Einsatzbedingungen ideale Gelegenheit bot, lag auf der Hand.[101] Dadurch ausschließlich auf Einheimische angewiesen, kämpfte die Artillerie mit der konkurrierenden Infanterie zäh um jeden Mann, bis auch sie 1733 eigene Kantone erhielt.[102]

Die Feldartillerie rekrutierte ihren Ersatz in den kleinen Städten der Kur- und Neumark (Kurmark: Pritzerbe, Ziesar, Mittenwalde, Trebbin, Charlottenburg, Fehrbellin, Altlandsberg, Müncheberg, Riesental, Freienwalde und Oderberg. Neumark: Berlinchen, Arnswalde, Bernstein, Neuwedel, Sommerfeld, Drossen und Zielenzig). Nach 1772 kamen in Westpreußen die Kantone Krone und Nakel hinzu. Die Garnisonkompanien zogen ihren Ersatz aus der örtlichen Umgebung. Preußen erfüllte seine Verpflichtung vor und nach der russischen Besetzung durch kommandierte Rekruten der Infanterie- und Dragonerregimenter, die jedes Frühjahr in Berlin zur Verteilung auf die Artilleriekompanien eintrafen.

---

101 Teile des Glatzer Infanterieregiments waren nach der Schlacht bei Prag übergelaufen, ein Vorgang, der für die Armee peinlich sein musste und deshalb schamhaft verschwiegen wurde (Bleckwenn, Zur Herkunft des Artilleriepersonals, ZfHK 1959, Seite 56).

102 Jany, Band 1, Seite 699

Ein Kapitän, dem zwei Unteroffiziere als Schreiber zur Hand gingen, sah sich die Leute in Gegenwart des Landrates an. War der bereits mit Geburt erfasste und in jungen Jahren vorgemerkte Kandidat konfirmiert und mindestens fünf Fuß, vier Zoll groß, griff er zu. Kam die Kommission nicht klar, entschieden der Kommandeur und die Kriegs- und Domänenkammer. Drei Wochen später erfolgte der schriftliche Aufruf, der den gemusterten Enrollierten mit allen Konsequenzen zum Soldaten machte.

Das Verfahren begründete noch keine allgemeine Wehrpflicht, denn es wurde nicht der komplette Jahrgang eingezogen, sondern nur der Ersatz für einzelne dienstunfähige aktive Soldaten. Wer an deren Stelle trat, wurde Berufssoldat und erst entlassen, wenn auch er dienstunfähig geworden war. Deshalb ergab sich auch keine für eine Wehrpflichtarmee typische Reserve.

Die Zahl der Rekrutierten war mit sechs bis acht pro Jahr auch deshalb gering, weil die Truppe die Dienstausfälle lieber durch Freiwillige ersetzte, die weit höher als die Kantonisten motiviert waren. Bei den Bauernsöhnen wirkte die Trennung von der vertrauten Umgebung schwer. Auch die Eltern zeigten sich alles andere als militärfreundlich. »Wachse nicht, sonst fangen Dich die Preußen«, war damals ein geflügeltes Wort. Die Väter kämpften um jeden Sohn, weil sie auf den Rittergütern durch die Hand- und Spanndienste, die Zinszahlung und die Steuerpflicht so hoch belastet waren, dass sie die Familien ohne die Unterstützung ihrer Kinder nicht durchbringen konnten.

Die Artillerie warb die bevorzugten Freiwilligen in den kantonfreien Städten und unter den jungen Männern an, die grundsätzlich nicht wehrpflichtig waren (Söhne von Pfarrern, reicher Eltern und Einzelkinder von Bauern). Dabei hatte sie jede gewaltsame oder heimtückische Einflussnahme (Alkohol) zu unterlassen. Offenbar hatte man die Lektion aus den Gewaltakten der Vergangenheit, welche die preußische Armee über lange Zeit im In- und Ausland in Verruf gebracht hatten, gelernt. In der Residenzstadt Berlin durfte überhaupt nicht geworben werden:

»*Mein lieber General-Major von Linger. Ich verbiete hierdurch allen Ernstes, daß Niemand von dem Artillerie-Feld-Bataillon sich weiter unterstehen soll, Jemanden zu Berlin mit der Werbung zu incommodiren, noch Leute mit Gewalt oder durch Zwang anzuwerben, es mögen solches Bürgersöhne sein oder wer es sonsten wolle. Will*

Typischer Entlassungsschein, hier vom Infanterieregiment 18, unterzeichnet vom Kronprinzen August Wilhelm.

sich ein oder anderer von selbst und freiwillig bei dem Artillerie-Feld-Bataillon engagiren, kann dasselbe solchen annehmen, keiner aber soll hinführo zu Berlin mit Gewalt oder Zwang engagirt werden, und habt Ihr wohl zu verhüten, daß hierwider keine Klage über Jemanden von dem Feld-Artillerie-Bataillon bei Mir geführt werde, als welches Mir sehr unangenehm sein würde. Charlottenburg den 5ten Juli 1740.«

Ein halbes Jahr darauf wurde auch Potsdam einbezogen.[103] Trotzdem hat es der Artillerie in Friedenszeiten niemals an geeignetem Nachwuchs gefehlt. An jungen Männern, die sich selbst meldeten, herrschte insbesondere in Berlin, wo sie ungewöhnlich beliebt war, kein Mangel.

Beim Freiwilligen bestimmte sich die Dienstzeit nach dem Vertrag. Der gezogene Soldat diente de jure ein Leben lang. Auf vorzeitige Entlassung konnten beide noch weniger hoffen als der Infanterist oder Kavallerist, weil ein frischer, das Tempo nicht mithaltender Ersatz in der auf Teamwork angewiesenen technischen Truppe nicht zu gebrauchen war. Außerdem stammte der Kantonist bereits aus dem Lande, sodass die Sesshaftmachung als üblicher Grund für eine vorzeitige Entlassung entfiel. Der Abschied winkte deshalb in der Regel nur bei Invalidität, die im Frieden nach rund 20 Jahren einsetzte. Ein Soldat ohne Ambition verließ die Armee alsdann so, wie er begonnen hatte, als Kanonier. Hatte er dagegen einen wachen Geist und Geschick im Umgang mit dem gefährlichen Gerät gezeigt, war er nach entsprechender Fortbildung über den Gefreiten zum Feuerwerker (Spezialist der Munitionsherstellung) oder Bombardier (Geschützführer) aufgestiegen und nach weiterer Bewährung sogar Korporal oder Wachtmeister geworden. Selbst hohe Offizierdienstgrade konnte er erreichen. Weil bei der Artillerie die adlige Herkunft keine Rolle spielte, bot sich diese Waffengattung für karrierebewusste Bürgerliche geradezu an.

In Kriegszeiten konnte der zwangsläufig höhere Ersatzbedarf nur bedingt durch Freiwillige und Kantonisten gedeckt werden. Deshalb wurden nach 1756 nicht nur alle bestehenden Einstellungsbeschränkungen (keine katholischen Schlesier) aufgehoben und sogar Garnisonartilleristen ins Feld geschickt, sondern auch sächsische Kriegsgefangene gegen ihren Willen bei der technischen Truppe »untergesteckt«.[104] Während die Infanterie mit den geschlossen überführten Regimentern schlechte Erfahrungen gemacht hatte – sie desertierten reihenweise und setzten sich sogar in blutigen Aufständen gegen die preußischen Offiziere zur Wehr –, blieb die Artillerie hiervon verschont. Die Verteilung auf die einzelnen Geschütze und die Mischung mit dem Stammpersonal ließen Auflehnungsgedanken gar nicht erst aufkommen.

II.
Das Offizierkorps

Die Struktur des Staates war unter Friedrich Wilhelm I. und Friedrich II. stark von der Identität des Adels mit dem Offizierkorps bestimmt. Der Ritterstand hatte im Kampf um die Souveränität seine Rechte weitgehend an den König verloren, sodass er verbittert auf seinen Gütern saß. Weil der streng lutherisch geprägte Adel den von Calvinisten beherrschten Staatsdienst nicht als Kompensation akzeptierte, musste der König einen anderen Weg für die Einbindung des latent gefährlichen Potenzials finden. Das Heer kam dafür nur in Betracht, wenn der Adel dort führende Funktionen übernahm und traditions- und standesgemäß unter sich blieb. Deshalb ist es kein Dünkel, sondern Staatsräson, wenn der König darauf achtete, dass Soldaten bürgerlicher Herkunft im Frieden grundsätzlich nicht zum Offizier aufstiegen.[105] Und wenn sie es in dem einen oder anderen Fall dennoch einmal aufgrund ihrer Verdienste taten, wurden sie bald nobilitiert, damit die Exklusivität gewahrt blieb.

Die strengen Regeln des Adelsprivilegs galten für die Artillerie nicht, denn diese Waffengattung hatte

---

103 Jany, Band 2, Seite 9
104 Von der in Pirna gefangenen sächsischen Artillerie wurden ein Leutnant, 18 Unteroffiziere und 279 Kanoniere übernommen (Schöning, Band 2, Seite 19).
105 Um 1740 gab es etwa 20.000 Adelsfamilien (Sinn, Seite 210). Geht man von drei männlichen Mitgliedern pro Familie und 5.511 Offiziersstellen zuzüglich 1.500 Kriegsverlusten aus (Büsch, Seite 83; Jany, Band 2, Seite 668), dienten 8 bis 10,2 % des männlichen Adels im Militär. 90 % der Offiziere stammten direkt aus dem Adel.

als ursprünglich zunftmäßig organisierte und damit bürgerliche Institution den Ritterstand noch nie interessiert. Vom Bürgertum Abstand zu halten, war für ihn Pflicht. Abgesehen davon hatten die landwirtschaftlich geprägten Junker zur Welt der Technik und Mathematik ohnehin wenig Bezug. Umso bereitwilliger füllten die Bürgerlichen die entstandene Lücke, denn bei vorbildlicher Diensterfüllung und technischem Engagement winkte nicht nur der Offizier, sondern mit etwas Glück auch ein neuer Stand. Geadelt wurden:

die Kapitäne Johann und Ernst Holtzmann im Jahre 1741,

der Major Ernst Holtzendorff im Jahre 1767,

der Major Johann Bernhard Höfer im Jahre 1769,

der Major Tempelhof und Kapitän Schönermark im Jahre 1786,

der Kapitän Johann Wilhelm Vogel und Secondeleutnant Friedrich August Schweder 1786.[106]

Nicht jeder konnte allerdings mit einer Standeserhöhung rechnen, denn der König prüfte entsprechende Vorschläge sehr genau. Gute Chancen hatte, wer in Kriegseinsätzen aufgefallen war.

»Mein lieber Generallieutenant v. Dieskau. Die Standes-Erhöhung bin Ich nur an Offiziere, die sich außerordentlich im Felde distinguiret haben, zu accordiren gewohnt. Von dem N., den Ich kaum dem Namen nach kenne, sind Mir dergleichen Verdienste nicht bekannt; Mir thut dahero leid, daß Ich dem 14ten dieses ebenfalls gethanen Gesuch nicht willfahren kann. Potsdam, den 15ten Dezember 1773.«

»Mein lieber v. Dieskau. Ich habe Euch auf Euren Bericht vom 27sten dieses, wegen des gesuchten Adels vor dem N. von der Artillerie, hierdurch zu erkennen geben wollen, daß Ich die Offiziere nur nobilitire, wenn sie vorzügliche Meriten und im Kriege sich hervorgethan haben. Dieser Mensch aber hat ja noch nichts besonderes gethan und kann also das noch nicht verlangen, sondern muß so lange warten, bis er sich um den Adel erst verdient gemacht und im Kriege sich distinguirt hat, wonach Ihr ihn also bescheiden könnet. Potsdam, den 28sten November 1776.«

An der grundsätzlichen Dominanz der Bürgerlichen im Offizierkorps der Artillerie hat sich deshalb nichts geändert:

Jahr	Gesamt	Adlige	Bürgerliche	Adel in %
1713	49	6	43	12
1741	78	32	46	41
1756	87	39	48	45
1759	119	32	87	27
1763	198	37	161	19
1786	222	65	157	29

Wegen der hohen Zahl der Bürgerlichen hatten die Offiziere der Infanterie und Kavallerie für das Offizierkorps der Artillerie wenig übrig und blieben vorzugsweise unter sich. Deshalb hat Mirabeau mit seiner Beobachtung sicherlich recht, dass Freundschaften zwischen Offizieren beider Gruppen höchst ungewöhnlich gewesen seien. Dem König war eine solche Distanz fremd. Ihm gar »ein gestörtes Verhältnis« zur Königin der Waffen zu unterstellen, geht völlig fehl.[107] Zwei schwarze Adlerorden und 16 Pour le Mérite für das relativ kleine Korps und eine höhere Besoldung für das 1. Regiment dokumentieren ganz anderes. Hinzu kommen hohe Verluste im Kriege, die Würdigung verdienten. Drei von 53 Artillerieoffizieren waren im Schlesischen Krieg gefallen. Weitere 31 verloren im Siebenjährigen Krieg ihr Leben.[108] Hinzu kommt, dass die Artillerieoffiziere das Recht auf Immediatgesuche behielten und der König nur aus Überlastung bei den Subalternen eine verständliche Einschränkung vorsah:

»Mein lieber Generallieutenant v. Linger. Ich will von den Subaltern-Offiziers hinführo mit Briefen nicht mehr so behelligt sein, wie bisher geschehen, sondern wenn selbige Urlaub oder sonst etwas in ihrer Angelegenheit zu suchen oder vorzustellen nöthig haben, so sollen sie sich deshalb bei ihrem Chef oder Commandeur melden, welcher sodann nöthigenfalls solcherwegen an Mich jedesmal bei Einsendung der monatlichen Liste berichten, oder doch ihre Briefe mit der monatlichen Liste an Mich einsenden soll; sie selber hingegen sollen weiter nicht an Mich schreiben, es wäre denn, daß es die höchste Noth erforderte, und die Sache von großer Importance wäre. Alle Stabsoffiziere

---

106 Malinowski-Bonin, Band 1, Seite 181
107 Duffy, Seite 142, vertritt diese Ansicht.
108 Schöning, Band 2, Seite 14

und Capitains aber; denen nach wie vor erlaubet bleibt, an Mich zu schreiben, sollen ohne Unterschied jedesmal auf das erste Blatt des Briefes eine kurze, deutliche Rubrik setzen, woraus der Inhalt des Briefes nebst dem Charakter desjenigen, welcher selbigen schreibt, zu ersehen sei, widrigenfalls sie zu gewärtigen haben, daß Ich darauf nicht antworten werde. Ihr sollet also dieses den sämmtlichen Offiziers Eures Regiments zu ihrer Achtung sofort bekannt machen. Breslau, den 4ten Juli 1742.«

Wenn es überhaupt jemals eine Missstimmung zwischen dem König und der Artillerie gegeben hat, dann Ende der 60er-Jahre, als das wegen ihrer technischen Spezialkenntnisse und aus Gründen des Geheimschutzes fast geschlossen im Dienst belassene Offizierkorps die losen Kriegssitten länger als üblich konservierte und dadurch einigen Unmut erregte.

Ebenso unzutreffend ist das von der adligen Offizierkaste gepflegte Bild des geistig unbeweglichen Artillerieoffiziers. Die geringe Anzahl der Publikationen beruht nicht auf intellektueller Trägheit, sondern auf dem ausdrücklichen Verbot schriftstellerischer Tätigkeit für alle Geheimnisträger, das die technische Truppe zwangsläufig mehr betraf als jede andere Einheit. Die Kastenprotze und die Schraubenrichtmaschine – beides preußische Erfindungen und kopiert von nahezu allen Armeen Europas – belegen technischen Esprit. Wer darüber hinaus weiß, dass Scharnhorst aus der Artillerie hervorging, wird kaum behaupten wollen, dass es der Waffe an Köpfen gefehlt habe.

Bei genauer Betrachtung war der Artillerieoffizier sogar besser auf seine Aufgaben vorbereitet als seine Kameraden von den anderen Waffengattungen. Der Offizier der Infanterie und Kavallerie qualifizierte sich durch die Praxis. Eine schulmäßige Ausbildung gab es für ihn noch nicht. Auch ein Reitunterricht mit vorschriftsmäßigem Sitz fehlte. Der Ritt in schwierigem Gelände, das Abgleiten über Steilhänge oder das schwimmende Überqueren von Wasserläufen wurden nicht einmal von der Kavallerie geübt. Jeder ritt so, wie er es daheim auf dem Rittergut gelernt hatte. Die Grundzüge der Taktik kannte der Offizier aus seiner Zeit als Unteroffizier und dem Studium des Reglements, das jeder bei sich trug. Im Dienst achtete er auf die Einhaltung der Linie und der Kavallerieoffizier auf die Geschlossenheit der Formation. Mehr wurde von den niederen Rängen nicht verlangt, weil sie keinen eigenen Entscheidungsspielraum hatten. Taktisches und strategisches Denken spielte nur bei den Generalen eine Rolle, die Erfahrungen aus vorangegangenen Einsätzen und Vorverwendungen in anderen Armeen nutzten und für das weitergehende Studium vom König laufend mit Verhaltensweisungen versorgt wurden.

Eine systematische weiterführende Unterweisung des Offizierkorps durch theoretischen Unterricht gab es nur bei der Artillerie. Kolloquien, die in den langen Wintermonaten abgehalten wurden, waren bei ihr Pflicht. Den wöchentlich vierstündigen Unterricht leiteten zwei akademische Professoren. Castillon lehrte Algebra und Arithmetik, und der Oberbaurat Schultz übernahm die Fächer Physik, Baukunst und Geometrie. An überragendem pädagogischem Geschick fehlte es beiden. Castillon quälte seine Zuhörer mit langweiligen Details dermaßen, dass kaum mehr als drei Offiziere gleichzeitig seine Vorlesungen besuchten. Weitaus mehr Schüler hatte Schultz, dem es gelang, reges Interesse an seinen Fächern zu wecken. Dafür überforderte er seine Zuhörer durch atemberaubende Geschwindigkeit, sodass sie Mühe hatten, seinen Worten zu folgen.

Durch die jährlichen Konduitenlisten hatte der König ein genaues Bild über die individuellen Stärken und Schwächen eines jeden Offiziers. Die Listen und sein bestechendes Gedächtnis halfen ihm, bei der Besetzung der Dienstposten die richtige Entscheidung zu treffen und dort, wo er sich einmal hatte täuschen lassen, die Fehlentscheidung schnell zu korrigieren. Scharfe Anweisungen sorgten dafür, dass sich die Kommandeure bei der Abfassung der jährlichen Beurteilungen redliche Mühe gaben und nichts verschwiegen. Lestwitz' Beurteilung Steubens »*Kein Wirt, aber gewandt*« [109] verriet gesellschaftlichen Schliff und großzügigen Lebenswandel, ließ aber aus soldatischer Sicht wenig erwarten. Und die Beurteilung eines anderen Offiziers »*Ist ungemein tumb und wird schwerlich klüger werden,*«[110] dürfte ebenso seine letzte gewesen sein wie

---

109   Cyran, Seite 279
110   Jany, Band 2, Seite 228

die eines Kameraden von den Bayreuther Dragonern, dem attestiert wurde: »*Hat Verstand genug, aber keine Konduite, kann kein Geld leiden und macht aller Orten Schulden.*«[111]

Vorherige Verdienste, Rang und Namen bedeuteten nichts, wenn der Offizier versagte. Geringfügige Verstöße ahndeten die Vorgesetzten mit Disziplinarmaßnahmen, am häufigsten mit dem auf der Wache abzusitzenden Arrest. In aller Regel wussten die Adressaten sehr wohl, womit sie sich den »Bau« verdient hatten. Allerdings gab es dafür auch nicht durchschaubare Gründe, was eine mit hoher Wahrscheinlichkeit zutreffende Anekdote belegt. Kurz nach dem Siebenjährigen Krieg hatte der König festgestellt, dass die Arrestbücher der Artillerie keine Eintragungen enthielten. Da er als Grund Laschheit in der Dienstaufsicht vermutete, befahl er dem als besonders scharf geltenden Berliner Gouverneur Generalleutnant von Ramin, den Kommandeur der Artillerie einzubestellen und ihm sein Unbehagen hierüber mitzuteilen. Der vom Paradeplatz herbeizitierte und für Zucht und Ordnung bekannte Holtzendorff reagierte darauf mit großer Verärgerung. Als er nach seiner Rückkehr von einem jungen Leutnant äußerst beflissen gegrüßt wurde, was dem auf Distanz bedachten General ohnehin mächtig gegen den Strich ging, machte er seinem angestauten Ärger durch einen überraschenden Anpfiff wegen eines angeblichen Uniformfehlers Luft. Der verdutzte Leutnant konnte sich nicht erklären, womit er sich den Arrest verdient hatte. Nur Holtzendorff wusste, dass die Statistik jetzt wieder stimmte.[112]

Griff der König persönlich ein, reichten die Sanktionen von beiläufigen missbilligenden Äußerungen über die Stornierung der Beförderung und scharfe Verweise bis zur Versetzung in ein Garnisonregiment oder der Kassation. Der Zeugleutnant Dietrich Mentzelthin wurde schimpflich entlassen, weil er fremde Offiziere ohne Erlaubnis im Zeughaus herumgeführt hatte. In schweren Fällen drohten Kriegsgerichtsverfahren, die im Frieden meist im Zusammenhang mit Ehrenhändeln standen.

Die Würde zu wahren und zu verteidigen, war für den preußischen Offizier oberste Pflicht. Der König hatte einerseits Verständnis dafür, wie die Genehmigung des Duells zwischen den Fähnrichen Reitzenstein und Hesse zeigt, das mit der Entlassung Hesses wegen Kneifens endete. Andererseits konnte er nicht hinnehmen, dass allzu viele Offiziere dabei ihr Leben verloren oder dauerhaft dienstunfähig wurden. Deshalb war das Duellieren offiziell verboten.[113] Ein Offizier, der im Dienst von einer höherrangigen Charge auf kränkende Weise gemaßregelt wurde, musste die Beleidigung im Interesse der Disziplin zunächst hinnehmen. Forderte er anschließend statt einer Entschuldigung Genugtuung mit der Waffe, kamen beide Duellanten in Arrest. Zog der Gekränkte in seiner Wut gar den Degen, drohte der Tod durch Erschießen und bei tätlichem Gebrauch die schimpfliche Enthauptung. Bei der Infanterie waren der Fähnrich v. Wulffen und der General Forcade auf diese Weise aneinandergeraten und bei der Artillerie der Premierleutnant v. May und Oberst v. Holtzmann. Wulffen endete auf dem Schafott. May drohte der Tod durch Erschießen. Die Fürbitte einer Schwester Friedrich des Großen rettete ihm zwar das Leben, ersparte ihm aber nicht acht Jahre Festungshaft in Spandau. Erst die Einführung von Ehrengerichten beseitigte die diffuse Situation.

Wie alle Offiziere nahmen auch die Artillerieoffiziere, wenngleich nicht so prominent wie ihre Kameraden von den anderen Waffengattungen, im Staatsprotokoll eine herausgehobene Stellung ein. Dieskau stand als Generalleutnant über den Wirklichen Geheimen Räten, und ein Oberst rangierte noch vor den Präsidenten der Kriegs- und Domänenkammern. Das bedeutet jedoch nicht, dass sie oder der militärische Geist den Staat bestimmten. Der Reisende, der sich wegen der strengen Torkontrollen, täglichen Visitation der Soldatenquartiere, Exerzierübungen auf den öffentlichen Plätzen und der vor allen Augen vollzogenen Militärstrafen wie in einer Kaserne fühlte, mochte einen gegenteiligen Eindruck gehabt haben. Ganz falsch lag er damit nicht, denn mit der Verle-

---

111 Jany, a.a.O.
112 Malinowski, Bonin, Band 1, Seite 135
113 Duelle hatte bereits der Große Kurfürst untersagt. Das Edikt vom 17.09.1652 sollte allerdings nur einschränkend wirken und die leichtfertigen Schlägereien verhindern. So ist auch Friedrichs Verbot zu verstehen. Erst die Einführung der Ehrengerichte um 1808 beendete die diffuse Situation (Jany, Band 1, Seite 159).

gung der Soldaten von den Dörfern in die Städte zur Erschwerung der Desertionen wurden diese tatsächlich zu Kasernen. Weil es dort keine Armeequartiere mit abgeschlossenem Übungsgelände gab, spielte sich der militärische Alltag vom Wecken bis zum Zapfenstreich mit Zählappellen, täglichem Exerzieren und Strafexekutionen zwangsläufig auf den öffentlichen Straßen ab, waren die Stadtplätze die Exerzierflächen und die Stadtmauern der Kasernenzaun. Daraus jedoch mehr als einen Akt der Zweckmäßigkeit zu sehen und gar eine beabsichtigte militärische Indoktrinierung der gesamten Gesellschaft abzuleiten, ist verfehlt. Wer die Struktur des altpreußischen Staates kennt, weiß, dass das Militär und die Bevölkerung trotz der räumlichen Nähe in einer Parallelgesellschaft streng voneinander abgegrenzt lebten. Der Offizier hatte Weisung, sich nur in seinen Kreisen zu bewegen, und das Volk empfand für das Militär nicht einmal Sympathie. Es litt unter der Quartierlast und den Belästigungen im Alltag sogar noch viel stärker als der Reisende, denn es konnte anders als dieser den Belästigungen nicht entfliehen. Die Armee war deshalb mit Ausnahme der in Berlin als Haustruppe betrachteten Artillerie ausgesprochen unbeliebt. Die Trennung schleichend aufzuheben und die Bevölkerung im Sinne des Militarismusbegriffs soldatisch zu durchdringen, war damals kein politisches Ziel. Was und wie das Volk über das Militär als solches und seinen Einsatz dachte, konnte dem König schon deshalb völlig egal sein, weil es keine politische Rolle spielte. Um Krieg zu führen, brauchte ein absolut regierender Monarch es nicht »mitzunehmen«. Worauf es beiden Königen vielmehr und ausschließlich ankam war, der Bevölkerung einer gerade einmal 12 Jahre »alten« kulturell wie geografisch fragmentierten Monarchie ein Gemeinschaftsgefühl zu vermitteln. Nicht der soldatische Geist, sondern das durch gemeinsames Dienen erworbene Staatsgefühl sollte auf die Gesellschaft übertragen werden, und weil dies vornehmlich durch das Militär geschah, hatten seine Repräsentanten im Staate eine hervorgehobene Stellung.

Der gewollte geringe gesellschaftliche Kontakt mit Zivilisten erklärt auch, warum die meisten Offiziere ihre Ehefrauen unter den Töchtern der Kameraden suchten, wenn sie es überhaupt wagten, den in dieser Angelegenheit äußerst zugeknöpften König um einen Ehekonsens anzugehen. Die Gründe, die gegen die Verehelichung sprachen, hat er bei den Husaren einmal offen angesprochen. Friedrich vermutete, dass die Sorge um die Familie die Offiziere vom Dienst abhielten und sie deshalb mit weniger Mut in die Schlacht gingen. Das war offenbar auch bei der Artillerie der Fall:

»Mein lieber General-Lieutenant von Dieskau. Ich mache Euch hierdurch bekannt, daß Ich wegen der unterm 1sten dieses von Euch eingesandten Liste für den Monat November c. von ganzen Feld-Artillerie-Corps und den Artillerie-Garnison-Kompagnien mit Inbegriff der Pontoniers, in so weit nichts zu bemerken gefunden, auch daß Ich dem Kapitain Hartmann den erbetenen Konsens zu seiner Verheirathung mit der Theeden wohl accordiren will; muß Euch aber dabei annoch zu erkennen geben, daß, wenn alle Offiziere von der Artillerie sich verheirathen wollen, was soll dann daraus werden? Potsdam, den 2ten Dezember 1775.«

Daneben gab es offensichtlich auch noch andere Gründe für die zögerliche Genehmigungspraxis:

»Mein lieber Generalmajor v. Dieskau. Auf Euren Bericht vom 23sten dieses, wegen der unanständigen Heirath, so der Lieutenant N. vom Feld-Artillerie-Corps vor hat, gebe ich Euch hierdurch in Antwort, daß Ihr gedachten Lieutenant von Oranienburg weg und in eine andere Garnison versetzen sollt, damit Ihm die Weibsperson aus den Augen komme und er die unanständige Heirath mit solcher vergessen müsse. Potsdam, den 24sten Oktober 1765.«

»Unanständig« war für den König nicht nur eine Ehe, die gegen die guten Sitten oder den Stand verstieß, sondern auch eine solche, bei der er Versorgungsansprüche befürchten musste. Denn bei gesichertem Einkommen zeigte er sich durchaus flexibel:

»Mein lieber Generallieutnant v. Dieskau. Da die Umstände der Heirath, zu welcher der Obristlieutenant Perloff um Meinen Consens angesucht, Eurer Anzeige vom 7ten dieses Monats nach, avantateux vor ihn sind, so bin Ich schon zufrieden, daß er solche vollziehe. Potsdam, den 8ten Dezember 1773.«

Der Beruf des Offiziers war in der preußischen Armee ein lebenslanger. Bis zum Siebenjährigen Krieg galt die Verweigerung des Abschieds als eine so selbstverständliche Sache, dass kaum einer darum nachsuchte. Wer gar in fremde Dienste treten wollte, brauchte sich überhaupt nicht darum zu bemühen.[114] Erst nach dem Kriege trat eine gewisse Lockerung ein. Eine große Anzahl Offiziere, die sich in harten Kriegstagen aufgerieben hatte, fühlte sich bei Beförderungen oder der Vergabe attraktiver Kommandos übergangen oder verlor an entlegenen Standorten ganz einfach die Lust. Auf den zunächst verweigerten Abschied meldeten sie sich krank, bis der König dem Antrag schließlich stattgab. Die selbst ernannten Kranken spielten allerdings ein gefährliches Spiel. Entdeckte der König die wahre Absicht, strich er gnadenlos sämtliche Vergünstigungen. Der General von Stutterheim und der Artillerieoffizier Georg Wilhelm von Sohr standen auf diese Weise innerhalb von Stunden ohne Alterssicherung da.

Zu den Männern, welche die Artillerie zur Zeit Friedrichs des Großen geprägt haben, gehören die Generale Christian von Linger, Carl Wilhelm von Dieskau und der bereits erwähnte Georg Ernst von Holtzendorff.

Linger wurde am 5. April 1689 als Sohn eines kurbrandenburgischen Zeugmeisters in Berlin geboren. Mit 19 Jahren trat er als Bombardier in die brandenburgische Artillerie ein. Mit 32 Jahren stieg er zum Kapitän und Kompaniechef auf und wurde nach dem Feldzug gegen Frankreich in den Adelstand erhoben. Der Soldatenkönig beförderte ihn zum Oberst und Chef der gesamten Artillerie. Besondere Verdienste erwarb er sich als Organisator und Leiter der Gewehrfabrik in Potsdam, die bereits im ersten Betriebsjahr zusammen mit Spandau 10.000 Stück produzierte. 1728 wurde Linger Generalmajor und 1732 Mitglied des Köpenicker Kriegsgerichts, das über die versuchte Desertion des Kronprinzen und des Kavallerieleutnants von Katte zu entscheiden hatte. Hinsichtlich des Kronprinzen erklärte er sich wie alle Richter für unzuständig. Bei Katte votierte er in der Gruppe der Generale mit Dönhoff und Schwerin für die mildere »ewige Festungshaft«. Auch wenn er damit nicht dem Willen des Königs entsprach, behielt er dessen Gunst. Auf seinen besonderen Wunsch hatte Linger bereits die Kanzel für die Potsdamer Garnisonkirche und das Glockenspiel des Gotteshauses entworfen. Nun erhielt er den für einen Artillerieoffizier ungewöhnlichen Befehl, die Berliner Friedrichstadt mit Laternen zu erleuchten und, wieder etwas vnäher liegend, die Hochzeit des Kronprinzen mit einem zünftigen Feuerwerk zu krönen.

Auch dem Nachfolger erwies sich Linger als zuverlässiger Soldat. Die Vorbereitung der Artillerie auf den Schlesischen Krieg belohnte der neue König am 22. April 1743 mit der Beförderung zum General der Artillerie und der Verleihung der höchsten preußischen Auszeichnung. Lingers größter Wunsch, am Ende seines Soldatenlebens noch zum Generalfeldmarschall ernannt zu werden, blieb jedoch unerfüllt. Friedrich lehnte das Ansinnen ab, weil es nirgendwo in Europa jemals einen Artillerieoffizier dieses Ranges gegeben hatte, er sich aber auch nicht verkneifen konnte, den General an die Schwächen der Artillerie vor Prag zu erinnern. Wir wissen nicht, was Linger mehr überzeugte, jedenfalls hat er seine Bitte nicht wiederholt. Er starb hoch betagt im 86. Lebensjahr in seiner Geburtsstadt Berlin, nachdem er drei Königen in 67 Dienstjahren gedient und die preußische Artillerie wesentlich geprägt hatte.

Karl Wilhelm von Dieskau (1701–1777) begann seine Laufbahn 1721 als Bombardier. 1741 war er Kapitän und Kompaniechef im I. Bataillon des Feldartillerieregiments. Im Schlesischen Krieg diente er im Stabe des Alten Dessauers, bei dem er in seiner Jugend bereits Page gewesen war, und danach unter Linger. 1755 wurde er Oberstleutnant und mit dem Tode Lingers Generalinspekteur der Artillerie. 1762 folgte die Ernennung zum Generalmajor und Chef des 1. Feldartillerieregiments. Seine militärische Karriere beendete er als Generalleutnant und Träger des Schwarzen Adlerordens (seit 1768).

Dieskau brillierte durch enorme Arbeitsleistung und großen technischen Verstand. Als Inspekteur trug er die Verantwortung für die Mobilisierung und Ausstattung der Artillerie im Siebenjährigen Krieg. Die Verstärkung der Truppe, die Anwerbung der Knechte, die Herbeischaffung der Trainfahrzeuge, die Produktion der Munition, die Integration der Sachsen, die Reparatur und Vervollkommnung des Geschützma-

---

[114] Der Eintritt in eine fremde Armee, den bereits der Große Kurfürst durch entsprechendes Edikt verboten hatte, blieb durch einen Revers versperrt, den jeder Offizier seit 1751 unterschreiben musste.

terials nach jedem Feldzug und das ewige Problem ausreichender Bespannung, alles lastete auf seinen Schultern. Dazu kamen die Personalführung mit Vorschlägen zur Beförderung und Nachbesetzung und die ständigen Auseinandersetzungen mit dem König um die Finanzen in schier endloser Korrespondenz. Trotzdem fand er noch die Zeit, sich mit der Konstruktion von Geschützen zu beschäftigen. Zahlreiche Verbesserungen gehen auf seine Ideen zurück. Dass er dem enormen Druck standhielt und dank seines überragenden Organisationstalents immer wieder Lösungen fand, war ein Glücksfall für die Artillerie.

Der hochverdiente General starb 1777 nach fünfzig Dienstjahren unverheiratet an den Folgen eines Schlaganfalls. Sein Platz auf dem Sockel des von Rauch geschaffenen Denkmals für Friedrich den Großen Unter den Linden in Berlin ist mehr als verdient.

Georg Ernst von Holtzendorff (1714–1785) war der Sohn des Generalchirurgus Ernst Konrad von Holtzendorff. Nach erstem Einsatz im Schlesischen Krieg förderte Friedrich das sich abzeichnende Talent durch ein Volontariat beim Marschall von Sachsen, ohne dass damit eine steile militärische Karriere verbunden war. Erst mit 32 Jahren wurde Holtzendorff Premierleutnant, mit 44 Kapitän, mit 57 Oberst und Chef des 3. Artillerieregiments sowie Inspekteur der gesamten Artillerie und mit 65 Generalmajor, alles in allem eine durchaus normale Entwicklung.

Gleichwohl schätzte der König die Qualitäten des Offiziers sehr, die bereits Dieskau aufgefallen waren und ihn veranlasst hatten, Holtzendorff zu seinem Nachfolger vorzuschlagen. Holtzendorff beriet den König nicht nur beim Bau neuer Artilleriekasernen in Berlin, sondern auch bei vielen technischen und taktischen Fragen. 1776 ließ der König den Oberst einen Zeitungsartikel über die technischen Fortschritte der Österreicher beim Bau von Haubitzen und der dazugehörigen Munition begutachten und darüber nachdenken, wie Preußen gleichziehen könne.

Auch um die Ausbildung war Holtzendorff sehr bemüht. Auf ihn gehen die Artilleriemannschaftsschulen mit fünf Klassen zurück, deren unterste Klasse jeder ohne Rücksicht auf den Dienstgrad besuchen musste. Zum Grundkursus gehörten Lesen, Schreiben und Mathematik, der mit der Anfertigung von Musterzeichnungen und einer mündlichen Prüfung endete. In den darauf aufbauenden Abschnitten lernten die Schüler Geometrie und Trigometrie nach Unterlagen, die sich die Lehrer selbst geschaffen hatten. Holtzendorff selbst hielt Vorträge und gab sein Wissen auch schriftlich an seine Schüler weiter.

Kontakte zu Kameraden hielt der General auf das Dienstliche beschränkt. Große Gesellschaften lagen ihm nicht, aber er bat täglich Offiziere und sogar Unteroffiziere zu Tisch. Niemand durfte die Einladung ausschlagen, weil Holtzendorff die Tischgemeinschaften als Fortsetzung des Dienstes betrachtete.

Von den vier Kindern bereitete der älteste, ebenfalls bei der Artillerie stehende Sohn dem General erheblichen Kummer. Der junge Holtzendorff war dem König suspekt, weil er eine lebenslustige Frau geheiratet hatte, die keine gesellschaftliche Veranstaltung ausländischer Minister und Gesandter ausließ. Der König befürchtete zu Recht, dass der junge Offizier bei diesen Gelegenheiten unbedacht über dienstliche Angelegenheiten plaudern könnte. Das aufkommende Gewitter veranlasste den Vater, kurz vor seinem Tode einen Brief an den König mit der Bitte um Nachsicht zu schreiben, der dazu führte, dass der König sich damit begnügte, Möllendorff mit der Aufsicht zu beauftragen. Holtzendorff starb am 10. Dezember 1785. Die Wertschätzung, die er genoss, wird aus einem Brief deutlich, den der König wenige Tage zuvor an ihn gerichtet hatte:

»*Mein lieber General-Major von Holtzendorff. Auf Eure Anzeige vom 5ten dieses, in Ansehung Eurer kränklichen Zufälle, woher Ihr Euer baldiges Absterben vermuthen wollet, gebe ich Euch hierdurch zu erkennen, wie Mir das sehr leid thun würde, wenn das erfolgen sollte: Denn Ich bin von Eurer Capacität und Diensteifer immer sehr zufrieden gewesen, und möchte Ich Euch also nicht gern verlieren. Indessen will Ich nur wünschen, daß Eure Wiederherstellung erfolgen möge und daß Ihr bald möget wieder besser werden. Nehmet Euch also nur recht in Acht und gebrauchet alle diensame Mittel, die Eure Wiedergenesung befördern können; So Ich Euch in Antwort melden wollen, als Euer wohlaffektonirter König, Potsdam, den 6ten Dezember 1785.*«

Die Artillerie im Frieden

I.
Die Ausbildung

Der Ernst des Soldatenlebens begann für den gemusterten Kantonisten mit dem Aufruf. Hatte er sich daraufhin bei seinem Regiment eingefunden, nahm er zunächst die Bekleidung und Ausrüstung auf. Die Montur lagerte auf dem Dach des Rathauses oder einer der Kirchen der Garnison. Tornister, Koppelzeug und Waffen empfing er im Zeughaus. Tags darauf meldete er sich in voller Montur, aber noch ohne Gewehr in der Wohnung des Kompaniechefs, wo der Regimentsauditeur in Anwesenheit des Kompaniefeldwebels und des Freikorporals nach Feststellung der Personalien und sorgfältiger Verlesung der Kriegsartikel die Vereidigung auf die entrollte Fahne vollzog.

Dem Tag der Eidesleistung folgte eine Ruhepause von einer Woche, damit er sich an den neuen Stand gewöhnte. Wer Weitblick hatte, nutzte die Zeit, um sich durch einen älteren Stubenkameraden mit der neuen Lebensweise vertraut zu machen, denn im militärischen Alltag war vieles anders. Die Unterschiede reichten von der körperlichen Hygiene (bei den Soldaten war das tägliche Waschen zumindest der Hände und des Gesichts vorgeschrieben, während sich die Zivilisten mit dem Benetzen der Finger in einem zierlichen Lavoir begnügten oder überhaupt nicht wuschen), der korrekten Zusammenstellung und Reinhaltung der Montur bis hin zur richtigen Frisur. Während die Bauern ihr Haar schlicht zum Zopf banden, mussten die Soldaten es zusätzlich links in zwei und rechts in drei Locken rollen, damit der Hut den vorschriftsmäßigen etwas schrägen Sitz erhielt. Hinzu kam das Pudern vor Revuen. Künstlich gealtertes Haar war Mode, weil es das Gesicht jünger erscheinen ließ. Dazu wurde warme Pomade mit einem Pinsel durch den Kamm auf die Haare aufgetragen, die dem Pulver Halt gab und die Frisur wie kandiert aussehen ließ. Das Kunstwerk durfte die Montur nicht weiß oder fettig machen. Große Vorsicht war deshalb geboten.

Noch wichtiger war die Gewöhnung an den geregelten Tagesablauf: Übungen in den Morgenstunden, Putz- und Flickstunde im Quartier am Nachmittag, anschließend Freizeit und Präsenz zum Zapfenstreich, die von Unteroffizieren durch mehrmaliges Bestreifen der Quartiere kontrolliert wurde. Dabei übermittelten sie zugleich Befehle für den nächsten Tag, weil es den Morgenappell noch nicht gab.

Nach Ablauf der Schonfrist begab sich der Neue wie tags zuvor vom visitierenden Unteroffizier befohlen zunächst wieder ohne Gewehr auf den Paradeplatz seiner Einheit, um seine Ausbildung zu beginnen.[115] Sie entsprach in vielen Phasen der Grundausbildung der Infanterie, denn wenn ein Artillerieregiment marschierte oder auf dem Exerzierplatz antrat, marschierte oder stand es wie die Fußsoldaten in drei Gliedern, wobei die Bombardiere den rechten Flügel einnahmen. Die Geschütze blieben in den Arsenalen, weil im Frieden die Pferde fehlten.[116]

Als Erstes ging es um die korrekte Körperhaltung. Stand der Soldat still, lagen die Arme unverkrampft mit leicht zurückgenommenen Ellenbogen am Körper und die Hände flach an den Oberschenkeln. Der Blick

---

115 In Berlin übten das IR 1 und 23 auf dem Alexanderplatz, Nr. 13 auf dem Dönhoffplatz und Nr. 26 im Lustgarten. Die Kavallerie exerzierte Unter den Linden und auf dem Rondell am Halleschen Tor, die Artillerie neben dem Zeughaus (Woche, Seite 80).
116 Wurde bei Revuen die eine oder andere Kanone zur Signalgebung gebraucht, mietete die Artillerie die Zugtiere an.

ging frei geradeaus. Lehnte er sich zu weit nach vorn oder nach hinten, zog er die Schultern vor oder zurück oder drehte er den Kopf beim Ausrichten zu stark, was seine Schultern verschob, griff der Korporal sofort ein, weil der Nebenmann folgte und sich die Linie verbog. Für die korrekte Wendung standen die Füße in der Ausgangsstellung leicht nach außen. Die Drehung erfolgte auf dem linken Absatz.

Hielt sich der Rekrut nach Vorschrift, lernte er über zwei bis drei Tage nichts weiter als korrektes Marschieren mit Antritt auf dem linken Fuß. Dabei mussten zur Wahrung der Linie der Takt (75 Schritte in der Minute) und die Schrittlänge genau eingehalten werden, wobei die zuvor antrainierte Körperhaltung half. Nur wenn der Mann sich gerade und das Knie steif hielt, indem er mit flach gehaltener Sohle und der Spitze des Fußes auftrat und diesen bis zum Abheben des nächsten voll belastete, ergaben sich annähernd identische Längen.[117] Kam er in der Bewegung zu sehr in Rückenlage, verkürzte sich der Schritt, sodass sich das Glied im Marsch verbog. Nach Saldern war Vollkommenheit erreicht, wenn der Vorgesetzte die Sohlen des Rekruten aus der Entfernung nicht sah.[118]

Waren Körperhaltung und Marsch perfekt, folgte das Exerzieren mit dem Gewehr. Beim Schultern blieben die Arme wie bisher. Lediglich die linke Hand war zum Halten des Kolbens hinter dem Gefäß des Pallaschs auswärts gedreht und der Ellenbogen etwas stärker angewinkelt. Der Lauf lag an die Schulter so angelehnt, dass die Waffe nicht herunterfiel und eine gewisse Distanz zum Kopf gewahrt blieb. Mit dem Gewehr so im Marsch, durfte der Soldat schon in der Einzelausbildung die Ellenbogen nicht ausfahren oder einziehen, weil das den Nebenmann zum Ausweichen oder Aufschließen zwang. Die Lücken reißenden Seitenbewegungen (das sogenannte Flottieren) waren unbedingt zu vermeiden. Der rechte Arm pendelte im Marsch nicht mit.

An die Märsche mit geschultertem Gewehr schloss sich das bei Fuß Nehmen, Strecken und Präsentieren an. Die Krönung bildete das simulierte Schießen mit gefechtsmäßigen Handgriffen, hölzernen Übungspatronen und später scharfer Munition.[119] Die Kommandos der 13 Griffe und Bewegungen »Mit der rechten Hand ans Gewehr – 10 Sekunden Pause – Das Gewehr hoch – 10 Sekunden Pause – Spannt den Hahn – 10 Sekunden Pause – Schlagt an – 10 Sekunden Pause – Feuer« wurden ständig wiederholt. Ziel waren automatische Griffe und Bewegungen, sodass die Kommandos am Ende der Ausbildung ganz entfielen.[120] Das gesamte Programm wirkte so prägend, dass es uns in Redensarten wie «kein Pulver auf der Pfanne« oder »das dicke Ende (des Ladestocks) kommt noch« heute noch präsent ist.[121]

Beim abschließenden Chargieren lernte der Soldat, in der Bewegung möglichst viele Schüsse in größter Ordnung abzugeben. Vier bis fünf Schuss in der Minute waren in der preußischen Infanterie die Norm. Bei der Artillerie dürften jedoch gute Erscheinung auf den Revuen und der ordentliche Umgang mit dem Gewehr genügt haben, weil sie die Gewehre nur zur Selbstverteidigung erhielt.

Wer sich störrisch zeigte, bekam den Stock zu spüren, den der Korporal »in Ruhestellung« am zweiten Knopf des rechten Revers seines Rockes trug. Den Gebrauch konnten ausländische Besucher in den Garnisonstädten fast täglich beobachten. Zwar sollte der Lernstoff nach den Vorschriften ohne Gewalt in verdaulichen Rationen vermittelt werden, aber nicht alle Ausbilder hielten sich daran. Drei Schläge für schlechte Haltung, drei Hiebe für Lachen und Reden im Glied, drei für Rostflecke am Gewehr waren die Regel, sodass einiges zusammenkam. Dabei darf jedoch nicht übersehen werden, dass der Stock schon für die Zenturionen der römischen Armee nicht nur ein Autoritätssymbol, sondern auch ein praktisches Werkzeug gewesen ist und in allen Armeen der Welt im Gebrauch war.[122]

---

117 Das durchgedrückte Knie und die gesenkte Fußspitze geben dem Schritt Ähnlichkeit mit dem späteren Paradeschritt, haben damit aber nichts zu tun. Den Paradeschritt kannte die Armee noch nicht, nur den Gleichschritt.
118 Saldern, Seite 5
119 Saldern, Seite 8
120 Infanteriereglement (1743), Seite 190, 191.
121 Auch die zu den Übungen einberufenen bereits ausgebildeten Kantonisten wurden durch Einzelexerzieren zunächst aufgefrischt, bevor sie mit den Kompanien übten (Infanteriereglement 1743, Seite 189).
122 In der Armee des demokratischen Amerika wurden die Schläge erst 1850 (50 Jahre nach Preußen) abgeschafft.

Auch im Zivilleben gehörten Schläge zum Alltag. Die Korporale setzten deshalb nur fort, was jedermann bereits als Kind von seinen Eltern, den Lehrherren oder Grundeigentümern gewohnt war, sodass die Prügel als solche, anders als wir es heute sehen, nicht als entehrend empfunden wurde. Es macht deshalb wenig Sinn, Menschen zu bedauern, die sich selbst nicht als bedauernswert empfinden.

Den darüber hinaus gehenden erniedrigenden Gebrauch oder gar das »Brutalisieren« hatte Friedrich bereits einen Tag nach der Regierungsübernahme seinen Generalen »als Freund und Kamerad« eindringlich untersagt. Dennoch wird die Prügel unter Berufung auf Thiebault und Bräker immer wieder als Markenzeichen Preußens gesehen. Bemerkenswert dabei ist, dass nicht einmal Bräker angibt, in seiner Dienstzeit beim Infanterieregiment Nr. 13 jemals selbst geschlagen worden zu sein und der Tambour Dreyer als verlässlichere Quelle seine Erfahrungen ganz anders zusammenfasst:

»Wahr ist, dass es scharf herging. Das geschah allerdings nicht nur beim Militär, sondern in allen Ständen. Der hochselige Herr (Friedrich Wilhelm I.) regierte mit Furcht und Schrecken, das ist wahr, schlug oft auch selbst mit dem Stock darein. Sein Feldherr, der Alte Dessauer, fackelte auch nicht lange, wenn es nicht nach ordre ging. Gerechtigkeit wurde aber auch gehandhabt. Ich hätte keinem Offizier rathen wollen, einen anderen Weg zu betreten, er würde übel angekommen seyn.«[123]

Half die Prügel nicht mehr, standen den Vorgesetzten schärfere Maßnahmen zur Verfügung. Wer zu spät auf dem Exerzierplatz erschien, konnte mit auf dem Rücken gebundenen Händen auf den scharfkantigen hölzernen Esel gesetzt werden, sodass ein Abstützen unmöglich war. Beim alternativen Krummschließen wurden ihm über mehrere Stunden die Hände und Füße über Kreuz zusammengebunden.

Gefürchtet war der Spießrutenlauf, der in seiner milderen Form (bis zu zehn Durchgänge) eine Disziplinarmaßnahme und ab dem elften Lauf eine vom Kriegsgericht zu verhängende Strafe war. Das Höchstmaß von 36 Mal durch 200 Mann, das kaum einer überstand, kam der Todesstrafe gleich. Archenholz berichtet, dass dann ein Sarg schon bereit stand.

Unteroffiziere wurden von den Offizieren durch Schläge mit der flachen Degenklinge (Fuchteln) diszipliniert, die Feldwebel jedoch nur bis 1742. Daneben gab es Versetzung auf die Schildwache, Gehaltskürzungen und die Karre.[124] Ein auffällig gewordener Offizier kam in Arrest oder wurde mit saftigen Geldstrafen belegt und die Missachtung eines Befehls auch dann bestraft, wenn sie nützliche Folgen hatte.

Wer sich zu Unrecht oder zu hart bestraft fühlte, konnte sich beim Kommandeur ohne Einhaltung des Dienstweges beschweren. Allerdings musste er verdammt gute Gründe haben, wenn er sich dazu entschloss, denn der Kommandeur stand verständlicherweise zunächst aufseiten des befehlenden Offiziers. Hatte der jedoch das Augenmaß verloren, schritt er ein, weil Knechtung und Ungerechtigkeit die Moral untergruben.

Während die Ausbildung eines Infanteristen mit dem exerziermäßigen Schießen abgeschlossen war, folgte für den Artilleristen die Spezialausbildung am Geschütz. Diese allerdings ohne Pferde, sodass der überaus wichtige Umgang mit den Zugtieren auf dem Marsch und im Gelände einschließlich des schnellen Auf- und Abprotzens nicht geübt werden konnte. Den Unterricht am Gerät besorgten die Unteroffiziere, die zunächst für jeden Mann die künftige Aufgabe bestimmten. Jeder Handgriff wurde gezeigt, nachgemacht oder in Fragen gekleidet, um durch die Antwort zu erfahren, dass die Lektion auch bei den einfachsten Gemütern angekommen war. Gute Unteroffiziere wählten dazu eine einfache Sprache, pickten sich einen Soldaten heraus und ließen die Sätze Mann für Mann nachsprechen. Einer davon war Oppermann, der mit seinen an die Intelligenz der Schüler angepassten Methoden selbst kleinste Lichter zum Leuchten brachte. Während ganze Hundertschaften von Ausbildern längst vergessen sind, hat sich sein Frage-und-Antwort-Spiel auf Bauernniveau bis heute erhalten:

Frage: *»Was ist eine Mündung?«*

---

123 Dreyer, Seiten 9, 19
124 Die Karre war eine Arbeitsstrafe, wobei der Sünder an die Karre gekettet Zwangsarbeit im Straßen- und Festungsbau leistete. Weil ein Sturz von hoher Mauer dann meist tödlich ausging, war die Strafe gefürchtet.

Antwort: »*Es ist die Mündung bei den Kanonen eben das, was bei dem Backofen die Mündung heißt. Nur mit dem Unterschiede, daß man bei den Kanonen erst einträgt und dann Feuer gibt, im Backofen aber erst Feuer macht und dann einträgt.*«[125]

Oppermann mag sich für den oberflächlichen Betrachter durch seine Methoden wie viele Feldwebel nach ihm zur Karikatur gemacht haben, tatsächlich tat er jedoch genau das Richtige. Er hämmerte den Leuten seine Botschaft an einem für jedermann verständlichen Beispiel in das Unterbewusstsein ein: Das Laden einer Kanone ist gefährlich. Es muss in der richtigen Reihenfolge geschehen. Ein Verstoß hiergegen, insbesondere beim Einsatz von Glühkugeln, kann tödliche Folgen haben!

Von April bis Ende Juni verlegten die Geschütze vor die Stadt (in Berlin auf den Gesundbrunnen), wo sie für die gesamte Exerzierzeit unter Bewachung verblieben. Im täglichen Wechsel folgten die Bedienungsmannschaften, um am Geschütz den Stellungswechsel zu üben, wobei das Gerät wechselweise nach vorn, zur Seite und zurückgezogen wurde. Infanterieeinheiten wurden simuliert, Soldaten zu deren Kommandeure gemacht und die Bataillonsgeschütze auf sie verteilt. Gleichzeitig exerzierten die Bombardiere unter dem Kommando von drei Leutnanten, einem Kapitän und drei Feuerwerkern mit den Haubitzen und Mörsern. Anfang Juli marschierten die Kanoniere in die Pulverfabrik, wo sie Munition und Schlagröhren herstellten und Faschinenbündel zusammenstellten. Arbeit gab es genug, zumal jede Kompanie auch noch 12.000 Gewehr- bzw. Karabinerpatronen für die Kavallerie und Infanterie rollen und füllen musste.

Am 24. August ging es wieder zurück auf den Übungsplatz, wo das Rahmenpersonal inzwischen das Gelände für die Übungen mit scharfem Schuss vorbereitet hatte. Am 25. August erfolgte der Vollzähligkeitsappell vor dem General, und am 28. August bekam jede Kompanie achteinhalb Zentner Pulver zugeteilt. Am 1. September erschien für gewöhnlich der König, um sich vom Pferde aus den scharfen Schuss und seine Wirkung anzusehen. Lag die Trefferquote bei 75 Prozent

Kanonier der Feldartillerie. Am Bandelier die Pulverflasche aus schwarzem Holz mit Räumnadeln zum Durchstoßen der Kartuschen.

– eine nach dem damaligen Stand durchaus erreichbare Größe –, war der König zufrieden und belohnte die Leistung mit kleinen Geldgeschenken. Schossen die Kanoniere über das Ziel hinweg oder lagen die Einschläge zu kurz, schickte er seine Adjutanten mit »besten Grüßen« an den Batteriechef in die Stellung oder erschien dort höchstselbst. Bei den Schießübungen, die bis zum 24. September dauerten, feuerte jedes Batteriegeschütz täglich gut 60 Schuss auf verschiedene Entfernungen nach der Scheibe. Die mittleren 12-pfünder und schweren Kanonen gaben durchschnittlich 42 Schuss ab, darunter eine Reihe von Prellschüssen. Die Haubitzen nahmen sich verdeckte Ziele vor.

---

125 Malinowski, Bonin, Band 2, Seite 576

Klappte alles wie vorgesehen, schaffte die Bataillonsartillerie mit einer dreipfündigen Kanone gut zehn Schuss in der Minute. Wurde erst nach jedem dritten Schuss ausgewischt, was häufig geschah, sollen sogar zwölf Schuss pro Minute möglich gewesen sein.

Zur Ausbildung gehörte auch der Festungskrieg. Dazu hatte Holtzendorff im Wedding (heutiger Schillerpark) unter erheblichem Aufwand ganze Fortifikationen mit Bastionen, Kurtinen und Ravelins aufbauen lassen, die er nach allen Regeln der Kriegskunst belagern ließ. Nachts wurden Sappen und Parallelen angelegt, die Geschütze dorthin verlegt und tags darauf abgefeuert.

Den Höhepunkt bildeten die jährlichen Feldübungen bei Potsdam, an denen alle Waffengattungen in größeren Verbänden teilnahmen. Im Gegensatz zu den formalisierten Revuen wurde hier auf unvorbereitetem Gelände der Ernstfall mit allen Überraschungen geprobt. In der Feldübung von 1752 wurde sogar eine »Festung« angelegt und nach allen Regeln der Kunst belagert. Während die Demontierartillerie die Mauern beharkte, hoben 400 Arbeiter weitere Gräben aus, legten Sappen an und zogen unter dem weiträumigen Schutz der Kavallerie Parallelen. Acht Bataillone Infanterie (5.600 Mann!) hielten sich für den Angriff bereit. Oberst von Retzow verteidigte die »Festung« und wagte von dort mehrere Ausfälle. Wiederholt griff der König mit Belehrungen und der Übernahme des Kommandos bei bestimmten Übungsabschnitten ein. Am Ende des gewaltigen, aber nützlichen Spektakels kapitulierte die Festung ehrenvoll. Der Generaladjutant von Buddenbrock ließ den Artilleriemajor von Dieskau zu sich rufen und überreichte ihm im Namen des Königs den Pour le Mérite nebst einer Tabakdose. Holtzmann empfing ebenfalls eine Tabakdose, und sein Kamerad Moller freute sich über ein Etui. Den übrigen Offizieren versicherte Seine Majestät, dass er mit allen zufrieden gewesen sei.[126]

Über den Ausbildungsstand und die alle Stufen der Hierarchie erfassende Ernsthaftigkeit der Dienstauffassung berichtet Marschall Belle Isle aus dem Lager bei Mollwitz:

»Die Mannszucht, Subordination und Pünktlichkeit sind in einem Grade ausgebildet, von dem ich, trotzdem ich vorher davon gehört hatte, nur eine unvollkommene Vorstellung besaß. Der Herzog von Holstein, der der älteste Generalleutnant in der Armee ist, hat mir erzählt, dass er acht Monate im Jahr bei seinem Regiment zubringt und mit ihm von Königsberg nach Schlesien Tag für Tag wie ein einfacher Oberst marschiert ist. Eben habe ich einen anderen Generalleutnant von der Kavallerie gesehen, der es mit seinem Regiment ebenso gemacht hat und an dessen Spitze in das Lager eingerückt ist. Von der Pünktlichkeit des Dienstes bei den niederen Offizieren kann man sich aus der der Generale, Prinzen und des eigenen Bruders des Königs, der wie jeder andere Offizier dient, einen Begriff machen. Was die Soldaten anlangt, so ist ihre Ausbildung zu einer fast unglaublichen Höhe gebracht.«[127]

Die Österreicher auf der anderen Seite sahen es genauso. So sehr sie die preußischen Kavalleristen verachteten, die infolge der langen Steigbügel schlecht zu Pferde saßen und deshalb nicht imstande waren, den Säbel gut zu gebrauchen, so sehr imponierte ihnen die Feuergeschwindigkeit und Präzision der Artillerie, die nur von der Infanterie übertroffen wurde. *»90 Kanonenschüsse in der Zeit eines Vaterunser«* hinterließen einen nachhaltigen Eindruck.[128] Die dabei von den Kanonieren an den Tag gelegte Behändigkeit, *»wie man kaum mit Musketen schneller feuern kann«*, wurde von ihnen erst Jahre später erreicht.

II.
Bekleidung und persönliche Ausrüstung

Auch der Feldartillerist litt unter dem von Friedrich Wilhelm I. verordneten schlechten Stoff und knappen Sitz des Rockes, der an der Spitze des Mittelfingers bei ausgestrecktem Arm endete. In heißen Sommern klebte die Uniform wie eine zweite Haut am Körper, im Winter fehlte der Platz, um sich irgendetwas Wärmendes darunterzuziehen. Da ein Mantel nur an die

---

126   Malinowski, Bonin, Band 2, Seite 576
127   Mendelssohn Bartholdy, Seite 137
128   Allmayer-Beck, Seite 37

Uniformen der preußischen Artillerie 1740–1786

Links: Reitende Artillerie vor 1762
Rechts: Kanonier und Unteroffizier der Fußartillerie

Kanonier der Schlesischen Garnisonartillerie, Janitschar und Kanonier der Reitenden Artillerie nach 1772

Wachen ausgegeben wurde, fror der Soldat an kalten Tagen erbärmlich. Dazu kam im Gegensatz zur Infanterie eine äußerst anspruchslose Farbgebung, denn silberne oder goldene Litzen, bunte Aufschläge oder sonstiger Zierrat hätten im Pulverdampf der Geschütze ihren Glanz schnell eingebüßt. Der Artillerist trug infolgedessen das schlichte preußische Blau auch an den Ärmelaufschlägen. Als einzigem Schmuck blieben ihm 20 gelbe Messingknöpfe, davon zehn in jeder Reihe auf der Brust und zwei übereinander auf der Ärmelpatte. Praktikabilität rangierte vor Schönheit.

Unter dem Uniformrock trug er eine sandfarbene Weste und eine rote Halsbinde. Hinzu kamen von Mai bis September weiße, in den Wintermonaten schwarze bis über das Knie reichende Gamaschen. Da jedoch die weißen Stiefeletten schnell verschmutzten, sodass sie fast täglich gewaschen werden mussten, waren zu Beginn des Siebenjährigen Krieges durchgängig die schwarzen Stiefeletten befohlen. Der Hut hatte eine weiße Tresse. Der Puschel und die Kordons waren von innen nach außen rot, gelb, blau und weiß.

Die Bombardiere und Feuerwerker, die dem Range nach zwischen den Kanonieren und Korporalen standen, trugen eine der Füsiliermütze nachgebildete lederne Bombardiermütze mit Schild aus Metall. Die von Friedrich Wilhelm I. 1731 eingeführte Kopfbedeckung war jedoch bei der Truppe nicht beliebt. Deshalb wurde sie 1740 bei der Feldartillerie durch Hüte nach Art der Unteroffiziere mit goldener Tresse und schwarz-weiß eingefärbtem Puschel ersetzt. Die Bombardiere der Garnisonartillerie trugen die Mütze noch bis 1756.

Die Janitscharen (Bockpfeifer, Beckenschläger) der Stäbe legten über der paillefarbenen Weste eine rote Leibbinde an. Die Hosen hatten auf den Oberschenkeln eine geringe ungarische Schoitaschierung ähnlich den Husaren. Darüber trugen sie einen weiten, bis an die Waden reichenden Mantel, der wie bei den Tambouren stark betresst war. Dazu kamen schwarze Halbstiefel. Der schwarze Hut mit goldener Tresse, der 1740 die Bombardiermütze ersetzte, entsprach dem der Unteroffiziere.

Die Unteroffiziere, Bombardiere und Feuerwerker trugen gelbe, lederne Handschuhe mit Stulpen sowie als Zeichen ihrer Disziplinargewalt einen Rohrstock (Bombardiere und Feuerwerker ab 1740). Goldene Tressen schmückten die Ärmel.

Bei den Offizieren entsprachen Rock und Hut dem Standard. Allerdings hatte die Weste eine breite goldene Tresse. Weil die Artillerie bis in das 17. Jahrhundert hinein mehr eine Innung als ein militärischer Verband gewesen war und der Gelehrtenstand schmuckreiche Westen bevorzugte, knüpfte dieses für die Truppe ungewöhnliche Dekor hieran an, sodass die Offiziere wie Angehörige eines wissenschaftlichen Korps erschienen. Dazu kamen Stulpenhandschuhe und für den Stabsoffizier Stiefel, weil er in aller Regel zu Pferde saß.

Der halbmondförmige, an seidenem Band getragene Ringkragen aus Metall, der an die »Halsberge« der Ritterrüstung erinnert, wurde als Dienstabzeichen (Standesabzeichen war das Portepee) nur auf Wache und zu Revuen bei geöffnetem Rock auf der Brust und

Aufsicht auf das Schloss eines Artilleriegewehrs. Die Artilleriegewehre wurden 1716 bis 1756 verwendet.

bei geschlossenem darüber angelegt.[129] Er war zugleich ein fester Bestandteil des militärischen Brauchtums. Wer mit ihm klapperte, forderte sein Gegenüber zum Duell heraus.

Auch die Schärpe aus silbernen und schwarzen Fäden durchwirktem Netzwerk, die bei geöffnetem Rock darunter und bei geschlossenem darüber getragen wurde und seit 1753 aus Ersparnisgründen nur einmal um den Leib gehen durfte, gehörte nicht zum vollen Anzug.[130] Sie zeigte lediglich an, dass sich der Offizier im Dienst befand, und war deshalb auf Wachen, Revuen, in Kriegsgerichtsverhandlungen und erst recht im Felde unerlässlich. Befand sich der Offizier jedoch auf Urlaub, trug er niemals Schärpe. Bei Kirchgängen wurde sie ebenfalls weggelassen. Schärpe und Portepee waren für alle Offizierdienstgrade gleich. Der General hätte sie jederzeit mit dem kleinsten Leutnant tauschen können.

Die Garnisonartillerie kleidete sich wie die Feldartillerie, wobei die Bombardiere die Mütze bis 1756 trugen, das Schlesische Artilleriebataillon schwarze Halsbinden hatte und die neuen Kompanien als Seitenwaffe keine Pallasche führten.

Die Bekleidung der Reitenden Artillerie war der der Feldartillerie ähnlich, jedoch im Ganzen etwas schmucker. Wesentlich trug dazu die 1762 eingeführte »Allianzfeder« bei, die am schwarzen Kavalleriehut (mit Infanteriedekor) angebracht, bei den Offizieren am Schaft und bei den Unteroffizieren an der Spitze schwarz eingefärbt war. Handschuhe, lederne Hosen und Stulpenstiefel mit Anschnallsporen kamen hinzu.

Äußerst schlicht, fast schäbig liefen die Artillerieknechte herum, deren Bekleidung lediglich mit 7 Talern, 23 Groschen angesetzt war.[131] Um den Oberkörper schlackerte ein für preußische Verhältnisse übergroßer blauer Rock, der durch eine einfache Reihe von 15 Messingknöpfen verschlossen war. Darunter wurde 1756 eine paille und ab 1785 eine blaue Weste getragen. Die Weste des Schirrwesens war ebenfalls blau, während die Wagen- und Schirrmeister paillefarbene Westen, lederne Hosen und Stiefel trugen.

Luntenspieße und Sponton für Offiziere und Unteroffiziere der Fußartillerie. Der Luntenspieß für Unteroffiziere, der 1723 bis 1740 in der Truppe eingeführt war, hatte eine Partisanenklinge mit verstärkter Spitze und Mittelgrat. Links und rechts des Blattes befanden sich zwei Klemmen mit Lippen und je einer Flügelschraube zum Festmachen der Lunte, deren Rest um die Stange geschlungen wurde. Korporale führten den Spieß ohne Klemmen.
Die Klinge des Offizierspontons entspricht der des Infanteriespontons, zweischneidiges Blatt mit Mittelgrat, der Namenszug des Königs eingeätzt und etwas kleiner als bei der Infanterie. Stand der Offizier im Glied, setzte er das Sponton dicht neben den rechten Fuß, die rechte Hand in Schulterhöhe mit angewinkeltem Arm am Schaft; in Paradeaufstellung mit ausgestrecktem Arm, der Daumen nach oben am Schaft. Auf dem Marsch lag das Sponton mit der Spitze nach vorn in der nach unten zeigenden Hand.

Dazu kamen der Hut der Unteroffiziere und wie beim gesamten Schirrwesen rote Halsbinden und für den Wagenmeister eine goldene Tresse am Ärmelaufschlag.

Die große Montur (Rock und Hose) empfing die Mannschaft alle eineinhalb Jahre. Für die kleine Montur, wie Hemden, Schuhe oder Halsbinden, galten kürzere Tragezeiten. Das Tuch bezogen die Regimenter

---

129 Der oft auf den Offizierporträts abgebildete Brustharnisch soll ebenfalls den Ritterstand symbolisieren, wurde aber nie tatsächlich getragen.
130 So erstmals 1695 nachgewiesen (Jany, Band 1, Seite 347).
131 Schöning, Band 2, Seite 136

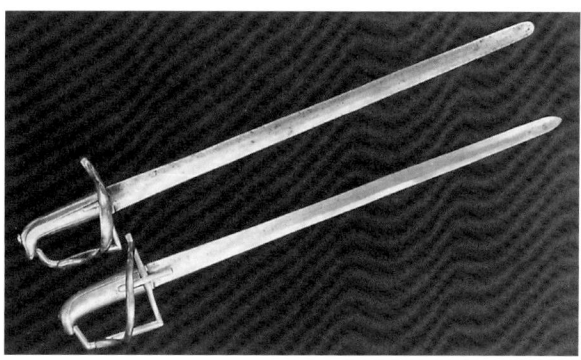

Artilleriepallasch. Die Waffe war rund 75 cm lang und wog 620 Gramm. Sie hatte eine gerade, zweischneidige Klinge, die sich zum Schlagen von Holz für Faschinen gut eignete. Die Parierstange aus Messing war gerade, der Griffbügel setzte daran senkrecht an.

von ortsansässigen Fabrikanten. Den Stoff für die Offiziere lieferte das Lagerhaus in Berlin, ebenso wie Tressen und Besätze.

Zur Ausrüstung der Artilleristen gehörte ein Pallasch an weißem Koppel. Er wurde 1744 für die Mannschaften der Feldartillerie und 1759 auch bei der Reitenden Artillerie eingeführt. Die zweischneidige gerade Klinge bestand aus Eisen, der Griff hatte im Gegensatz zur typischen Säbelform eine angesetzte geschweifte Terzspange und ein verdecktes Ort- und Mundblech aus Messing mit einer Scheide aus hellbraunem Leder. Die Kompanien des 1. Bataillons des Feldartillerieregiments unterschieden sich durch rot-weiße, orange-weiße, blau-rote, bleu-gelbe und blau-weiße Pallaschquasten. Die Leibkompanie trug die Quaste wie üblich in durchgehendem Weiß.

Die Pulverflasche, das typische Erkennungszeichen des Artilleristen, hing an einem breiten weißen Bandelier, auf dem in Brusthöhe zusätzlich zwei Schlaufen für die Räumnadeln befestigt waren. Die Kanoniere des 4. Regiments trugen bis 1782 an Stelle der zunächst ledernen, später hölzernen Pulverflasche eine Pistole. An einem weiteren, über die Schulter geführten Ledergurt hingen Hacke und Schippe, deren Griffholz graublau angestrichen war, denn das Regiment war zunächst nur für Hilfsdienste vorgesehen.

Zur Selbstverteidigung auf dem Marsch und in den Stellungen verfügten die Artilleristen bis 1756 über ein Bajonettgewehr. Es hatte ein Kaliber von 17 mm und wog 3,8 kg. Da es seiner Bestimmung gemäß nur auf kurze Entfernungen eingesetzt wurde, wo Präzision keine Rolle spielte, hatte es einen glatten Lauf. Während Infanterie- und Kavalleriegewehre nicht besonders kenntlich gemacht wurden, befand sich auf dem Lauf die Gravur »Königl. Preuß. Artill.« sowie ab 1741 die Angabe des entsprechenden Bataillons. An der Mündung waren die Bezeichnung der Kompanie und die laufende Nummer der Waffe eingeschlagen.

Unteroffiziere führten neben dem Degen (ab 1744 Pallasch) noch für kurze Zeit ein Kurzgewehr, das zum Abfeuern des Geschützes zwei seitlich vom Schaft abschweifende Arme für das Einklemmen der Lunte besaß (Luntenspieß). Ab 1731 wurden die Teile als überflüssig abmontiert, und ab 1740 kam der Spieß ganz außer Gebrauch.

Zur Ausrüstung der Offiziere gehörten Degen und ein Sponton, dessen Blatt und Knebel dem Infanteriesponton entsprach. Allerdings war der eingeätzte königliche Namenszug unter der Krone etwas kleiner, und auf dem Bandeau stand »Artillerie: Royale«. Da die Waffe am Geschütz hinderlich und der Offizier überdies im Felde zu Pferde war, dürfte sie nur im Garnisondienst und zu feierlichen Auftritten verwendet worden sein.

III.
Die Unterbringung

Die preußischen Soldaten wohnten in den Garnisonstädten grundsätzlich in Privatquartieren. Von der Unterbringung war jeder Bürger einer Stadt unmittelbar oder mittelbar berührt. Auch Friedrich Wilhelm I. und Friedrich II. beherbergten im Potsdamer Stadtschloss mehrere Soldaten. Um eine gleichmäßige Belastung zu erreichen, zahlte jeder, der von der Einquartierung verschont blieb oder verschont bleiben wollte, eine Ersatzabgabe (Servis). Ausgenommen waren lediglich die Besitzer sogenannten Frey-Häuser, die dafür bei Bedarf dem Tross der Staatsgäste Unterkunft geben oder Unterkunftsmaterial zur Verfügung stellten.[132]

---

132 Freihäuser waren Immobilien auf königlichem Grundbesitz.

Die Stuben der Soldaten mussten zur Straße liegen, damit die Männer von Meldegängern anrufbar waren. Das I. Bataillon Leibgarde hatte das Vorrecht, mit vier Mann auf einer Stube zu liegen, während die Soldaten der Grenadiergarde und des Regiments Garde zu sechst und von den übrigen Regimentern zu acht unterkamen. Je zwei Soldaten schliefen in einem Bett.

Bedeutete die Einquartierung lediger Soldaten bereits eine erhebliche Last, wurde die Leidensfähigkeit der Wirte erst recht geprüft, wenn die Soldaten eine Familie hatten. Das war bei den älteren Mannschaften häufig der Fall, weil der König das Heiraten im Interesse der Bevölkerungszunahme und der Sesshaftmachung der im Ausland Geworbenen begünstigte.

Kasernen gab es erst relativ spät. Nach der ersten, die in Berlin kurz vor dem Siebenjährigen Krieg für das Infanterieregiment Nr. 13 gebaut worden war, folgte 1764 eine weitere für das 1. Feldartillerieregiment Friedrichstraße 107, auf dem Platz des heutigen Friedrichstadtpalastes. Die Leitung des viergeschossigen Baues hatte der Architekt Boumann d.Ä. übernommen.

Für das in Oranienburg, Strausberg, Trebbin, Ziesar, Teltow und Zossen einquartierte 2. Artillerieregiment ließ der König am Weidendamm eine zweiflüglige viergeschossige Kaserne auf den Spreewiesen hinter dem Zeughaus bauen. 1765 rückte dort zunächst das 1. Bataillon ein, dem bis 1773 das II. Bataillon und das 4. Artillerieregiment folgten.

Das 3. Artillerieregiment hatte in Müncheberg, Seelow, Cottbus und Peitz gestanden, bis das I. Bataillon 1768 die Kaserne an der Alten Jakobstraße in der Spandauer Vorstadt, hart an der Grenze zur Königsstadt, übernahm.[133] 1769 folgte das II. Bataillon.[134] Damit befand sich die Feldartillerie komplett in Berlin.

Eine Garnisonsartillerie stand in Berlin nicht, da die Stadt seit der Niederlegung der vom Großen Kurfürsten geschaffenen Befestigungsanlagen (1713) den Charakter eines festen Platzes verloren hatte.

Die Gebäude waren für jeweils 240 Mann konzipiert. Die relativ geringe Kapazität genügte, weil die Häuser zunächst nur für die verheirateten Soldaten gedacht waren, wobei jede Familie unabhängig von der Kopfzahl eine Stube bewohnte. In der Folgezeit kamen jedoch Unverheiratete hinzu. Während die Gefügigen unbeaufsichtigt in großen Sälen mit 25 bis 30 Betten schliefen, wurden die Unzuverlässigen zur besseren Kontrolle den Unteroffizierfamilien als Schlafburschen zugeteilt, obwohl sie selbst nur über 1 ½ Zimmer verfügten.[135] Es ist kaum zu glauben, dass unter solchen, zu engstem Kontakt mit wildfremden Menschen zwingenden Bedingungen ein Familienleben überhaupt möglich war. Auch wenn damals anders als heute die Privatsphäre noch keine besondere Rolle spielte, wurden damit die Grenzen des Erträglichen deutlich überschritten.

Den Alltag in solchen Unterkünften beschreibt Karl Friedrich Klöden, dessen Vater aus gesundheitlichen Gründen von der Reitenden Artillerie zur Feldartillerie versetzt worden war, sehr eindringlich. Der in der Kaserne geborene Sohn berichtet:

»Fast waren die verheirateten Frauen in der Kaserne schlimmer als die Männer. Mit ihnen mußte meine Mutter nun in einem Hause wohnen, mit ihnen umgehen! Denn es gab mehrere verheiratete Unteroffiziere, mit denen und deren Frauen man wenigstens auf erträglichen Fuße stehen mußte, wenn man das Schicksal der Eule unter den Krähen teilen wollte. Mit einigen, den Unteroffizieren und Feuerwerkern Gutmann, Walz, Josephi etc. und deren Frauen, ließ sich auch umgehen, da sie ordentliche Leute waren und eine gewisse Bildung besaßen. Bei den Übrigen war davon wenig die Rede. Am unangenehmsten aber war folgende Einrichtung: Jeder verheiratete Unteroffizier erhielt zur Wohnung in der Kaserne eine Stube und eine Kammer. In die Letztere wurden ihm zwei der schlimmsten Ausländer, denen man am wenigsten trauen durfte, unter dem Namen von Schlafburschen gelegt, die er überwachen mußte, und für die er verantwortlich war. Desertierte ein solcher Kerl, so hatte der Unteroffizier 1.000 Sorgen und Ängste auszustehen, und hatte er sich im geringsten nachlässig gezeigt, so wurde er hart bestraft. Er hatte dafür zu sorgen, daß sie des Morgens pünktlich aufstanden und des Abends pünktlich um neun im Bette waren, aus dem sie dann nicht herauskonnten, weil sie durch sein Zimmer gehen

---

133 Nicolai, Residenzstadt Berlin, Seite 93
134 Gut 100 Jahre später hatte dort das Kaiser-Alexander-Gardegrenadierregiment sein Quartier.
135 Einzelbetten wurden erst durch Friedrich Wilhelm III. eingeführt.

mußten. Ertönte des Abends die Lärmkanone, was im hohen Sommer, wenn das Getreide Ähren hatte, jeden Abend mehrmals geschah, so war dies ein Zeichen, daß ein Soldat desertiert sei. Dann mußte jeder Unteroffizier seine Mannschaft genau revidieren ...«[136]

IV.
Besoldung

In Preußen ging niemand zur Armee, wenn er das große Geld verdienen wollte. Wie der Beamte lebte der Soldat mehr von der Ehre als von seinen Bezügen. Mit monatlich zwei Talern netto, die dem doppelten Existenzminimum entsprachen, war kein Staat zu machen. Dem Kanonier des 1. Artillerieregiments, der genauso viel wie ein Gardist verdiente, ging es nicht besser. Seine Bezüge setzten sich wie folgt zusammen:

    3,5 Taler Traktament
    0,5 Taler Zulage (ab 1717)
    4 Groschen für »Sauer und Süß« (Salz, Pfeffer, Essig)
= 4 Taler 4 Groschen Geldansatz
./· 5 Groschen Regimentsunkosten
./· 4 Groschen Kompanieunkosten
./· 11 Groschen Kleidergeld für große Montur
./· 8 Groschen Kleidergeld für kleine Montur
    3 Taler (= 72 Groschen) Auszahlung.[137]

Im Vergleich dazu verdiente der einfache Arbeiter wesentlich mehr.

Das Finanzjahr lief vom 1. Juni bis 31. Mai. Die Kriegs- und Domänenkammern führten die vom 2. Departement des Generaldirektoriums für jeden Truppenteil festgesetzten Gelder aus der eingenommenen Akzise und Kontribution an die Regimentsquartiermeister ab, welche die Summe unter Gegenzeichnung der Chefs entgegennahmen und seit 1714 in sechs Raten zu acht Groschen morgens eine Stunde vor der Wachtparade und an Sonn- und Feiertagen nachmittags nach der Predigt an die Soldaten auszahlten. Die Stückelung sollte verhindern, dass der Empfänger den

Lohn- und Gehaltstabelle im Vergleich[138]

	Jahr	Wochenlohn Taler Groschen	Jahreseinkommen Taler
Maurermeister	1748	54	
Baumwollweber	1756	2 12	
Weber im Lagerhaus	1780	1 16	
Drucker	1784	4	
Etatminister	1748		1.624
Steuerrat	1748		1.000
Landrat	1748		900
Schulrektor	1747		94
Volksschullehrer	1747		40

Sold auf einen Schlag versoff oder bei einer Desertion größere Beträge mitgehen ließ. Im Kriege reduzierte sich der Sold, weil zwei Groschen für die Brotlieferung abgezogen wurden.

Wird bedacht, dass der Soldat für seine Verpflegung selbst aufkommen musste, die sich insbesondere in Hungerjahren kräftig verteuerte, blieb als Taschengeld wenig übrig. Allerdings muss auch berücksichtigt werden, dass er Anspruch auf kostenlose Heilfürsorge und Unterkunft hatte und sich als Kantonist nur in den Übungsmonaten April und Mai im Dienst befand, sodass er in der restlichen Zeit am Heimatort seinem Erwerb nachgehen konnte.

Der angeworbene Freiwillige, der sich das ganze Jahr in der Garnison aufhielt, musste sehen, dass er dort durch Handlangerdienste etwas hinzuverdiente. Dazu spannte er auch Frau und Kinder ein. Kinderarbeit war damals nicht ungewöhnlich, sondern sogar Bestandteil einer guten Erziehung. Da Armut als direkte Folge von Faulheit angesehen wurde, schärfte man den Kleinen frühzeitig ein, dass ihr künftiges Glück von Fleiß und »Applikation« abhing. Von den Eltern dazu angehalten, begannen sie im Alter von sieben bis 12 Jahren eine Lehre oder gingen ungelernt in die Manufakturen. Für den uns heute unverständlichen

---

136 Woche, Seite 86
137 In Preußen waren alle Ausgaben für einen Soldaten (Sold, Kleidung, Verpflegung, medizinische Betreuung) im Geldansatz erfasst, sodass der Militäretat durch Multiplikation mit der Kopfzahl schnell errechnet werden konnte.
138 Sinn, Seite 132

Brauch ist Preußen nicht einmal das schlechteste Beispiel. In den aufstrebenden Industrieländern England und Holland wurden Kinder ohne Skrupel bereits im Alter von vier bis sechs Jahren in den Arbeitsprozess eingegliedert.

Nicht jeder Soldat wählte zur Aufbesserung seiner Situation den legalen Weg. In Zeiten wirtschaftlicher Not sind die Grenzen zur Kriminalität oft fließend. Auf gefährlichem Terrain bewegte sich, wer Hunde reicher Leute »stahl« und für das Wiederbringen eine ansehnliche Belohnung forderte. Weil sich damals Schoßhunde, Möpse und Bologneser Hündchen in der Damenwelt großer Beliebtheit erfreuten, war das ein einträgliches Geschäft. Auch Friedrich der Große, dessen Hunde von den Bediensteten mit »Sie« angeredet werden mussten und in der sechsspännigen Kutsche stets bevorzugte Plätze erhielten, war in die Vierbeiner vernarrt.

Die Grenzen überschritt, wer zur Aufbesserung seiner Kasse dem für Soldaten verbotenen Glücksspiel nachging. Zu den beliebtesten Spielen gehörten das Riemchenstechen und das Scheffelspiel. Beim Riem-

Besoldungstabelle

	Rthlr.	Gr.	Pf.		Rthl.	Gr.
1. Regiment:				Feldscher	4	3
Chef ohne Rücksicht				Die Übrigen wie beim 2. u. 3.		
auf seinen Charakter	405	7	10	Regiment		
Kommandeur ohne Rücksicht auf						
seinen Charakter	66	–	–	Artillerie- und Ponton-Train	30	–
Major	51	8	–	Major	20	–
Regts.-Quartiermeister	27	20	–	Train-Capitain	12	–
Auditeur	14	12	–	Train-Lieutenant	20	–
Regts.-Feldscher	11	–	–	Rendanten	15	–
Feldscher	5	–	–	Ober-Chirurgus	10	–
Pauker und Regiments-Tambour	3	2	–	Zeugschreiber	10	–
Dudelsack	3	–	–	Proviantschreiber	10	–
Profoß	2	–	–	Futterschreiber	8	–
Capitain	29	8	–	Ober-Wagenmeister	4	–
Stabs-Capitain oder				Zeugdiener	4	–
Prem.-Lieutenant	15	–	–	Fourier	6	–
Seconde-Lieutenant	12	–	–	Wagenbauer	6	–
Feuerwerks-Lieutenant	12	–	–	Wagenmeister	4	–
Ober-Feuerwerker	6	–	–	Schirrmeister,		
Feuerwerker	5	9	–	Reit- und Kurschmiedemeister	6	–
Corporal	4	8	–	desgl. Gesellen	4	–
Bombardier	3	6	–	Sattlermeister	6	–
Kanonier	3	–	–	dito Gesellen	4	–
Tambour	2	–	–	Zeugschmiedemeister	6	–
				dito Gesellen	4	–
2. und 3. Regiment:				Stellmachermeister	6	–
Chef ohne Rücksicht auf seinen				dito Gesellen	4	–
Charakter	284	2	5	Zimmermeister	6	–
Kanonier	2	–	–	dito Polier	5	–
Die Übrigen wie beim 1. Regiment				dito Gesellen	4	–
				Klempnermeister	6	–
4. Regiment				dito Gesellen	2	–
Major	56	20	–	Feldscher	6	–
				Artillerie-, Ponton- und		
				Vorwagenknecht	2	–

Quelle: Malinowski, Bonin, Band 1, Seite 409

chenstechen knüllte der Bankhalter ein drei Ellen langes Band zusammen, wobei er die Enden in den Händen behielt. Der Spieler trieb einen Nagel oder Stock durch das Knäuel, ohne den Riemen dabei zu durchstoßen. Zog der Bankhalter an den beiden Enden und löste sich das Knäuel auf, hatte er gewonnen; blieb der Riemen hängen, war der Spieler Sieger. Beim Scheffelspiel wurde eine Kugel in eine Schale geworfen, in deren Boden Löcher mit verschiedenen Zahlen angebracht waren. Gewonnen hatte der Spieler, der die höchste Zahl erreichte.

Mit dem klassischen Diebstahl war der Bereich der Kriminalität endgültig erreicht. Dass die Entwendung fremden Eigentums oft geschah, ergibt sich aus den ständigen Ermahnungen der Vorgesetzten. Die Parolebücher der Regimenter sind voll davon.

»Es ist Klage eingelaufen, daß Soldaten, auch Soldatenweiber sowohl bei Tag als Nacht sich vors Tor begeben und von den Feldern Kartoffeln, Kohl und andere Früchte holen. Sämtliche Regimenter haben dies aufs schärfste zu verbieten und darauf Acht zu haben, und sollten die Soldaten, so auf dergleichen Diebereien ertappt werden, mit Gassenlaufen, die Weiber mit der Fiddel bestraft werden.«[139]

Um die Einkommensverhältnisse der jüngeren Offiziere stand es nicht wesentlich besser. Weil der Staat für die Uniform und Reitpferde nicht aufkam, konnten die jungen Fähnriche und Leutnante die Ausgaben ohne Schulden nur in Ausnahmefällen decken. Unterstützung von der Familie gab es kaum. Die Eltern der »Krautjunker« hatten oft selbst ihre Mühe, aus dem kargen Erlös der Dreifelderwirtschaft den Lebensunterhalt zu bestreiten. Die Situation besserte sich erst mit der Verleihung einer Kompanie, weil der Sold der Beurlaubten einbehalten wurde und die Kompanieführer die Beträge im Rahmen der Kompaniewirtschaft nach Abzug der Werbungsrücklage für sich verwenden durften. Dafür mussten sie aber für die unvollständige oder defekte Ausrüstung ihrer Einheit gerade stehen. Völlig sorgenfrei lebte es sich deshalb erst als Regimentskommandeur. Allerdings hatte auch er einige Kosten zu übernehmen, die jedoch durch Zulagen weitgehend gedeckt waren.

V.
Verpflegung

Zur Zeit des Großen Kurfürsten versorgten die Quartierwirte gegen Steuervergünstigung die ihnen zugewiesenen Soldaten mit Logis, Heizung, Licht und Hausmannskost. Wer das nicht wollte, konnte sich der Verpflichtung durch Geldleistungen entziehen, die dann an die Soldaten zur Selbstversorgung ausgezahlt wurden. Die Mischform war schwer zu kontrollieren, zumal ein einziges Regiment aufgrund seiner hohen Kopfzahl in bis zu 18 Orten untergebracht war. Deshalb setzte sich die über das Traktament finanzierte Selbstverpflegung immer mehr durch, bis sie schließlich zur Regel wurde.

Geht man davon aus, dass ein unverheirateter Mann für seine tägliche Verpflegung 16 Pfennige (9 Pfennige für 1½ Pfund Brot, 7 Pfennige für Gemüse, Fleisch, Salz, Getränke) oder 480 Pfennige im Monat benötigte,[140] wird bei dem oben erwähnten Monatssold eines gewöhnlichen Kanoniers von 576 Pfennigen (zwei Taler) sofort klar, dass er in angespannten Verhältnissen lebte. Erhöhten Hungerjahre und Missernten die Preise, wurde es richtig eng. Durch Schlechtwetter ausgelöste Engpässe gab es etwa alle fünf Jahre, wobei 1739 bis 1741 und 1770 bis 1773 ausgesprochene Katastrophenjahre waren. Es kosteten in Berlin in normalen Zeiten:

	Jahr	Taler	Groschen	Pfennig
1 Pfund (0,46 kg) Rindfleisch	1741		1	6
	1771*		1	11
1 Pfund Schweinefleisch	1741		1	6
	1775		1	2
1 Scheffel (35 kg) Kartoffeln	1775		16–20	
	1780		12	
1 Pfund Brot	1741			6
	1786			5
1 Pfund Butter	1741		4–5	
	1762*		14	
1 Pfund Zucker	1741		4–7	
	1788		8	
1 Quart Kuhmilch	1775		1	6
1 Quart Schafmilch	1774		2	

---
139 Witzleben, Seite 25
140 Sinn, Seite 134

1 Quart Braunbier	1755			6
	1766			9
1 Pfund Tabak	1753	2	8	
1 Pfund Speck	1740		3	
1 Paar Schuhe	1775		20	
1 Paar Strümpfe	1767		18	
1 Reitpferd		100		
1 Kuh		24		
Zahnziehen durch	1743			
Arzt			8	
durch Barbier			2	
1 Hotelübernachtung				
1. Klasse	1775	2		
2. Klasse			8–10	

Quelle: Sinn, Seite 134 *Hungerjahr

Auch der einfache Bürger verpflegte sich damals sehr bescheiden. Morgens aß er einen Hirsebrei, eine Suppe aus Magermilch oder billigem Dünnbier. Für das Mittagessen stand erneut Suppe aus Grütze, Erbsen oder Linsen auf dem Tisch. Sonntags gipfelte die Mahlzeit in Klößen aus Gerstenmehl und später Kartoffeln. Fleisch gab es nur einmal die Woche, und zwar donnerstags. Rind- und Schweinefleisch, stets gekocht, konnten sich nur die Wohlhabenden leisten. Abends wurden Butterbrote oder bestenfalls Pellkartoffeln mit Butter und Salz gegessen. Brot gehörte als wichtigster Bestandteil zu allen Mahlzeiten. Es wurde mit zwei bis drei Pfund am Tag in großen Mengen konsumiert. Wasser, Milch, Dünnbier und Kaffee, aus Kaffeeersatz oder Zichoriewurzeln gebraut, bildeten die Standardgetränke. Tee und Schokolade bedeuteten absoluten Luxus. Der Brei wurde gern heiß gegessen, das Bier und die Milch dagegen recht kalt getrunken. Als Höhepunkt des Tages gönnte man sich eine Pfeife Tabak.[141]

Dem einfachen Soldaten gelang nicht einmal das. Um über die Runden zu kommen, betrieben die Stubenkameradschaften »gemeinsame Menage«, die der König am 9. September 1743 angeordnet hatte. Doch selbst dann reichten die Mittel für einen dem kargen bürgerlichen Standard entsprechenden Speiseplan über die volle Länge des Monats nicht aus. Bräker schildert die Essgewohnheiten der Soldaten wie folgt:

»Des Morgens um einen Dreier Fusel und ein Stück Kommißbrot. Mittags holen sie in der Garküche um einen Dreier Suppe und nehmen wieder ein Stück Kommiß. Des Abends um zwei Pfennig Kovent oder Dünnbier und abermals Kommiß.«[142]

Waren die Mittel verbraucht, blieb nur noch das »Organisieren«, was die Soldaten nach einem Parolebefehl des Infanterieregiments Nr. 23 schon damals recht gut beherrschten:

»Es sind dem Hofrath v. Simon die vergangene Nacht etliche 60 Stück Hühner und Endten gestohlen worden, in der Gegend vom Stralauer Thor, und sollen deshalb die Quartiers und Reviers fleissig visitiert und morgen früh an Herrn General rapportiert werden.«[143]

Um ein Mindestmaß an Versorgung zu garantieren, waren die Preise für Grundnahrungsmittel (Brot, Fleisch, Bier) unter Mitwirkung der Garnisonältesten auf einer angemessenen Stufe fixiert. Stieg der Brotpreis dennoch einmal unerwartet an, erhielt der Soldat täglich 1 ½ Pfund von der Armee (»Kommissbrot«), wofür ihm allerdings 12 Groschen vom Sold abgezogen wurden. Da das benötigte Mehl nicht vom Markt, sondern aus den Magazinen bezogen wurde und die Soldaten den größten Teil der Verbraucher stellten, regulierte sich durch die plötzlich nachlassende Nachfrage auch für die Bevölkerung der Preis.

VI.
Medizinische Versorgung

In den preußischen Provinzen des 18. Jahrhunderts war die Heilfürsorge wie überall in Europa zweigeteilt. Die internistische Behandlung lag in den Händen akademisch gebildeter Ärzte (»Medici«). Chirurgische Eingriffe nahmen Personen vor, die sich zwar »Wundärzte« nannten, aber nicht zum akademischen Ärztestand gehörten. Zu letzteren zählten insbesondere die Barbiere, die neben ihrem üblichen Handwerk zur Ader

---

141 Sinn, Seite 86
142 Bräker, Seite 94. Kovent war billiges Dünnbier aus viertem Braugang.
143 von Witzleben, Seite 23

ließen, Geschwüre behandelten oder Zähne zogen und hierfür sogar das Ausbildungsprivileg erwerben konnten. Da sie jedoch zumeist nicht des Schreibens und Lesens mächtig waren, beschränkte sich ihre Lehrtätigkeit auf die schlichte Weitergabe der gewohnten Handgriffe ohne wissenschaftliches Fundament Das gesamte Barbierhandwerk blieb deshalb für die medizinische Betreuung eine äußerst fragwürdige Adresse.

Um wenigstens die medizinischen Kenntnisse der in der Armee eingesetzten Wundärzte zu verbessern, hatte König Friedrich Wilhelm I. 1724 das Collegium Medico Chirurgicum mit angeschlossenem anatomischen Theater in Berlin gegründet, wo die Ärzte Pott, Gleditsch, Meckel, Sprögel, Brandes, Walther, Fritze Henkel und Ahlemann in den Sommermonaten Vorlesungen in Physiologie, Pathologie, Therapie, Chemie, Botanik und Chirurgie hielten und im Winter mit ihren Schülern am Seziertisch standen. Die Einrichtung bedeutete medizinisches Neuland, weil unter Missachtung der bisher üblichen Trennung auch die Meister des Skalpells eine internistische Grundausbildung erhielten, die sie befähigte, bei Bedarf beiden Disziplinen gerecht zu werden.

An der Spitze der Armeeärzte stand traditionsgemäß ein Internist. Erster Generalstabsmedicus und damit oberster Chef aller Militärmediziner war Johann Theodor Eller, dem 1760 der bisherige Zweite Generalstabsmedicus Christian Cothenius folgte.

Die Militärchirurgie leitete unter dem Generalstabmedicus der Erste Generalchirurgus (Holtzendorff bis 1741, Johann Heinrich Bonness bis 1758 und danach Johann Lebrecht Schmucker). Das Amt des Zweiten Generalchirurgen bekleidete der Regimentsfeldscher der Geßlerschen Kürassiere, Johann Ulrich Bilguer. Der Dritte Generalchirurg war Johann Christian Theden (13.09.1714–21.10.1797), der vom Regimentsfeldscher des Regiments Alt Treskow (1748) in Stettin über das Artilleriekorps in Berlin aufgestiegen war und 1786 als Nachfolger Schmuckers die Funktion des Ersten Generalchirurgus übernahm. Damit stellte die Artillerie erstmals den höchsten chirurgischen Repräsentanten. Theden führte den elastischen Katheter, neue Methoden des Blutstillens und die Verwendung von Hohlschienen bei der Behandlung von Knochenbrüchen

ein. Große Sorgfalt verwendete er auf die Ausbildung des Sanitätspersonals, für die er mehrere Lehrbücher verfasste. Dem Generalchirurgen waren die Oberchirurgen (auch Oberwundärzte oder Regimentsfeldschere genannt) und diesen die Lazarett- und Kompaniefeldschere (Unterwundärzte) unterstellt.

Für den in der Garnison erkrankten Soldaten war der nicht akademisch gebildete Kompaniefeldscher der erste Anlaufpunkt. Dieser besuchte den Patienten im Quartier, meldete dem Regimentsfeldscher den Befund und verabreichte die von ihm in Ferndiagnose verordnete Medizin. Über den Fortgang führte er sorgfältig Buch und erstattete täglichen Bericht. Verschlechterte sich das Krankheitsbild, übernahm der Regimentsfeldscher die weitere Behandlung.[144] In Garnisonen ohne Regimentsfeldscher war der Feldscher auf sich gestellt. Auf der Grundlage des damaligen medizinischen Wissens, das Krankheiten als Folge »schlechter Säfte« ansah, ließ er die Patienten dann auch zur Ader oder verordnete Abführkuren, wobei Salzlösungen oder Rhabarber zur Anwendung kamen.

Was einen guten Feldscher von einem schlechten unterschied, hat Theden wie folgt zusammengefasst:

»Ein Kompaniewundarzt muss sich vor allen Dingen eines rechtschaffenen Wandels befleißigen. Sein Betragen muss höflich, leutselig und gefällig sein; er muss alles dasjenige vermeiden, was in den Augen seiner Kranken einen schlechten Begriff von seiner Person erregen kann. Hierher gehört vornehmlich eine allzu große Vertraulichkeit mit Unteroffizieren und Gemeinen und das Laster der Trunkenheit. Es ist schon für einen Soldaten unanständig, wenn er sich dieser Leidenschaft überlässt; einem Wundarzt ist es auf keine Art zu verzeihen, wenn er täglich seinen Verstand in Brandwein ersäufet. Der unmässige Gebrauch dieses Getränkes richtet nicht nur allein die Gesundheit des Körpers zugrunde, sondern er macht die Seelenkräfte stumpf und träge; und wie nötig ist es für den Wundarzt, dass sein Verstand lebhaft und aufgeheitert ist. Er muss bemüht sein, alle Soldaten seiner Kompanie kennenzulernen und nicht allein auf ihr Verhalten in der Lebensart und Reinlichkeit, sondern auch auf ihren Gemütscharakter achtzuhaben. Diese letztere Kenntnis ist oft bei der Heilung der Krankheiten von dem

---

144 Theden, Unterricht für Wundärzte bey Armeen, Seite 9

Regimentsfeldscher und Lazarettfeldscher

grössten Einfluss. Er muss sich bei allen Soldaten Liebe und Zutrauen zu erwerben suchen, denn das Zutrauen des Kranken gegen seinen Arzt hat auf eine glückliche Praxis den grössten Nutzen.

Wird ihm ein Kranker gemeldet, so muss er solchen ohne Zeitverlust besuchen und ihm sogleich nach genauer Erkundigung der Krankheit und ihrer Ursachen dienliche Arzneien geben. Erkennet er sie nicht, und scheinet die Krankheit wichtig zu sein, so muss er ohne Zeitverlust davon Anzeige machen.

Ein jeder hält sich ein Buch, worinnen er die Krankheiten und die verordneten Arzneien einzeichnet. Er vermerkt auch noch über dies diejenigen, welchen er zur Ader gelassen oder Mittel zum Abführen gegeben hat. Diese Arbeit hat im ganzen grossen Nutzen. Denn er lernt daraus die gute und üble Wirkung der Arzneien und erweitert dadurch seine eigenen Kenntnisse.«[145]

Schwierige Fälle wurden in die Lazarette überwiesen. In Berlin hatte die Artillerie für das 1. Regiment ein Bettenhaus Unter den Linden Nr. 74 und für das 4. Regiment am Weidendamm. Dort sah der verantwortliche Feldscher darauf, dass die eingelieferten Patienten gewaschen, die Stuben gelüftet und die verordneten Arzneien pünktlich verabreicht wurden. Den Nachtdienst teilten sich die Feldschere des Regiments. Über jedem Bett hing ein Schild, das Auskunft über die angeordnete Verpflegung gab. Sie bestand aus drei Mahlzeiten am Tag. Morgens gab es eine Mehlgrütze oder Graupensuppe mit Butter und Salz, ansonsten Suppe und Brot. Dreimal die Woche aßen die Patienten Fleisch mit Gemüse, wobei die Fleischration für 24 Mann auf vier Pfund berechnet war. Schwerkranke erhielten eine Sondernahrung, die aus Eingemachtem, Gelee, Zitronen, getrockneten Pflaumen, Kirschen oder der Brühe davon bestand.[146] Gekocht wurde immer für die volle Belegschaft. Das, was die schwerer Erkrankten nicht verzehrten, füllte die Teller derjenigen, die von besserem Appetit waren.

Finanziert wurde die Verpflegung von den Kompanien, die unabhängig vom Krankenstand monatlich einen Taler abführten. Den Einkauf besorgte ein Unteroffizier, der dem Aufsicht führenden Lazarettfeldscher Rechnung legte.

Täglich um 11.00 Uhr rapportierte der Regimentsfeldscher dem Kommandeur den Krankenstand, nachdem er zuvor Visite gemacht, Arzneien verabreicht und Wunden verbunden hatte. Todesfälle wurden sofort gemeldet, Verstorbene in Anwesenheit eines Offiziers seziert und die Todesumstände der Meldung beigefügt.

VII.
Urlaub

Urlaub im heutigen Sinne als Wiederherstellung der Leistungsfähigkeit und des persönlichen Wohlbefindens im Rahmen eines Arbeits- oder Dienstverhältnisses kannte die Gesellschaft des ausgehenden 18. Jahrhunderts noch nicht. In der Zeit der Vorindustrialisierung hatte der Urlaub den Charakter einer Dienstbefreiung zur Regelung persönlicher Angelegenheiten, und weil der Betreffende in dieser Zeit nicht zur Verfügung stand, erhielt er für die Dauer der Abwesenheit auch keinen Lohn oder Sold. Das Militär hatte schnell erkannt, dass sich mit den einbehaltenen Beträgen die klamme Kompaniekasse auf leichte Art aufbessern ließ und darüber hinaus auch noch etwas für den Kompanieführer übrig blieb. Deshalb wurde die Möglichkeit des »Urlaubs« sowohl hinsichtlich der Zahl als auch der Dauer extensiv genutzt, solange der Dienstbetrieb nicht darunter litt. Weil bei den kopfstarken Infanteriekompanien immer genügend Soldaten zur Verfügung standen, um den Wachtdienst aufrechtzuerhalten, war die Zahl der Beurlaubungen bei der Infanterie hoch und bei der personalschwächeren Artillerie entsprechend gering.

Während des Urlaubs trug der Soldat weiterhin Uniform, und das nicht nur beim sonntäglichen Kirchgang. Selbst wenn er auf dem Felde arbeitete, musste er zumindest einige Stücke der Dienstbekleidung anlegen, damit er stets als Soldat erkennbar war. Der Landadel sollte sehen, dass er einen Mann des Königs vor sich hatte, der nicht mehr zu den Leibeigenen eines Gutes gehörte und deshalb anders zu behandeln war.

Auch weit entfernt von der Garnison wachte das Auge des Staates über den Beurlaubten, damit er Dis-

---

145 Theden, a.a.O., Seite 7
146 Theden, a.a.O., Seite 13

ziplin hielt, nicht auf Nimmerwiedersehen verschwand und im Krankheitsfall versorgt wurde:

»*Mein lieber General der Artillerie v. Linger. Ich befehle hierdurch und setze ein vor allemal fest: daß, wenn hinführo von einem Regiment ein oder mehrere Bursche nach anderen, zumal etwas entlegenen Cantons, oder in andere Provinzen beurlaubt werden, es sei nun, daß die Beurlaubten daselbst zu Hause gehören, oder nur sonsten dorten Verrichtungen haben, alsdann von Seiten solchen Regiments jedesmal an den Commandeur desjenigen Regiments, so den Ort, wohin der Bursche beurlaubt worden, zu seinem Enrollirungs-Canton hat, geschrieben, und ihm 1. der Name des beurlaubten Burschen, 2. der Ort, wohin der beurlaubt ist und 3. die Zeit seines Urlaubs, gemeldet werden solle, worauf erwähnter Commandeur eines solchen Regiments schuldig und gehalten sein, auf solche Beurlaubte, so lange deren Urlaub währt, dergestalt Acht haben zu lassen, als ob er wirklich seinem Regimente gehörte, zum dem Ende er diesen Beurlaubten, wenn die Cantons visitirt oder bereist werden, mit visitiren, auch sonsten so viel möglich auf ihn sehen zu lassen, damit er keine Excesse begehen und desertiren könne. Wann er etwa krank wird, gehörig zu besorgen, sonsten aber, wann sein Urlaub zu Ende geht, angehalten werden, zu rechter Zeit wieder nach dem Regiment, worunter er gehört, zurück zu gehen e.g. Es wird vom Alt-Schwerin'schen Regiment ein Kerl nach dem Magdeburg'schen, und zwar nach einem Ort, so zum Canton des Bonin'schen Regiments gehört, auf zwei Monate beurlaubt, entweder weil er da zu Hause gehört, oder weil er sonsten dort Verrichtungen hat, so wird von Seiten des Alt-Schwerin'schen Regiments an den Generalmajor von Bonin geschrieben: ›Der Kerl N.N. sei nach dem Orte N.N. auf zwei Monate beurlaubt worden.‹ Alsdann muß das Bonin'sche Regiment auf solchen Beurlaubten mit Acht haben, ihn von Zeit zu Zeit von einem Unteroffizier visitiren zu lassen, auch wenn sein Urlaub zu Ende geht, dahin sehen, damit er wieder zum Regiment, wohin er gehört, zurückgehen müsse. Begeht ein solcher Beurlaubter während der Zeit seines Urlaubs Excesse, so muß das Bonin'sche Regiment darüber erkennen und ihn strafen lassen. Würde derselbe etwa krank, so muß gedachtes Regiment auf ihn Acht haben, auch wenn es gefährlich mit ihm werden sollte, selbigen nach dem nächsten Lazareth des Regiments bringen, oder ihn sonst besorgen lassen. Nach welchem Exempel es dann mit allen Burschen, welche ein Regiment in Cantons anderer Regimenter, oder in andere Provinzen, es sei in Schlesien oder wo es wolle, beurlaubt, jederzeit gehalten werden und solchergestalt ein Regiment die Beurlaubten des anderen Regiments reciprocement beobachten soll. Potsdam den 28sten November 1743.*«

Der König hatte gegen die großzügige Urlaubspraxis nichts einzuwenden. Vieles spricht dafür, dass sie im Rahmen der Kompaniewirtschaft nicht nur geduldet, sondern sogar gewollt war. Für die Zeit der Übungen im April und Mai bestand er jedoch mit Nachdruck auf vollzählige Präsenz. Das Verbot, Urlaub während der Exerzierzeit zu gewähren, galt für alle Waffengattungen. Verstöße wurden streng geahndet. Der König an seinen Inspekteur:

»*Mein lieber Generallieutenant v. Dieskau. Ich will zwar nach mehrerem Inhalt Eures Berichts vom 17ten dieses schon glauben, daß der Kanonier, welchen Ich letzthin auf dem Wege nach Charlottenburg getroffen habe, eine Ueber-Ueber-Completter gewesen, sonst aber werdet Ihr Mir wohl gestehen, daß zur Exerzierzeit Bursche zu beurlauben, höchst unrecht und strafbar ist. Potsdam den 18ten September 1773.*«

VIII.
Soziale Sicherung

Kriegsbedingt invalide oder durch Alter oder Krankheit dauerhaft dienstunfähige Artilleristen wurden nach den allgemeinen Regeln versorgt. Der König setzte sie vorrangig als Küster oder auf kleinen Verwaltungsposten, ja auch als Schullehrer ein, was kein besonderes pädagogisches Feingefühl verrät. Man hört den Kommisston förmlich durch die Dorfschulen dröhnen.

Veteranen ohne zivile Anschlussverwendung erhielten ein monatliches Gnadengeld von zwei Talern, was ihrem bisherigen Sold entspricht. Waren sie alleinstehend, konnten sie davon leben, auch wenn sie jetzt Miete zahlen mussten. Hatten sie Familie, sprang für die Kinder unter vierzehn Jahren (Beginn der Selbstständigkeit) mit etwas Glück das Potsdamer Waisenhaus ein. Die von Friedrich Wilhelm I. 1722 gegründete und mit einem Vermächtnis von 10.000 Talern begünstigte Institution war zunächst nur für mittellose Familien seines Leibregiments gedacht.[147] Später fanden dort mit Vorrang der Potsdamer, Brandenburger und Treuenbritzener Garnison alle Kinder der Armee vom sechsten Lebensjahr bis zur Konfirmation Unterkunft. Das Institut finanzierte sich aus den Einnahmen des Amtes Bornstedt, des Lagerhauses und Freienwalder Alaunwerkes sowie der Gold- und Silbermanufaktur, die nicht nur die Kosten der Unterbringung, Verköstigung, Bekleidung und Unterrichtung der 1.936 Heimkinder deckten, sondern auch für die Versorgung der 2.194 bei den Eltern lebenden noch nicht sechsjährigen Kinder verwendet wurden.[148]

Die Verwaltung kümmerte sich nicht nur um den Schulunterricht und die handwerkliche oder hauswirtschaftliche Ausbildung der Knaben und Mädchen in den institutseigenen Einrichtungen, sondern überwachte auch das Fortkommen der aushäusig auf dem Lande oder in der Stadt zur Fortbildung untergebrachten Kinder. Die zunächst guten Absichten gerieten jedoch nach dem Siebenjährigen Krieg bald unter die Räder, weil die aus dem Boden schießenden und ausschließlich am Profit interessierten Manufakturen die zur Ausbildung überantworteten Kinder als billige Arbeitskräfte rigoros ausbeuteten, ohne dass die still am Gewinn beteiligte Verwaltung etwas dagegen unternahm. Erst General v. Rohdich, der ab 1779 für das Militärwaisenhaus verantwortlich war, stellte den skrupellosen Missbrauch ab, indem er dafür sorgte, dass die Kinder nur an namentlich bekannte Handwerker abgegeben wurden, die unter strenger Kontrolle für deren Wohlergehen hafteten.

Wusste ein alleinstehender Invalide trotzdem nicht weiter, wandte er sich an das 1747 fertiggestellte Invalidenhaus in Berlin.[149]

»Mein lieber General der Artillerie v. Linger. Ich befehle hierdurch, daß Ihr von den bei dem Artillerie-Regiment in dem letzten Schlesischen Kriege durch Blessuren gänzlich invalide gewordenen Leuten, und zwar von denjenigen, welche Ich bishero mit 2 Thlrn. Monatlich versehen lassen, diejenigen, so am stärksten blessiert worden und am invalidesten sind, aussuchen und demnächst dergestalt nach Berlin zum dem allda von Mir neu etablierten Invaliden-Hause absenden sollt, daß sie den 15ten November dieses Jahres daselbst eintreffen und an den Commandeur sothanen Invaliden-Hauses, den Obristen von Fehlitsch, abgeliefert werden können. Ich recommandire Euch aber hierbei, daß Ihr insonderheit von dergleichen Invaliden des Artillerie-Regiments diejenigen aussuchen und schicken sollet, welche sich am ehrlichsten und besten aufgeführt und in den Kriegs-Occasionen dergestellt treu gedient haben, daß selbige werth sind, recompensirt zu werden. Damit aber auch von solchen Invaliden nicht mehr geschickt werden, als im gedachten Invaliden-Hause aufgenommen werden können, so sollt Ihr ohnfehlbar gegen den 1sten des nachkommenden Monats eine specificirte Liste von allen dergleichen Invaliden des Artillerie-Regiments an Meinen General-Adjutanten, den Obersten von Buddenbrock, einsenden und darin sehen: den Vor- und Zunamen jedes solchen Invaliden, dessen Vaterland, Alter, Profession, wie lange er gedient hat, wann und wo er durch Blessuren gänzlich invalide geworden, und wo derselbe sein bisheriges Gehalt bekommen, ob er verheirathet, und ob und wie viele Kinder er bei sich habe. Es wird Euch gedachter Obrister von Buddenbrock alsdann bescheiden, wie viel Ihr von solchen Invaliden zum Invaliden-Hause senden sollet, da dieselben wie gedacht den 15sten November zu Berlin sein müssen. Dieweil auch diese Leute zu Fuße nicht dahin gehen können, so habe Ich bereits an die Kriegs- und Domainen-Kammer Ordre ertheilen lassen, daß vor selbigen die benöthigten Wagen mit Vorspann verabfolgt werden sollen, deshalb Ihr aber die Kammer Eures Orts in Zeiten von der eigentlichen Anzahl solcher Leute avertiren müsset. Ihr habt Euch hiernach gehörig zu achten und Ich bin Ew. wohlaff. König. Potsdam, den 31sten August 1748. Friedrich.«[150]

Auch der Invalide mit Familie, der sich trotz der Entlastung durch das Waisenhaus in hoffnungsloser Situation befand, konnte sich an das Invalidenhaus wenden, das für diesen Fall einige Plätze für Ver-

---

147 Mittellos bedeutet nicht elternlos. Der Begriff »Waisenhaus« ist deshalb nicht wörtlich zu nehmen.
148 Nicolai, Potsdam, Seite 170 ff.
149 Das Haus ist heute Teil des Wirtschaftsministeriums.
150 Schöning, Band 1, Seite 213 ff.

heiratete frei hielt. Die Aussichten waren allerdings schlecht, denn das nach militärischen Gesichtspunkten gegliederte Berliner Korps hatte lediglich drei Kompanien und zählte außer dem Kommandanten und dem Hauspersonal nur 12 Offiziere, 30 Unteroffiziere, sechs Tambours und 564 Gemeine. Als Retzow die Eröffnung des nach den Plänen des Ingenieurkapitäns Petri errichteten Hauses nach Potsdam meldete und von der dankbaren Freude seiner Bewohner berichtete, äußerte der König die Hoffnung, es werde »*dieses Bataillon wohl das einzige von der ganzen Armee sein, über welches ich mich am meisten alsdann freuen werde, wenn es niemalen wird komplett werden können*«.[151] Diese Freude kam jedoch niemals auf, weil das Haus aufgrund der geringen Kapazität in kürzester Zeit voll besetzt war. Wer folglich dort nicht unterkam, dem blieb mit einem Berechtigungsschein der Armenkasse nur noch das Armenhaus, wo er mit seiner Familie entweder unentgeltlich Kost und Logis erhielt oder beides mit der angebotenen Arbeit bezahlte und den überschießenden Betrag als Verdienst für sich behielt. Jeder, der sich als Zivilist oder Veteran freiwillig in das Armenhaus begab, lebte dort unter besseren Bedingungen, als die einen Stock darüber im Arbeitshaus untergebrachten aufgegriffenen Bettler. Der Armenhäusler hatte dort ein eigenes Zimmer, eine bessere Verpflegung und freien Ausgang, während die Obdachlosen der Straße ihre festgesetzte Zeit mit Zwangsarbeit ohne Ausgang und mit minderwertiger Verpflegung verbrachten.[152] Für einen bedürftigen Veteranen war es deshalb besser, sich freiwillig in staatliche Obhut zu begeben, als sich als Obdachloser von den Armenwächtern aufgreifen zu lassen.

Das Invalidenhaus in Berlin

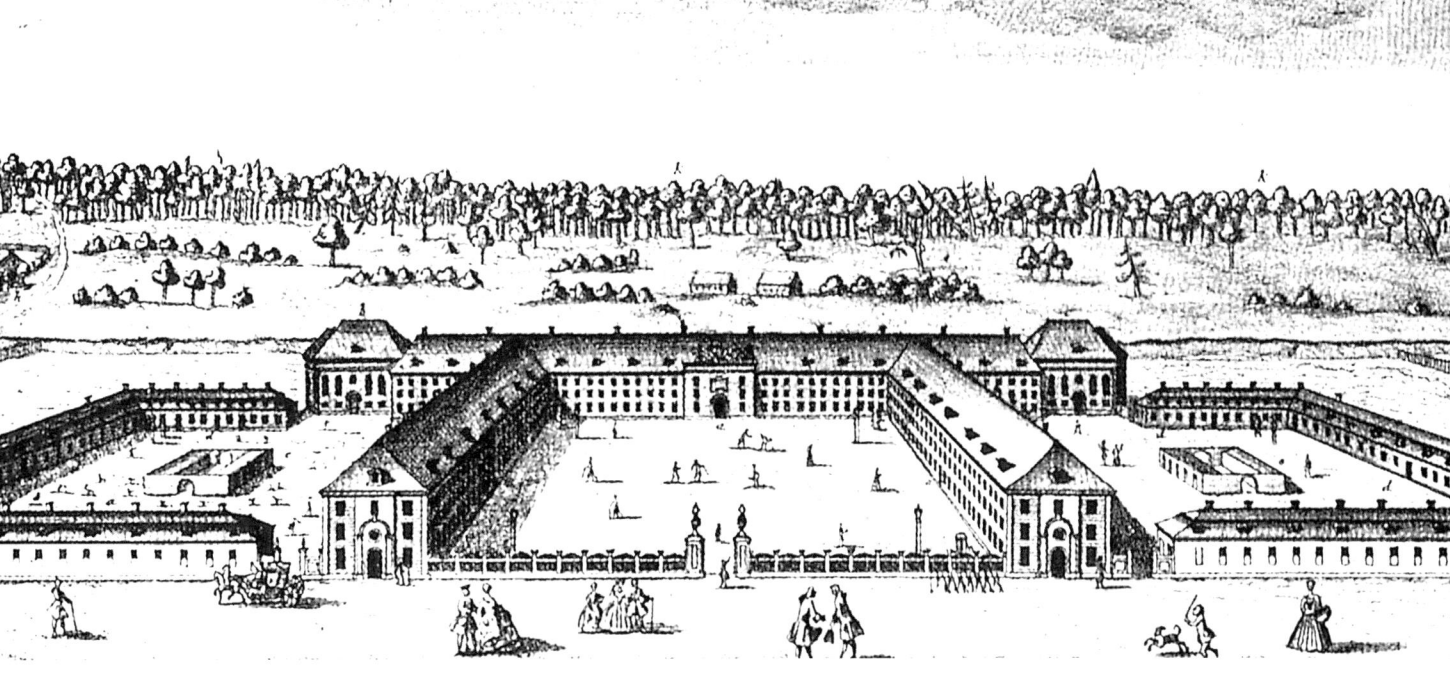

---

151 Graf zur Lippe, Seite 10. Petersdorff, Seite 184
152 Nicolai, Residenzstadt Berlin, Seite 278

Die Artillerie im Felde

Im Kriege unterstützte die Artillerie die Infanterie mit Bataillonsgeschützen und schwerer Positionsartillerie. Die Bataillonsgeschütze waren in die Fußtruppe taktisch integriert, folgten ihr über Stock und Stein überall hin und wurden im Kampf durch sie personell unterstützt. Jedem Bataillon waren zwei Drei- oder Sechspfünder zugeordnet, wobei sich der Schwerpunkt von den Dreipfündern im Schlesischen Krieg auf die Sechspfünder im Siebenjährigen Krieg verschob.[153] Im Gefecht standen sie auf dem rechten Flügel im Intervall zum nächsten Bataillon entweder vorgerückt oder gleichauf, die Kastenprotzen mit den Köpfen der Spannpferde zur Front gewendet, im Abstand von 30 Schritten (21,6 Meter) dahinter. Die Geschütze wurden den Beständen in Breslau, Königsberg, Stettin und Magdeburg entnommen und den Infanteriekolonnen dem Mobilmachungsplan entsprechend zugeteilt. Da die Sechspfünder vor allem für das erste Treffen vorgesehen waren, konnten die Infanteriekommandeure aus der Zuordnung bereits ablesen, welche Regimenter die Hauptlast des Kampfes tragen würden. Als Bataillonsgeschütze wurden eingesetzt:

- der konische Dreipfünder Holtzmann M 1740,
- der ordinäre Dreipfünder Beauvrye M 1746,
- der ordinäre Dreipfünder Linger M 1746,
- der ordinäre Dreipfünder Dieskau M 1754/58,
- der ordinäre Sechspfünder Linger »österreichischer Art« M 1759,
- der konische leichte Sechspfünder Dieskau M 1754,
- die siebenpfündige Haubitze ab 1758.

Die Grenadierbataillone verfügten über zwei schwere Sechspfünder und ab 1758 zwei siebenpfündige Haubitzen. Letztere wurden zum Ende des Krieges immer wichtiger, weil der Gegner in Kenntnis der Überlegenheit der preußischen Infanterie auf offenem Feld verstärkt aus verdeckten Verschanzungen operierte, die mit flach feuernden Kanonen schlecht zu bekämpfen waren. Durch ihre vielseitige Verwendbarkeit und ihr relativ geringes Gewicht waren die Haubitzen auch für die Reitende Artillerie sehr gut geeignet.

Bei den ersten vier Freibataillonen finden sich jeweils zwei Einpfünder aus sächsischer Beute, die von zwei Pferden gezogen wurden. Die Bataillone VII–IX verfügten über Dreipfünder und die übrigen Verbände ab 1759 ebenso.[154]

Die Positionsartillerie war in Brigaden zusammengefasst, welche die Artillerie unter eigenem Kommando ins Feld schickte und versorgte. Sie kämpfte aus überhöhten durch Wolfsgruben und Gräben gegen Kavallerie gesicherten Stellungen, von wo sie sowohl den Gegner unter Feuer nahm als auch die eigenen Flanken als schwächste Stellen sicherte. Als Positionsartillerie wurden eingesetzt

---

[153] 1756 waren 85 % der Bataillonsgeschütze Dreipfünder, im Frühjahr 1759 nur noch 40 % (Bleckwenn, ZfH 1957, Seite 70), wobei die Sechspfünder üblicherweise im ersten und die Dreipfünder im zweiten Treffen verwendet wurden. Nach dem Krieg verfügte jedes Bataillon des ersten Treffens über zwei Sechspfünder und eine siebenpfündige Haubitze. Im zweiten Treffen standen ausschließlich Dreipfünder (Volz, Band 6, Seite 229).

[154] Bleckwenn, a.a.O. Die Einpfünder wurden nach dem Krieg durch Dreipfünder ersetzt (Volz, Band 6, Seite 230).

- der sechspfündige ordinäre schwere Dieskau 1760,
- der sechspfündige ordinäre schwere Dieskau 1762,
- der 12-pfündige (leichte) zylindrische Holtzmann 1740,
- der 12-pfündige (leichte) konische Linger 1744,
- der 12-pfündige (leichte) konische Dieskau 1754 (mit Lafettenkasten),
- der 12-pfündige (leichte) ordinäre Dieskau 1754/59,
- der (mittlere) ordinäre 12-Pfünder ›österreichischer Art‹ 1758/59,
- der ordinäre 12-pfündige (schwere) ›Brummer‹ 1735/61,
- der 24-pfündige zylindrische Holtzmann 1744,

mit den Zwölfpfündern als Kern. Darüber hinaus gehörten einige 10- und 18-pfündige Haubitzen zur Positionsartillerie.

Auf dem Marsch konnten die Kolonnen beträchtliche Längen erreichen. Eine Brigade von zehn Geschützen schwersten Kalibers (Brummer) zog zehn Kartuschwagen, eine Vorratsaffuite, einen Werkstattwagen, einen Wagen mit Hebezeugen und einen Proviantwagen mit 360 Pferden und 180 Knechten hinter sich her, sodass mühelos 500 Meter und mehr zusammenkamen. Unterwegs ließen die Geschützführer ihre Leute nicht aus den Augen, denn die Desertion machte auch vor der Artillerie nicht halt.

In der Regel marschierte die Bedienung mit gleichem Abstand in zwei Reihen »beim Geschütz«, wobei sich der Geschützführer auf der Höhe des linken Vorspannpferdes hielt und die beiden Schlussmänner die Geschützachse in die Mitte nahmen. Gab es Alarm oder stand das Abprotzen kurz bevor, fielen die Vordermänner für den Marsch »am Geschütz« auf die Deichselpferde und der Rest auf die Höhe der Kanone zurück.[155]

Ging unterwegs eine Protzenachse oder ein Rad zu Bruch, verharrte die gesamte Bedienung am havarierten Gerät, bis der herbeigerufene Wagenmeister den Schaden behoben hatte. Blieb ein Wagen liegen, galt der unfreiwillige Halt auch für die dazugehörige Kanone. Die Meldung über die Panne wurde von Geschütz zu Geschütz bis zur Spitze durchgegeben. Jeder Offizier kannte das Marschziel, sodass er es notfalls selbst ansteuern konnte. Schlossen die Zurückbleibenden nach kleinerer Reparatur wieder auf, erfolgte die Meldung wiederum von Geschütz zu Geschütz nach vorn.

Schwenkte die Kolonne auf Nebenwege ein, stellte der Kolonnenführer von der Bedienung des ersten Geschützes einen Streckenposten auf. War das zweite Geschütz heran, wurde der Streckenposten eingezogen und durch einen Mann des zweiten abgelöst. Das Ganze wiederholte sich von Kanone zu Kanone, bis die Kolonne durch war. Bei Nachtmärschen setzte das führende Geschütz eine große Blendlaterne, an der sich die Nachfolgenden orientierten. Befanden sich mehrere Brigaden auf dem Marsch, verabredeten die Kolonnenführer zur Vermeidung einer Vermischung unterschiedliche Zeichen. Die erste Abteilung stieß die Blendlaterne einmal, die zweite zweimal hoch, sodass jeder Geschützführer wusste, wem er zu folgen hatte.[156]

Was ein Offizier der Positionsartillerie im Felde im Einzelnen zu beobachten hatte, war in der Dienstanweisung von 1758 festgelegt:

»Das Erste, wonach die neuen Offiziers, die bei der Artillerie gesetzt sind, zu sehen ist, daß ein Jeder, so wie sie bei den Brigaden stehen, ihre Pferde in gutem Stande halten und dafür repondiren müssen. Alle Offiziere müssen ordentlich bei den Kanonen brigadenweise eingetheilt sein und soll eine Brigade aus 10 Kanonen bestehen.

Wann ausgeschickt wird fouragiren, müssen die Offiziere von den Brigaden mitgehen und dafür sorgen, daß die Knechte keine Infamien begehen, noch plündern, sondern allein ihre Pferde mit tüchtiger Fourage beladen in's Lager zurückbringen. Ein Offizier, von dessen Brigade ein Kerl ausläuft, plündert, oder sonst Desordes macht, soll mit Arrest bestraft werden. Ein Knecht, der ohne Ordre oder Permission ausgelaufen ist, soll 12mal durch 200 Mann Spießruthen gejagt werden, der aber so geplündert oder sonst Infamien begangen, soll sogleich ohne Standrecht 20mal durch 200 Mann Spießruthen laufen. Ein Knecht aber, der im Feuer gegen den Feind mit dem Pulver-Karren, Kanonen-Pferden und Protze wegjagen will, soll 30-mal durch 200 Mann Gassen laufen und sollen die Offiziere von der Artillerie diese Ordre den Regimentern bekannt machen, damit, wann bei den

---

155 Hüttemann, Seite 24
156 Malinowski, Bonin, Band 3, Seite 20

Regimentern Knechte hierwieder handeln, es der Artillerie denuncirt werde.

Dieses Alles gehet die Ordnung an, welche die Offiziere im Lager zu oberviren haben. Anlangend die Märsche, so müssen die Offiziere darauf sehen, daß die Kanonen dichte zusammen bleiben, und wann etwas bricht, solches geschwinde reparirt werde, damit der Train oder Linie, in welcher sie fahren, hierdurch nicht arretiret werde.

In Affairen und Bataillen müssen die Offiziere danach sehen, daß an dem Orte, wo eine Brigade auffahren soll, solches hurtig und ordentlich geschehe, auch die Kanonen nicht zu nahe und nicht zu weit von einander gesetzt werden, wenn es auch unter dem Kanonenfeuer vom Feinde wäre, müssen sie doch, wo nöthig, die Leute heranbringen, und sowohl Kanoniere als Knechte anhalten, ihr Devoir auf's Äußerste zu thun, dieserhalb sie sich bei dem gemeinen Mann in die größte Autorität setzen müssen, um sie in Furcht zu halten. Wenn es zum Avanciren kommt, müssen sie die Leute vorwärts treiben, damit man sie dahin kriege, wo es nötig. Ein jeder Offizier muß responsable vor seinen Leuten sein, und sie dazu anhalten, daß sie ihr Devoir thun. Breslau, den 26sten December 1758.«

1760 wurde die Positionsartillerie fester an die Infanterie gebunden. Das geschah jedoch nicht einheitlich. Während der König jeder Infanteriebrigade – das sind fünf Bataillone – eine Artilleriebrigade zu zehn Geschützen auf Dauer zuwies, zog es Prinz Heinrich vor, seine schweren Geschütze in kleine Einheiten zu vier bis acht Geschützen zu gliedern und lediglich von Fall zu Fall der Infanterie zur Verfügung zu stellen. Dadurch besaß er ständig eine Reserve, die ihm insbesondere bei Freiberg sehr zugute kam.

1778 befahl der König die schweren 12-Pfünder auf die Flügel und in die Mitte des ersten Treffens zu stellen. Die leichteren stellte er in die Mitte des zweiten Treffens.

Die führenden Köpfe haben sich wiederholt Gedanken darüber gemacht, wie viele Geschütze einer Armee beigegeben werden sollten. Zwei bis drei Geschütze pro 1.000 Mann galten unter Berücksichtigung von Aufwand und Effizienz als optimal. Aus der Praxis sind folgende Zahlen bekannt: Im ersten Schlesischen Krieg hatte der König unter dem Kommando des Majors von Merkatz 34 Geschütze und zwei Pontons mit 205 Mann, 403 Knechten und 918 Pferden eingesetzt, was bei einer Gesamtstärke von 21.633 Soldaten einem Verhältnis von 1,8 Geschützen auf 1.000 Mann entspricht.[157] Im Zweiten Schlesischen Krieg war das erste preußische Korps mit 234 Geschützen, 1.432 Artilleristen und 7.856 Artilleriepferden und das kleinere zweite Korps unter General Marwitz mit 60 Geschützen und 1.352 Artilleriepferden unterwegs.[158] 1756 berechnete Holtzmann für eine Armee aus 35 Bataillonen Infanterie und 50 Schwadronen Kavallerie an Artillerieunterstützung:

100	Geschütze, davon 90 Kanonen von 3 bis 24 Pfund, 3 Haubitzen und 7 Mörser
9	Vorratsaffuiten
30	Bombenwagen für die Munition der Mörser
18	Munitionskarren für die 6- und Mehrpfünder
14	Kartuschwagen
5	Granatenwagen
136	Munitionswagen
30	Patronenfahrzeuge
1	Schmiedewagen
1	Schmiedekarren,

das Ganze bespannt mit 1.740 Pferden und von 670 Knechten geführt. Tatsächlich gehörten zur Armee des Königs 222 Geschütze Feldartillerie und 80 Rohre Belagerungsartillerie mit 323 Munitionskarren, die von 2.938 Artillerie- und Pontonpferden gezogen und von 1.341 Knechten geführt wurden.[159] Dazu kam als Schirrpersonal ein Oberwagenmeister, 13 Wagenmeister, 50 Schirrmeister für je 50 Pferde, ferner ein Zeugleutnant, ein Zeugschreiber, ein Proviantmeister, zwei Futterschreiber, drei Fouriere, ein Reitschmiedemeister, ein Grobschmiedemeister, ein Stellmacher, ein Klempner, drei Gesellen sowie ein Zimmermeister mit 20 Gesellen und sechs Feldschere. Das Schlesische Korps Schwerin brachte 72 Geschütze ins Feld und das Preußische unter Lehwaldt weitere 64. Insgesamt führte die Armee 358 Geschütze mit,

---

157 Jany, Band 2, Seite 16
158 Jany, Band 2, Seite 102, 104
159 Schöning, Band 2, Seite 27

was einem Verhältnis von drei Kanonen auf 1.000 Mann entspricht.¹⁶⁰ In der Schlacht bei Leuthen am 5. Dezember 1757 wurden neben den 96 Bataillonsgeschützen der 47 Feldbataillone 71 Positionsgeschütze eingesetzt.¹⁶¹ Bei Zorndorf waren es 76 Bataillonsgeschütze und 117 Positionsgeschütze. Im Verlauf des Feldzuges sah sich Friedrich gezwungen, noch mehr Artillerie zu verwenden, sodass 1760 auf 1.000 Mann bis zu 7 Geschütze kamen.¹⁶²

Eine höhere Kampfkraft war damit allerdings nicht zwingend verbunden. Zu viel Artillerie bedeutete allein schon wegen des enormen Bedarfs an Zugpferden und Knechten und ihrer Versorgung eine große Last. Hinzu kommt die Belastung der Verkehrswege, nicht zuletzt wegen der Unmenge der nachzuführenden Munition. Allein bei Prag verschossen die Preußen aus 30 Kanonen und 28 Mörsern Belagerungsartillerie 176.599 Kugeln und Granaten.¹⁶³ Vor Schweidnitz verbrauchten sie in nur acht Tagen 6.011 Bomben, 3.431 Granaten und 16.211 Kugeln und bei der Wiedereroberung (1762) 172.163 Kugeln und Granaten sowie 7.792 Zentner Pulver, für deren Transport 1.912 Munitions- und 519 Pulverwagen notwendig waren. Für die Belagerung von Olmütz setzte Dieskau täglich 5.125 Schuss an, woraus sich am Ende 129.857 ergaben. Geht man davon aus, dass ein Granatenwagen 90 Schuss Munition fasste, waren für den Transport 1.442 Wagenladungen nötig, wobei

Marschvorbereitung

160 Jany, Band 2, Seite 352. Die Kampfstärke des Heeres betrug 123.200 Mann.
161 Schöning, Band 2, Seite 78
162 Groehler, Seite 185
163 Schöning, Band 2, Seite 51

die Wagen für die Verpflegung der in den Laufgräben eingesetzten Soldaten und das Futter für die Pferde (3 Metzen Roggen, 8 Pfund Heu, 10 Pfund gehäckseltes Stroh pro Pferd und Tag) nicht einmal berücksichtigt sind. Auf den gesamten Siebenjährigen Krieg hochgerechnet, wurden 68.227 Zentner Pulver verbraucht, was 4.548 Wagenladungen entspricht![164]

I.
Vorbereitung und Marsch

Das Inmarschsetzen der Artillerie verlangte aufgrund der Schwere des Materials, des umfangreichen technischen Zubehörs und der großen Mengen an mitzuführender Munition weit größere Vorbereitungen als die Mobilisierung der Infanterie. Zunächst mussten die Pferde bei den Bauern requiriert werden, die natürlich versuchten, die schlechteren Tiere an die Armee abzugeben und die besseren zu behalten. Selbst wenn ihnen das misslang, war nicht viel gewonnen, denn die Pferde waren gewohnt, paarweise vor dem Pflug zu gehen. Im Vierer- oder Achtergespann vor Kanonen keilten sie aus oder verbissen sich im Nachbarn.

Ähnlich störrisch zeigten sich die Knechte, die von heute auf morgen den Artilleriekantonen entnommen und zum Dienst in der Armee gezwungen wurden. Die wenigsten hatten jemals Kontakt zum Militär gehabt. Widerwillig bis renitent fanden sich die stärkeren, verunsichert die schüchternen Charaktere bei der Truppe ein. Dürftig eingekleidet und eingebunden in die ungewohnte militärische Zucht, beschäftigte sie vom ersten Tag an nur ein Gedanke, die Flucht. Erst recht verschwanden sie im Felde. Wurden sie ersetzt, verschlimmerte sich die Lage. Konnten dafür zunächst noch einmal Leute aus dem Lande gezogen werden, die sich mit Pferden auskannten, blieben nach Ausschöpfung der Kantone nur noch Kriegsgefangene und sonstige irgendwie greifbare Leute übrig, die nur selten Kontakt zu Pferden gehabt hatten und deshalb die ohnehin hoch beanspruchten Tiere ruinierten. Moller berichtet 1760 aus Torgau an den König, dass sich unter seinen Knechten invalide Freisoldaten, Gesindel der Straße und sogar ein kriegsgefangener schwedischer Pfarrer befänden, die allesamt nichts taugten.

Darüber hinaus war der Fuhrpark, der über Jahre im Depot gestanden hatte, nicht gewartet und das Schirrzeug, weil nicht gefettet, häufig brüchig und folglich ohne größere Reparaturen nicht zu verwenden.

Bestand genügend Vorbereitungszeit, konnten die Mängel weitestgehend ausgeglichen werden. Die Handwerker des Schirrwesens reparierten die Fahrzeuge und der Schirrmeister kümmerte sich um die Bespannung. Die Kanoniere beluden die Munitions- und Kugelwagen, stellten hierüber Bestandsverzeichnisse auf und sorgten für eine möglichst gleichmäßige Verteilung der Last, sodass die Kolonnen gut geordnet ins Feld zogen.

War die vorgegebene Zeit jedoch gering, blieb für Reparaturen und eine ordentliche Beladung ebenso wenig Zeit wie für die Gewöhnung der Ackerpferde an die neuen Bedingungen. Alles ging Hals über Kopf. Der Artilleriekapitän von der Ropp, der im August 1744 in nur drei Tagen die Artillerie für das Korps Schwerin zusammenstellte, gehört zu den Offizieren, die mit einer solchen chaotischen Lage fertig werden mussten.

Am 7. August ließ er die Kanonen und Wagen herausziehen. Weil die Zeit drängte, packten Infanteristen und zivile Fuhrleute aus Breslau mit an, um die Munition und das Zubehör von den Magazinen an die zentrale Beladungsstelle zu schaffen. Von morgens vier Uhr bis abends um 22.00 Uhr wurde fieberhaft sortiert, bis die 98 Munitionswagen, Vorratskarren und das Schmiedefahrzeug schließlich beladen waren. Am 8. August trafen die Knechte und Pferde ein. Kein einziges hatte Zaumzeug oder Halfter. Ein Stall- oder Schirrmeister, der hätte helfen können, war nirgends zu finden. Trotzdem setzte sich die Kolonne unter Bedeckung eines Grenadierbataillons noch am selben Tag in Marsch. Schnell stellte sich heraus, dass die Piketpfähle und Krippen für die Pferde fehlten. Man hatte keine Reserveräder, keine Zelte für die Knechte, ja nicht einmal Geld für die Verpflegung. Weil es außerdem an Bekleidung fehlte, hockten die Fuhrleute mit bloßen Füßen auf den Fahrzeugen, und weil die meisten Polen waren, die kaum Deutsch ver-

---

164 Groehler, Seite 163. Der König berechnete pro Feldzug 12.000 Zentner (Volz, Band 6, Seite 229).

standen, drangen die Befehle nicht durch. Wer wollte beim Anblick des erbärmlichen Haufens da noch die vielgerühmte preußische Armee vermuten? Trotzdem erreichte das aus fünf Offizieren, zehn Unteroffizieren, 122 Kanonieren, 331 Knechten und 785 Pferden bestehende Kommando mit allen Geschützen und Pontons sowie 8.000 Kanonenkugeln, 1.600 Kartätschen, 150 Zentner Pulver, 442.800 Flintenpatronen und 531.600 Schuss Musketenmunition ohne Verlust an Menschen und Material das Ziel.[165]

Die Vorbereitungen der anderen Feldzüge verliefen oft nicht weniger chaotisch. Im Bayerischen Erbfolgekrieg sah sich der verantwortliche Offizier, Oberst von Dittmar, vor dieselben Probleme gestellt wie von Ropp. Wieder kam der Marschbefehl so spät, dass eine Einflussnahme auf Mann und Material nicht mehr möglich war. Das Packen geschah überhastet und dazu von anderen als den begleitenden Soldaten, sodass am Ende niemand mehr wusste, was wo aufgeladen war. Von den Pferden waren nur die von Lieferanten bezogenen Reitpferde zu gebrauchen. Die von den Bauern gestellten Spannpferde hatten eine dermaßen schlechte Qualität, dass Dittmar sie zunächst aussonderte und am Ende dennoch akzeptieren musste, weil für den Ersatz keine Zeit blieb. Die Reihen der zusammengetrommelten Knechte lichteten sich schnell wieder, und wer blieb, hatte die bekannten Probleme mit den ungeübten Pferden. Auch Dittmars Marsch entwickelte sich deshalb rasch zum Albtraum. Keine 50 Schritt bewegte sich die Kolonne fort, ohne dass von irgendwoher der Befehl zum Halt gegeben wurde. Verrutschtes Gepäck musste gerade gerückt und verlorenes wieder aufgehoben werden. Als wäre das nicht genug, marschierten die Kolonnen untereinander vermischt. Kein Mensch kannte sich mehr aus.

Die Größe des Fuhrparks, die Qualität der Pferde und das Gewicht der Last bestimmten die Geschwindigkeit und die verfügbare Tageszeit das Etappenziel. Tempelhof nennt für eine gut geordnete Kolonne eine Durchschnittsgeschwindigkeit von zwei Stunden pro Meile.[166] Tatsächlich dürften es jedoch eher drei Stunden oder mehr gewesen sein, weil die Last von bis zu 15 Zentnern pro Wagen nicht immer gleich war und die Wege mit zunehmender Nutzung ausgefahren waren.[167] Sollte der letzte Wagen einer aus 500 Fahrzeugen und rund 3.000 Pferden bestehenden Versorgungskolonne (für 20 Bataillone Infanterie mit 40 Kanonen) von sieben Kilometern Länge bei einem angenommenen Tageslicht von 12 Stunden das Ziel noch bei Helligkeit erreichen, war eine Etappe von drei Meilen (rd. 25 Kilometer) möglich. Bei nebeneinander gesetzten Kolonnen wurde der Transport zwar schneller, aber es ergaben sich daraus keine Vorteile für die Distanz, weil sich die Kolonnen vor Brücken oder sonstigen Hindernissen zusammenballten und die Leistungsfähigkeit der Pferde immer begrenzt war.

Aus dem Marschbefehl des Majors von Merkatz, der die erste Artilleriekolonne mit 70 Fahrzeugen in den Schlesischen Krieg geführt hatte, ergeben sich folgende Etappen:

04.12.1740	Abmarsch mit Ziel Kaulsdorf
05.12.1740	Weiter bis Rüdersdorf
06.12.1740	Ruhetag
07.12.1740	Ziel Eggersdorf/Müncheberg
08.12.1740	Weiter bis Heinersdorf
09.12.1740	Ruhetag
10.12.1740	Etappenziel Frankfurt
11.12.1740	Weiter bis Reppen
12.12.1740	Ruhetag
13.12.1740	Ziebingen
14.12.1740	Etappenziel Crossen

Bei dieser Kolonne befanden sich außer der Bataillonskomponente aus 20 dreipfündigen Kanonen und 257 Pferden zwei Vorratsaffuiten, zehn kleine Munitionskarren und 38 Munitionswagen, weil der Artillerietrain auch für den Munitionsnachschub der Infanterie und Kavallerie verantwortlich war. Demzufolge waren die 38 Munitionswagen mit 371.200 Schuss Infanteriemunition, 500 Handgranaten, zwei Zentner Lunte beladen. Dazu kamen Schanzzeug, Hufeisen, Nutzholz, Teer und andere Hilfsmittel sowie 15 Zentner feines Pulver in 15 ledernen Säcken für die Kavallerie. In den Lafettenkästen der Geschütze (Kastenprotzen wurden erst 1745 eingeführt) lagen je 21 Kugeln und 150

---

165 Schöning, Band 1, Seite 342; Malinowski, Bonin, Band 1, Seite 480
166 Tempelhof, Teil 2, Seite 148
167 Tempelhof berechnet vier Zentner Zuglast pro Pferd (Teil 2, Seite 150).

Schlagröhren sowie eine Schlagröhrentasche und eine Puderdose. Die kleinen Munitionskarren enthielten weitere 126 Kugeln in sechs Kästen, 21 Kartätschen nebst einem halben Zentner Lunte, vier Avancierriemen und ebenso viele Tornister sowie zwölf Blendlaternen. Die Vorratsaffuiten führten fünf Reserveräder, zwei Heberäume, zwei Reservewischer und zwei Setzkolben mit. An den Geschützlafetten waren zwei Ansetzer, ein Wischer, eine Ladeschaufel, ein Avancierbaum und ein Ober- und Unterkeil angehängt.

Bei den Versorgungskolonnen im weiteren Verlauf des Krieges dürften die Distanzen weit geringer gewesen sein, weil die Qualität des Pferdematerials immer schlechter wurde und die Fahrzeuge wegen Materialermüdung ausfielen.[168]

II.
Unterbringung im Felde

Wenn immer möglich, zogen die Marschkolonnen in Dörfern unter. Solange sich die Armee im eigenen Land befand, bereitete dies kein Problem, weil es hierfür verbindliche Regeln gab. Der Landrat besorgte das Lagerstroh, die Bauern stellten gegen Bezahlung das Quartier und die Frischverpflegung, und die Vorauskommandos nummerierten die Häuser mit Kreide durch, damit die Soldaten ihre Unterkünfte problemlos fanden. Reichte ein Dorf wegen der hohen Kopfzahl nicht aus, wurden die Nachbarorte ebenfalls belegt.

Im Feindesland gestaltete sich das Quartiermachen schwieriger. Hinzu kam, dass es in den Kampfgebieten mit dem Fortschreiten des Krieges kaum noch intakte Dörfer gab. Viele Häuser und Scheunen waren von den vorausmarschierenden Truppen auf der Suche nach Feuerholz bis zur Unkenntlichkeit demontiert worden oder kriegsbedingt niedergebrannt.

Schlossen die Umstände eine Unterbringung in festen Gebäuden aus, schlug die Armee ein Lager auf. Wegen der großen Zahl an Geschützen und Trossfahrzeugen gab es dafür auch bei der Artillerie präzise Regeln. Damit die Ordnung auch beim Abbruch des Lagers und erst recht im Falle eines Alarms reibungslos wieder eingenommen werden konnte, entwickelte Holtzmann kurz vor dem Siebenjährigen Krieg einen Musterplan für eine Kolonne aus 36 Batteriegeschützen und deren Begleitfahrzeuge. Danach standen die Geschütze mit einem Seitenabstand von jeweils fünf Schritten in Reihe nebeneinander. Gut 40 Schritte dahinter eröffneten die Fuhrknechte mit 18 Karren, 19 Kartusch- und fünf Bombenwagen eine zweite Linie. Die dritte Linie im Abstand von nunmehr nur noch 18 Schritten nahmen 25 Bomben- und 17 Munitionswagen ein. In der vierten und fünften fuhren jeweils 42 und in der sechsten 34 Munitionswagen auf. Die siebte und letzte Linie sah Holtzmann für 32 Pontonwagen vor. Wenn sämtliche Kanonen und Fahrzeuge wie vorgesehen aufgefahren waren, maß das durch sie gebildete Rechteck gut 215 Schritte in der Breite und 140 in der Tiefe.[169]

Im Lager angekommen, prüften die Unteroffiziere als Erstes den Zustand der Munition. Feuchte Bestände wurden getrocknet oder ausgesondert. Kartuschen, deren Form sich durch die Rüttelei während der Fahrt vergrößert hatte, zogen die Kanoniere mit Nadel und Faden wieder zusammen, Geschirr und Sättel schoben die Fuhrknechte unter die Protzkästen, um sie vor Nässe zu schützen. Zur Bewachung stellte der Kommandeur Kanoniere ab, die sich im Vierstundenrhythmus ablösten. Das streng abgeschirmte Areal durfte von Fremden nur in Begleitung eines Zeugschreibers betreten werden. Diese Maßnahme war notwendig geworden, weil interessierte Infanteristen bei Besichtigungen keine Skrupel gehabt hatten, das eine oder andere Stück mitgehen zu lassen, was sich die für die Vollständigkeit des Materials haftenden Zeugbedienten verständlicherweise nicht gefallen lassen wollten.

Die Zelte standen links und rechts des Gevierts in mehreren Gassen. Morgens um 4.00 Uhr ertönte das Wecksignal. Eine Viertelstunde später sahen die

---

168 Für ein Korps, bestehend aus drei Grenadierbataillonen, 21 Musketier- und zwei Freibataillonen, zwei Schwadronen Dragonern und fünf Schwadronen Husaren, mussten durch den Train nachgefahren werden: 1.238.400 Schuss Infanteriemunition, 3.600 Flintsteine, zwei Einpfünder, 45 Dreipfünder, neun Sechspfünder, fünf Zwölfpfünder mit 398 Knechten, 740 Pferden und 117 Wagen (Schöning, Artillerie, Band 2, Seite 93).
169 Malinowski, Bonin, a.a.O., Seite 24; Hüttemann, Seite 24

Knechte bereits nach den Pferden. Danach machten sie sich selbst fertig. Um 6.00 Uhr fütterten sie Roggen, Heu und gehäckseltes Stroh und führten die Tiere unter Aufsicht eines Unteroffiziers zur Tränke. Nach der Rückkehr wurden die Hufe der Tiere gereinigt. Gegen 10.00 Uhr fütterten die Knechte erneut, und wenn die Sonne heiß hernieder brannte, ging es danach nochmals an den Bach. Abends gegen halb sechs fütterten und tränkten sie die Tiere ein letztes Mal.[170] Die anderen kümmerten sich um die Fahrzeuge. Schadhafte Räder mussten ausgewechselt und sämtliche Radachsen geschmiert werden.[171] Ein Knecht blieb zur Bewachung der persönlichen Habe ständig beim Zelt und kochte.

Das Kommando über je 50 Pferde und die dazugehörigen Knechte führte ein Schirrmeister. Je vier solcher Trupps standen unter dem Befehl eines Wagenmeisters. Für die Geschütze waren die Unteroffiziere verantwortlich, die dem Kommandeur täglich Meldung über die Vollständigkeit und den Zustand der Feldstücke machten.[172]

Die an die Infanterie abgegebenen Bataillonskanonen teilten das Lager der Fußtruppe. Die Geschütze wurden 300 Schritte vor den Fahnen ihres Bataillons hinter einem angeschütteten Erdwall aufgestellt. Den Schutz übernahmen die Grenadiere.

III.
Die Verpflegung

Während die österreichische Armee auch im Felde die Selbstverpflegung beibehielt, indem der Korporal von dem eingesammelten Geld die Nahrungsmittel bei den Marketendern für seine Leute beschaffte, versorgte das preußische Heer seine Soldaten mit einer täglichen Brot- und einer wöchentlichen Fleischration. Die Verpflegung, deren Sicherung für die Moral der Truppe von größter Bedeutung war, klappte unter normalen Voraussetzungen so gut, dass der Gegner mit Neid davon sprach und mancher allein deswegen zu den Preußen überlief. Der König war sich der Tragweite ungenügender Versorgung sehr bewusst und die Entfernung zur Feldbäckerei deshalb immer ein wichtiger Bestandteil der operativen Planung. Für 12 Tage hatte die Armee Brot am Mann und auf den Brotwagen, sodass sie sich im Radius von sechs Tagen frei bewegen konnte, wenn die Bäckerei drei Tagesmärsche entfernt war (drei Tage Hin- und drei Tage Rückmarsch für das Fuhrwesen). Im Verlauf der sich immer mehr hinziehenden Kriege wurde es jedoch auch für eine gut funktionierende Organisation immer schwerer, die Erwartungen zu erfüllen. Verluste der Magazine und dadurch längere Wege erschwerten die Versorgung. Auch die Requirierung vor Ort gestaltete sich schwieriger. Häufig waren die Kriegsparteien bereits wiederholt durch dieselben Dörfer gezogen, sodass sich die Bauern weigerten, das letzte Korn oder die einzig verbliebene Kuh zu verkaufen. Leisteten sie Widerstand, nahmen sich die Soldaten mit Gewalt, was sie nicht freiwillig erhielten, und was zunächst die Ausnahme war, wurde mit zunehmender Verrohung der Kriegssitten bald in großem Stil zur Regel. Über die ausufernden preußischen Ausschreitungen bereits im Ersten Schlesischen Krieg berichtet Carsted:

»Zuletzt aber ist die allgemeine Plünderung angegangen, da man den Leuten alles, was sie gehabt, genommen, alles Immobiliar zerhackt und zerhauen, alles Vieh, Pferde, Ochsen, Kühe, Kälber, Schafe, Schweine, ja Menschen und Wagen hat man mitgenommen, so daß mancher Subalternoffizier für sich 20 Pferde erbeutet gehabt. Allein von dem Bayreuther-Regiment sagt man, daß sie 1.000 erbeutete Pferde bei sich hätten. Man hat nach der Plünderung gesehen, daß sich die Bauern selber in die Egge gespannt, um das ausgestreute Getreide doch unter die Erde bringen zu können.«[173]

Kein Wunder, dass sie aus Verzweiflung oder Wut die Versorgungskolonnen überfielen und aus dem Hinterhalt auf kleinere Gruppen von Soldaten schossen, und wenn sie auf einzelne Knechte oder Marketender

---

170 Tempelhof berichtet, dass die Reitpferde täglich mit drei Metzen Hafer und die Zugtiere mit Gerste oder Roggen gefüttert wurden (Teil 1, Seite 196)
171 Malinowski, Bonin, Band 3, Seite 25
172 Malinowski, Bonin, a.a.O., Seite 30
173 Carsted, § 277, Seite 173.

des Trosses stießen, schlugen sie die Leute tot. Die Soldaten machten wiederum mit den Widerständlern kurzen Prozess:

»Es wart ein Kommando ausgeschickt die Bauern aufzusuchen, denn sie hatten sich auch verleiten lassen, auf den Marsch verunglückte oder zurückgebliebene Bagagewagen zu plündern. Es brachte 13 Bauern, darunter sich ein Schulmeister befand. Sie wurden verhört, und den 2. Oktober wurden davon der Schulmeister und zwei Bauern, davon einer 74 Jahre alt war, außer dem Lager von Lamsdorff aufgehängt. Dem mittelsten war ein Papier mit folgenden Worten auf die Brust geheftet: Diese Bauern sind als Straßenräuber justifiziert, weil sie reisende Leute geplündert und viele sehr übel traktiert haben.«[174]

De Catt berichtet aus dem Siebenjährigen Krieg ähnliches: »Das erste, womit sich die Soldaten beschäftigten, war, allen Hühnern und Gänsen der Bauern den Hals umzudrehen. Die Gartenzäune wurden zerstört, und man quartierte sich in den Kirchen ein.«[175] Jeder plünderte, vor allem aber der Tross. Selbst das I. Bataillon Garde ließ Butter, Speck und Kleidungsstücke mitgehen.[176] Die Offiziere waren hiergegen machtlos oder schauten weg. Meldungen unterblieben, weil der König nach de Catts Bericht keine schlechten Nachrichten hören wollte. Er sei deshalb oft nicht unterrichtet gewesen.[177] Die allgemeine Plünderei war so groß, dass selbst der gewiss nicht zimperliche Gegner hierüber Verachtung empfand. De Catt erwähnt Gespräche mit gefangenen Österreichern, worin diese darauf verweisen, dass sie die Sache genauer nähmen und besser wüssten, die Marketender und Packknechte zurückzuhalten.[178]

Für den regulären preußischen Soldaten waren die rechtlichen und moralischen Grenzen oft schwer zu erkennen, zumal die Freisoldaten, die nicht zur regulären Truppe zählten und folglich auch nicht von ihr versorgt wurden, nach dem Kriegsrecht gegenüber jedermann freie Hand hatten und auch die Husaren keine Rücksicht auf Zivilisten nahmen. Verwirren musste auch, dass der König es mit dem Gesetz nicht so genau nahm. Im Schlesischen Krieg hatte er noch gegen die Disziplinlosigkeiten Spießruten verhängt und in den Tagesparolen die Todesstrafe durch Hängen angedroht, aber im Siebenjährigen Krieg die Plünderung des schlesischen Dorfes Lichtenau (November 1758) ausdrücklich befohlen, weil die Bewohner den Überfall auf die preußische Nachhut unterstützt hatten.[179] Zwar übernahmen Husaren und Freitruppen noch das Geschäft, aber bei der Verwüstung des Schlosses Hubertusburg ging der Befehl zunächst eindeutig an die reguläre Armee, bevor auch hier die Freitruppen den Vollzug übernahmen. Einmal ausdrücklich befohlen, einmal bei Todesstrafe verboten, der Soldat wusste nicht, woran er war. Hinzu kam, dass viele Kommandeure ihre Soldaten in den Kriegsgerichtsprozessen mit fadenscheiniger Begründung deckten, um sie nicht zu verlieren.

Die Tatsache, dass sich der Gegner ähnlich verhielt, mildert die wohl dunkelste Seite der altpreußischen Militärgeschichte nicht, zumal man von Friedrichs Armee als der diszipliniertesten ihrer Zeit am ehesten korrektes Verhalten erwarten konnte. Die heroische Literatur des 19. Jahrhunderts ist über die Peinlichkeit hinweggegangen. Eine der Wahrheit verpflichtete Geschichtsschreibung muss diesen Fehler korrigieren.

IV.
Vorbereitung zur Schlacht

Hatte sich der König in seinem Hauptquartier zur Schlacht entschieden und der Generalität sein Aufstellungstableau übergeben, marschierte die Armee am nächsten Tag entsprechend auf. Bei der Prozessionalentfaltung der Infanteriebataillone mit senkrechtem Aufmarsch und anschließendem Einschwenken in die Frontlinie fuhren die Bataillonsgeschütze an der Spit-

---

174 Carsted, § 246, Seite 140
175 De Catt, Tagebücher, Seite 37
176 De Catt, Tagebücher, Seite 54
177 De Catt, Tagebücher, Seite 55
178 De Catt, Tagebücher, Seite 95
179 Dominicus, Tagebuch, Seite 47

ze der rechts schwenkenden Bataillone und bei den links schwenkenden dahinter, sodass sie in beiden Fällen auf der rechten Flanke ihres Bataillons zu stehen kamen. Auf das Bataillonskommando »Halt!« rückten die Geschütze der rechten Kolonne auf der Frontlinie nochmals eine Zuglänge und vier Schritte vor, damit die Infanteristen auf das nächste Kommando ohne Behinderung nach links in die Front einschwenken konnten und das zweite Geschütz dann vier Schritte vom ersten Zug entfernt war. Auf das Infanteriekommando »Mit Zügen links schwenkt!« drehten die Gespanne rechts herum. Die Kanoniere protzten ab und schoben die Kanonen in ihre Position. Die Protzen zogen sich auf 30 Schritte zurück und wendeten. Die zweite Kolonne tat auf der anderen Seite spiegelbildlich dasselbe.

Beim Deployieren marschierten sämtliche Kanonen des 1. Treffens hinter dem 1. Bataillon. Wenn nach rechts deployiert wurde, zogen sie sich links heraus, damit von der Infanterie Abteilungen gebildet werden konnten. Alsdann schwenkten die Kanonen 90 Grad nach rechts, nach ca. 30 Schritten erneut und fuhren die Front entlang, bis sie ihre Intervalle gefunden hatten. Dort schwenkten sie ein letztes Mal und protzten auf Höhe des ersten Gliedes ab.

Wenn zwei Batterien mit 20 Geschützen auffahren sollten, bildeten die Kolonnenführer zwei gleiche Reihen, wobei die Munitionswagen mit dem Folgebedarf unmittelbar hinter dem jeweiligen Geschütz fuhren. Hatten die beiden ersten Stücke die Aufstellungslinie erreicht, setzten sie sich auf 150 Schritt von der Kolonne ab. Die Munitionswagen rückten rechts und links aus der Kolonne heraus und schlossen auf, um den nachfolgenden Kanonen Platz zum Aufrücken zu machen.

In der zweiten Phase schwenkten die beiden Geschützlinien rechts und links auf die Gefechtslinie ein. Die dazugehörigen Wagen führten dieselbe Bewegung 150 Schritte dahinter aus, sodass sich eine parallele Aufstellung von Geschützen und Munitionswagen ergab. Bei den von sechs Pferden gezogenen Kanonen entsprach die Länge des Gespannes genau der Distanz von 15 Schritten, die zwischen den abgeprotzten Kanonen einzunehmen war. Sie schlossen deshalb vor dem Schwenk und dem Abprotzen dicht auf. Vierspännige Geschütze verhielten in einer Pferdelänge Abstand, bevor sie in Richtung ihrer Munitionswagen einschwenkten und auf einer Position, die zuvor der Unteroffizier durch Abschreiten bestimmt hatte, abprotzten. Danach wurden die Pferde mit der Protze im Trab hinter die Munitionswagen geführt, wo sie mit den Köpfen zur Front Aufstellung nahmen.

In der letzten Phase stellten zwei Kanoniere die Lafettenkästen als Zwischendepot in gleicher Entfernung vom Munitionswagen und dem Geschütz ab.

Bei der Reitenden Artillerie ritt der Unteroffizier auf dem Marsch »beim Geschütz« neben dem linken Vorderhandpferd. Die Bedienungsmannschaft folgte links und rechts in zwei Reihen mit den Kanonieren Nr. 3 und 5 an der Spitze. Für den Marsch »am Geschütz« rückte der Unteroffizier vor das linke Vorderhandpferd und die Reihen fielen zurück, wobei das erste Paar auf der Höhe der Stangenpferde kam und der Rest die Distanz zwischen der Protzen- und Geschützachse füllte. Auf das Halt-Kommando parierten sie ihre Pferde, saßen ab und überließen die Tiere den Pferdehaltern, während sich das Geschütz noch etwa 30 Schritte voran bewegte. Dort wurde es von den zu Fuß nachgeeilten Kanonieren abgeprotzt. Die Protze fuhr anschließend bis vor die Pferdehalter zurück, wendete und blieb dort im Abstand von zehn Schritten zum inzwischen gedrehten Geschütz stehen. Der Seitenabstand zum nächsten Geschütz betrug bei der Reitenden Artillerie lediglich acht Schritte.

Die Stellung der selbstständig operierenden Positionsartillerie bestimmte der kommandierende General. Gelegentlich durfte auch der Kommandeur einer Brigade durch geschickte Wahl seine Qualitäten zeigen. Die nach taktischen Gesichtspunkten gewählte Position war jedoch von den Kolonnen oft nur mit Schwierigkeiten zu erreichen, weil der General (Infanterie) die Eignung der Geländebeschaffenheit für die Artillerie entweder nicht oder nicht genügend bedacht hatte und vonseiten der Kolonnen für Vorerkundungen keine Zeit blieb. Deshalb kamen die Geschütze bei Prag wegen starker Behinderung durch sumpfiges Gelände erst verspätet zum Einsatz. Bei Kunersdorf irrten sie für längere Zeit im Wald herum und konnten wegen der Bäume und der Länge der von sechs oder acht Pferden gezogenen Züge nicht gewendet werden, nachdem der richtige Weg endlich gefunden war. In der Stellung angelangt, protzten die Kanoniere ab, wobei die Nr. 3, 4, 9, 10, 11 und 12 die Lafette zum Entfernen der Protze mit Hebebäumen unterkniffen und die Nr. 5 die Vorspannpferde entkoppelte. Zeitgleich mit dem Einnehmen der Grundstellung am Geschütz rückte die Nr. 5 mit den Vorspannpferden eine Pferdelänge vor, wendete, passierte die Kanone und drehte anschließend ein, die Köpfe der Pferde auf die Kanone gerichtet. Die Protze tat dasselbe, stellte sich hinter den Vorspann, und der Munitionswagen mit der Nr. 13 schloss auf.

Avancieren mit einem Betaillonsgeschütz. Die Kanoniere 7 und 8 halten den Lafettenschwanz mit einem durch die Lafettenringe geschobenen Hebebaum. Die Kanoniere 1 bis 3 ziehen an den Avancierriemen. Die Kanoniere 4 bis 6 sind nicht abgebildet.

V.
Die Artillerie in der Schlacht

1. Bataillonsgeschütze

Ursprünglich standen die Geschütze relativ weit vor der eigenen Linie. Weil sie dort sehr exponiert waren und im Gegenangriff rasch verloren gingen, rückten sie nach den bösen Erfahrungen bei Mollwitz (1741) näher an die eigene Truppe heran. Das linke Geschütz feuerte zuerst und lud sofort nach. Während das rechte Geschütz das Feuern übernahm und anschließend ebenfalls sofort wieder lud, rückte das linke zehn Schritte vor, wobei die geladene Kartusche mit der durch das Zündloch gesteckten Räumnadel gesichert war. Der Stellungswechsel erfolgte mit Muskelkraft.

Beim Vorgehen zogen die Kanoniere 1–4 an Riemen, die sie zuvor an den Avancierhaken der Lafettenwände oder den Radnaben des Geschützes befestigt hatten. Dazu trugen die Nr. 2 und 4 den Avancierriemen links, die Nr. 1 und 3 rechts über der Schulter. Die restliche Bedienung leistete am Lafettenschwanz an einem durch die Ringe gesteckten Avancierbaum schiebend Unterstützung. Die Protzen wurden nur in Notfällen, vor allem bei eiligem Retirieren, eingesetzt, denn die Tiere sollten dem Infanteriefeuer nicht unnötig ausgesetzt sein. Während das linke Geschütz erneut feuerte, zogen die Artilleristen das rechte nach, und die ganze Prozedur begann von vorn. Dabei beobachtete der Unteroffizier ständig das Gelände, um bei Gefahr des Steckenbleibens beim Kommandeur des Infanteriebataillons zusätzliche Kräfte anzufordern. Begann die Infanterie mit dem Peletonfeuer, standen die Geschütze in der Linie auf der rechten Seite ihrer Bataillone auf gleicher Höhe und folgten ihren Bewegungen. Sobald das benachbarte Peleton gefeuert hatte, rückten die Geschütze vier Schritte vor und feuerten ebenfalls. Die Kastenprotzen folgten ihren Geschützen im Abstand von 30 Schritten.[180]

Die Richtkanoniere zielten auf die Fahnengruppe, also auf die Mitte des Gegners, sodass grobes Zielen genügte und Abweichungen von 60 Metern und mehr nach jeder Seite nicht schadeten. Wenn es das Gelände erlaubte, bevorzugten sie den Rollschuss, bei dem die Kugel das Ziel ohne zeitaufwendiges Höhenrichten durch den mehrmaligen Aufschlag in jedem Fall erreichte.[181] Bei 190 Metern Entfernung zum Gegner ging die Bedienung von Vollkugeln auf Kartätschen über, deren Wirkung der König hoch einschätzte. Tatsächlich ist es jedoch so gut wie nie gelungen, damit großen Schaden anzurichten, weil die Infanterie dem Gegner bereits so nahe war, dass selten mehr als zwei oder drei Schüsse abgefeuert werden konnten.

Zwischen den Fronten befanden sich die Kanoniere in einer ausgesprochen misslichen Lage. Bereits in der Ausgangsposition waren sie dem Kanonenfeuer des Gegners ausgesetzt. Jetzt kam heftiges Infanteriefeuer hinzu, das bei der Annäherung immer präziser wurde. Das alles zu überstehen, erforderte ein hohes Maß an Kaltblütigkeit.

2. Positionsartillerie (schwere Artillerie)

Aufgabe der mit einem Seitenabstand von 10,8 Metern aufgereihten Batteriegeschütze war es, sich um die feindliche Kavallerie zu kümmern und diese möglichst früh mit heftigem Feuer einzudecken. Dafür eigneten sich besonders die 24-Pfünder. Griff die eigene Kavallerie die feindliche an, verlegten die Kanoniere das Feuer auf die Infanterie. Die Konzentration auf die Fußtruppen von Beginn an war lange Zeit nicht üblich. Dies hat Friedrich erst 1755 erwogen, aber bei Lobositz noch nicht umgesetzt. Erst bei Roßbach (1757) bereitete die Artillerie nicht nur durch gezieltes Feuer auf den Angriffspunkt die Attacke der Kavallerie vor, sondern verhinderte auch die Entfaltung der feindlichen Infanterie. Beide bildeten fortan die Hauptziele der Artillerie.

Kanonaden mit den Batterien des Gegners sollten möglichst vermieden werden, weil der Aufwand in keinem Verhältnis zum Nutzen stand. Tempelhof hatte im Siebenjährigen Krieg fünf Kanonaden beobachtet, in denen 50 Geschütze über vier Stunden gut 5.000 Schüsse wechselten, ohne dass die Verluste auf jeder Seite mehr als 30 Soldaten betrugen.[182] Auch bei Zorndorf konnte die Artillerie die russischen Geschütze trotz zweistündiger Beschießung nicht zum Schweigen bringen.

Befand sich die Armee in der Defensive, eröffnete die Positionsartillerie auf 1.500 bis 1.600 Schritte das Feuer. Geschossen wurde von rechts nach links, niemals zugleich. Begonnen wurde langsam, damit sich die Rohre nicht unnötig erhitzten. Nach rund 30 Schuss machten die Kanoniere zur Kühlung eine Pause. Zur Beschleunigung wischten sie das heiße Rohr mit Essig oder Urin aus oder deckten es mit nassen Tüchern ein.[183] Bei 800 Schritten wechselten die schweren Brummer, bei 600 Schritten die übrigen 12-Pfünder

---

180 Hüttemann, Seite 25
181 Die Russen schossen zur Erhöhung der Wirkung häufig schräg.
182 Tempelhof, Teil 2, Seite 297
183 Malinowski, Bonin, Band 2, Seite 626

von Vollkugeln auf Kartätschen. Gerichtet wurde mit leichter Elevation »auf den halben Mann« und dieser Winkel beibehalten, bis sich die Kavallerie auf gut 300 Schritte genähert hatte. Alsdann brachten die Kanoniere ihre Geschütze auf die Elevation Null, schossen ohne Auswischen was das Zeug hielt und hofften, dass der Kavallerieangriff zusammenbrach. War der Feind auf 50 bis 60 Schritte herangerückt, gingen auch die leichteren Geschütze zur Kartätschenmunition über, nicht früher, weil die Streuung zu groß gewesen wäre. Hiervon durften sich die Artillerieoffiziere unter keinen Umständen abbringen lassen und selbst heftigstem Drängen der Infanterie nicht nachgeben. Da die Kavallerie selten mehr als 200 Schritt pro Minute in gestrecktem Lauf hinter sich brachte, hatte sie von zehn mit einer Geschwindigkeit von vier Schuss pro Minute feuernden Batteriegeschützen bereits gut 160 Kugeln eingesteckt, bevor sie in die Reichweite der Kartätschen geriet. Danach blieben den Kanonieren noch ganze 15 Sekunden, wobei sie auf die Zusage ihrer Offiziere vertrauten, dass der Kartätschenregen ausreichen würde, den Angreifern den Rest zu geben. Trog die Annahme, blieb nur ein einziger Ausweg: Die Kanoniere hechteten unter ihre Kanonen und hofften dort auf eine Chance des Überlebens. Drohte die Einnahme der Stellung durch die Infanterie, sprengten sie das Geschütz durch Beimischung von Quecksilber, Zinn oder Bleispänen unter die Treibladung oder eine zwei- bis dreifache Kugelladung.

Für den Stellungswechsel nach vorn hatten die schweren Sechspfünder und die leichten 12-Pfünder Zugvorrichtungen, sodass sie wie die Bataillonskanonen mit Muskelkraft bewegt werden konnten. Beim Retirieren legten sich vier Mann in die Riemen, vier schoben über eine am Lafettenschwanz befestigte Holzstange und zwei halfen an der Geschützachse nach. Der Kraftaufwand war enorm. Deshalb ist davon auszugehen, dass wo immer möglich mit Pferdekraft »avanciert« und »retiriert« wurde. Dazu preschte Kanonier 5 mit den Vorspannpferden im Dauerlauf rechts an

Russische Artillerie im letzten Gefecht. Auch auf preußischer Seite war die Gefahr des Überranntwerdens stets gegenwärtig.

der Kanone vorbei. Nr. 2 hielt das Avanciertau bereit und steckte den Knebel durch den Brackenring. Zogen die Pferde an, lag die Bracke einen Schritt vor der Mündung. Nr. 6 und 7 steuerten das Geschütz beiderseits des Lafettenschwanzes mit einem Lenktau. Nr. 11 und 12 hielten sich mit ihren Hebebäumen bereit, um in schwerem Gelände den Schwanz zu liften. In der neuen Stellung angekommen, lösten Nr. 9 und 2 das Avanciertau. Anschließend lief Nr. 9 nach einer straffen Linkswendung hinter den trabenden Pferden à tempo zurück, wo er mit den gewendeten Pferden zwischen dem Geschütz und der gefolgten Protze Aufstellung nahm.

Für das Retirieren blieb meist wenig Zeit. Deshalb zogen sich die Kanonen der schweren Kaliber stets voll aufgeprotzt aus der Stellung zurück.

Die Reichweite der Geschütze hing vom Kaliber, der Treibmittelmenge und dem Richtwinkel ab. Der Kernschuss traf bei den Drei- und Sechspfündern auf 300 und bei den 12- bzw. 24-Pfündern auf 500 Schritt. Bei der höchstmöglichen Elavation von 45 Grad sollen nach alten Schießtabellen im Bogenschuss von den Drei- und Sechspfündern Entfernungen von 4.500 und bei den Vierundzwanzigpfündern sogar 10.000 Schritten erreicht worden sein. Diese Werte beruhen jedoch auf einfachen Hochrechnungen, die ohne nähere Kenntnis der Ballistik erfolgten, sodass die Weiten allein schon deshalb nicht stimmen können. Der tatsächliche Wirkungsbereich dürfte bei den Drei- und Sechspfündern auf 1.500 Schritte, bei den Zwölfpfündern auf 1.500 bis 5.000 und bei den Vierundzwanzigpfündern auf 5.400 Schritte begrenzt gewesen sein.

- Dreipfünder Kammer Holtzmann M 1740 mit höchstmöglicher Ladung
  – im Kernschuss 300 Schritte
  – bei 45 Grad Elevation 1.500 Schritte
  – Kartätschen 400 Schritte.
- Sechspfünder Kammer Dieskau M 1754
  – im Kernschuss 1.000 Schritte
  – im Bogenschuss 1.500 Schritte
  – im Rollschuss 2.000 Schritte
  – Kartätschen 600 Schritte.[184]
- Zwölfpfünder ordinär mit fünf Pfund Ladung und 3 Grad Elevation
  – im Bogenschuss 1.500 Schritte.[185]

In Metern betrug die Reichweite des schweren »Brummers«, der wegen des längsten Rohrs und der größten Metallstärke die stärkste Ladung aufnehmen konnte, unter günstigsten Bedingungen – dem Rollschuss auf festem Boden – rund 3.600 Meter. Dabei hatte die Vollkugel eine durchaus beachtliche Wirkung. Insbesondere dann, wenn sich die Truppen wie bei Leuthen oder Zorndorf zusammenballten, wirkte sie verheerend. Dort wurde beobachtet, dass eine einzige Vollkugel eines 12-Pfünders 42 Mann tötete.[186]

Eine gut eingespielte Mannschaft schoss mit ihrer Kanone bis zu zehnmal in der Minute, was die Österreicher respektvoll mit den Worten »90 Kanonenschüsse in der Zeit eines Vaterunsers, wie man kaum mit Musketen schneller feuern kann«, kommentierten.[187] Wurde erst nach jedem dritten Schuss ausgewischt, sollen sogar 12 Schuss möglich gewesen sein. Das erscheint jedoch selbst bei der Annahme eines ausgezeichneten Ausbildungsstandes wenig wahrscheinlich.

VI.
Die Artillerie im Festungskampf

In Feldschlachten wurden Geschütze verwendet, die aus Gründen der Beweglichkeit leicht sein mussten. Ihre Wirkung reichte zur Bekämpfung der feindlichen Infanterie aus, war aber für den Festungskampf, wo Mauern demontiert werden mussten, völlig unzureichend. Deshalb wurde für diesen Zweck eine Belagerungsartillerie aus Vierundzwanzigpfündern und Wurfgeschützen nachgeführt, deren Geschosse bis zu 100 Pfund schwer sein konnten. Die Menge richtete sich nach der Größe der zu erobernden Anlage. Für die Einschließung von Prag schaffte Moller 20 Zwölfpfünder, 10 Vierundzwanzigpfünder und 28 Mörser aus Magdeburg heran. Für die Wiedereroberung von

---

184 Bleckwenn, ZfH 1957, Seite 87
185 Tempelhof, Teil 2, Seite 64
186 Bleckwenn, Preußenadler, Seite 179; Schöning, Band 2, Seite 119
187 Allmayer-Beck, Seite 37

Breslau wurden 69 Kanonen und 22 Mörser in Stellung gebracht. Vor Schweidnitz waren es 60 Kanonen, 23 Haubitzen und 24 Mörser mit 32 Unteroffizieren, 54 Bombardieren und 433 Kanonieren. Bei Olmütz kamen von 116 Geschützen täglich 60 zum Einsatz, die in 24 Stunden 1.220 Kugeln, 308 Bomben und 26 Granaten auf die Stadt niedergehen ließen.[188]

Die sogenannte Parkgeschütze standen in Batterien zu vier bis zehn Geschützen in Stellungen, die zur besseren Deckung ins Erdreich verlegt und durch zusätzliche mit Sand gefüllte Flechtkörbe geschützt waren. Bei Beschuss rissen die einschlagenden Kugeln von den aufeinandergeschichteten Körben nur einige wenige weg, die leicht zu ersetzen waren.

Der Beschuss der Festungen wurde auch nachts fortgesetzt, damit sie nicht zur Ruhe kamen. Weil in der Dunkelheit ein Nachrichten nicht möglich war, steckten die Kanoniere die Position des Geschützes im Tageslicht mit Stöcken ab und schoben es in der Nacht nach dem Rücklauf in die markierte Position zurück. Ebenfalls des Nachts wurden die weiteren Parallelen angelegt und das Geschützmaterial dorthin verlegt. Ein Artilleriekommandeur konnte sich großes Verdienst erwerben, wenn ihm der Stellungswechsel ohne Zeitverzug gelang. Allerdings mussten die zivilen Schanzarbeiter dabei mitspielen, denn die schmutzigen Erdarbeiten gehörten damals noch nicht zu den Aufgaben der Artillerie.

Für den Angriff bevorzugten die Kanoniere den flachen, direkten Schuss. Als Demontierschuss sollte er die Mauerkronen abräumen und den Verteidiger deckungslos machen, als Enfilierschuss, von der Flanke in Längsrichtung der Mauer geschossen, die Nachbesetzung der Verteidigungsgeschütze unmöglich machen und als Breschierschuss, etwas oberhalb des Mauerfußes angesetzt, das Bauwerk zum Einsturz bringen. Die Wirkung wurde allerdings von den verantwortlichen Ingenieuren aus unzureichender Kenntnis der technischen Möglichkeiten der Artillerie häufig überschätzt. Während Balbi vor Olmütz davon ausging, dass überhöhte Stellungen selbst bei einem Abstand von 1.800 Schritten noch von Vorteil seien, war für einen Fachmann wie Tempelhof von vornherein klar, dass die Distanz zwischen der Festung und der Geschützstellung nicht größer als 800 Schritte sein durfte, wenn überhaupt eine Wirkung erzielt werden sollte.[189] Auch von Enfilierschüssen hielt er aus eigener Erfahrung nichts:

»Man findet bei aller Sorgfalt solche beträchtlichen Unterschiede und Abweichungen von der Linie, in der das Geschütz gerichtet ist, daß der Verstand darüber stillsteht. Denn 20, 30, 50 Schritt sind dabei eine Kleinigkeit. Sie gehen zuweilen auf 200 und 300 Schritt; das sind Erfahrungen!« [190]

Demontierschüsse taugten aus seiner Sicht ebenfalls wenig. Weil weder die Geschosse noch die Treibladungen normiert waren, reichten bereits kleinste Unterschiede für erhebliche Abweichungen in der Schussbahn aus. Hinzu kamen die Neuausrichtung des Geschützes nach jedem Schuss und die Einflüsse von Wind und Luft. Treffer in Längsrichtung einer Galerie oder auf Schießscharten von 2,70 Meter Breite aus 300 Schritten Entfernung waren deshalb mit ebenso viel Glück verbunden wie ein Schuss eines geübten Jägers auf ein 216 Meter entferntes Ziel von 60 Zentimeter Länge.[191] Standen die Geschütze wie bei Olmütz gar 1.500 Schritte vom Ziel entfernt, entsprach die Trefferwahrscheinlichkeit der eines Jägers auf ein 18 Zentimeter großes Ziel in 216 Metern Distanz. Die Menge der Kugeln, bis eine schließlich traf, konnte niemand kalkulieren.

Breschierschüsse zeigten Wirkung, wenn die Geschütze in einer Entfernung von 600 Schritten eingebettet waren. Dazu wurde zunächst ein horizontaler Schnitt ein bis zwei Meter über der Grabensohle geschossen, dem zwei Vertikalschnitte mit spitzem Auftreffwinkel folgten. War der festgestampfte Sand freigelegt, folgten Schüsse im spitzen Winkel, um die Masse in Bewegung zu bringen. Für das Zertrümmern einer Mauer berechneten die Experten drei Tage. Weitere drei wurden für das Herabschießen der freigelegten Erde angesetzt.

---

188   Schöning, Artillerie, Band 2, Seite 51, 102
189   Tempelhof, a.a.O., Seite 74
190   Tempelhof, Teil 2, Seite 67
191   Tempelhof, a.a.O., Seite 61

Die beste Angriffswaffe waren nach Ansicht Tempelhofs die Geschosse der schweren Mörser, gegen deren senkrechten Aufprall es so gut wie keinen Schutz gab. Allerdings traf unter Berücksichtigung der Instabilität der Stühle und sonstigen Rahmenbedingungen auch hier nur jede zehnte Bombe ein Ziel von 40 x 15 Schritten. Noch mehr Munition wurde verbraucht, wenn eine Festungskanone mit der Zielfläche von 6 x 8 Schritten ausgeschaltet werden sollte, sodass auch bei den Mörsern der Nachschub an Munition den Erfolg bestimmte. Warf ein Mörser wie damals üblich 50 Stück mit jeweils 7 Pfund Ladung pro Tag, wurden für 20 Mörser 1.000 Bomben und 7.000 Pfund Pulver benötigt, was 83 Bomben- und 4 Pulverwagenladungen entspricht. Bereitete die Bereitstellung dieser Fahrzeuge bereits einige Mühe, stand die Organisation erst recht vor Problemen, wenn die Belagerung 20 Tage und mehr dauerte, zumal die Kanonen und Haubitzen einen ähnlich hohen Bedarf an Nachschub hatten.

Deshalb hielt Tempelhof die auch vom König erhobene Forderung nach ununterbrochenem Feuer für nicht erfüllbar. Sollte eine Kanone pro Stunde zehn Mal feuern, würde sie bei 16 Stunden Tageslicht 160 Mal aktiv geworden sein und hätte nach knapp 14 Tagen Belagerung ihre Brauchbarkeit total eingebüßt. Bei der realistischen Annahme von 30 Tagen Belagerung und des Einsatzes von 60 Kanonen hätten sämtliche Geschütze einmal ersetzt und 288.000 Kugeln aufgewendet werden müssen, für deren Transport 5.567 an einem einzigen Ort gebundene Kugel- und Pulverwagen nötig gewesen wären. Die Durchführung eines solch aufwendigen Unternehmens würde jede Versorgungsorganisation überfordert haben.

Bei nüchterner Einschätzung der Möglichkeiten der Artillerie empfahl es sich deshalb, Belagerungen nur dann in Angriff zu nehmen, wenn eine Festung den operativen Plänen massiv im Wege stand. Hinzu kam, dass der König seine Kriege aufgrund der begrenzten personellen Ressourcen »kurz und vif« anlegen musste,

Seydlitz in der Schlacht bei Roßbach.
Links ein dreipfündiges Battaillonsgeschütz, Nr. 4 pudert,
Nr. 3 greift zur Lunte und Nr. 1 hält den Flegelwischer.

Schematische Darstellung des Einreißens einer Festungsmauer durch Breschierschüsse

was die lang anhaltende Bindung kopfstarker Kräfte an einem Ort von vornherein ausschloss. Konnte er trotzdem einen Festungskrieg nicht vermeiden, fehlte ihm in seinen Ingenieuren eine tatkräftige Unterstützung, weil sie im entscheidenden Augenblick entweder nicht weiterwussten (Balbi vor Olmütz), einen Nervenzusammenbruch bekamen (Lefèbvre vor Schweidnitz) oder einfach zu schwach waren, ihre Kenntnisse selbstbewusst an den Mann zu bringen. Sein Unmut über die Rotwestenträger war deshalb groß und die Schärfe der Kritik nicht zu überhören:

»*Oh wenn Cohoern und Vauban noch lebten. Sie würden denen, die ihnen ins Handwerk pfuschen, eine Mütze mit Eselsohren aufgesetzt haben!*«[192]

Um die im Belagerungskampf ebenso wichtigen Mineure war es nicht besser bestellt. Nacht für Nacht wühlten sie sich unter ständigem Druck der ungeduldig wartenden Infanterie an die Mauern heran, standen im Grundwasser, stießen auf Felsen und wurden durch Ausfälle des Gegners gestört. Waren die Stützhölzer durch den Feind eingerissen, begannen sie jedes Mal aufs Neue. Kein Wunder, dass auch sie Nerven zeigten und am liebsten aufgegeben hätten. Tauentzien berichtet 1762 von Schweidnitz an den König:

»*Das Schlimmste ist, dass die Mineurs so außerordentlich zaudern. Der Major Signoret hatte schon gestern alle nöthige Anweisung zur Ansetzung der neuen Mine erhalten. Demohngeachtet war heute morgen noch nicht das Geringste angefangen, sodass ich ihn sogleich in Arrest würde geschickt haben, wenn ich nicht allzu deutlich gemerkt, dass er selbst lieber in Arrest, als bei der Arbeit zu sein wünschte.*«[193]

Auf der anderen Seite war es in dem einen oder anderen Fall durchaus lohnend, eine Belagerung zu wagen, weil sie bei Erfolg beachtliche Beute versprach. Als Schweidnitz im letzten Kriegsjahr wieder gewonnen wurde, fielen den Preußen 53.425 Kugeln und Bomben, 350.000 Schuss Infanteriemunition, 2,5 Millionen Flintsteine, 1.000 Zentner Pulver, 5.527 Gewehre, 2.000 Zentner Mehl und 21.000 Rationen Brot in die Hände. Angesichts der immer knapper werdenden Versorgungsgüter bedeutete jedes einzelne Stück einen Gewinn.

VII.
Sanitätsdienst im Felde

Im Kriege reichten die etatmäßigen Regimentsfeldschere/Oberwundärzte und Kompaniefeldschere/Unterwundärzte zur Versorgung der Kranken und Verwundeten nicht aus. Deshalb wurde je nach der Stärke der Armee aus den vorhandenen Kräften ein gemeinschaftlicher Lazarettetat gebildet und zusätzliches Personal eingestellt. 1759 gehörten zum Korps des Königs der Generalstabsmedicus Cothenius, ein Lazarettdirektor (Major) mit acht Feldmedici, der Generalchirurgus Schmucker, 11 Stabschirurgen, 12 Oberchirurgen, 300 Lazarettfeldschere, fünf Lazarettinspektoren, zwei Rendanten, ein Kontrolleur der Lazarettkasse, 15 Lazarettkommissare, 10 Lazarettaufseher, 50 Lazarettunteroffiziere, vier Prediger, 350 Aufwärter, 120 Wäscherinnen und 45 Köchinnen. Die Feldapotheke hatte einen Ober- und Unterfeldapotheker, 10 Feldapotheker, 12 Arbeiter, einen Wagenmeister und acht Knechte für die Apotheker- und Bandagewagen. Die übrigen Korps wurden ähnlich unterstützt.

Nach der von Cothenius festgelegten Ordnung hatte jeder Lazarettfeldscher (Unterwundarzt) 50 bis 60 Kranke und bis zu 30 Verwundete zu betreuen, die er an Routinetagen bis 11 Uhr versorgte. War er damit durch, besuchten die jeweils für sechs bis acht Lazarettfeldschere zuständigen Oberwundärzte ihre Sektion und anschließend der Generalchirurgus und Oberstabsmedicus die schweren Fälle.[194] Danach trafen sich die Ärzte, das Wirtschaftspersonal sowie die Angehörigen der Feldapotheke zur Konferenz.

Kam es zur Schlacht, leisteten die Kompaniefeldschere Erste Hilfe in vorbereiteten Sammelstellen, zu denen sich die gehfähigen Verwundeten selbst zu begeben hatten. Hilfeleistungen in der Kampflinie waren nach dem Reglement verboten. Erst nach der Schlacht durften die Feldschere das Gelände betreten und die Schwerverwundeten bergen. Wer bis dahin überlebt hatte und nicht bereits von marodierendem Gesindel ausgeraubt und möglicherweise zusätzlich verletzt

---

192   Petersdorff, Seite 372
193   Schöning, Artillerie, Band 2, Seite 445
194   Theden, Seite 5

worden war, konnte froh sein. Auf den Sammelstellen wurden die Verwundeten erstversorgt und danach in das nächste Lazarett überführt, wobei die Feldschere den letzten Transport begleiteten. Hatte das Lazarett einen Bedarf an zusätzlichem Personal, blieben sie zur Entlastung für einige Zeit vor Ort, ansonsten kehrten sie unverzüglich zu ihren Einheiten zurück.[195]

In der Theorie mögen gute Vorkehrungen für eine angemessene Behandlung der Verwundeten getroffen worden sein, die Praxis stimmte hiermit in der Hektik des Geschehens jedoch nur selten überein. So ist es vorgekommen, dass gehfähige Verwundete auf dem Marsch ins Lazarett Bauern ausplünderten, weil niemand an ihre Verpflegung gedacht hatte. War es schließlich erreicht, wurden die Täter häufig selbst zu Opfern von Eigentumsdelikten, weil die für die Ordnung verantwortlichen Kommandanten, die aktive Soldaten waren, im Chaos des ständigen Kommens und Gehens den Überblick verloren hatten.

Bei der hohen Zahl der Eingänge dauerte es manchmal Stunden, bis die Wunden ausgewaschen und mit Branntwein getränkten Verbänden versorgt waren. Häufig saß der Brand bereits in den Verletzungen, weil die Soldaten auf dem Schlachtfeld in Lehm und Brackwasser gelegen hatten oder auf den Fuhrwerken mit dreckigem Stroh in Berührung gekommen waren. Dann half nur noch eine schnelle Amputation. Oberschenkel und Arme wurden nach Abschnürung mit einem einzigen raschen Zirkularschnitt bis auf den Knochen durchtrennt, dieser oberhalb des Schnittes abgesägt, die Hauptschlagader abgebunden und die Wunde mit Brenneisen verschmort. Die scharfe Abschnürung linderte den Schmerz kaum, sodass es auf Schnelligkeit ankam. Die Prozedur bedeutete eine Qual für den Patienten und höchste Anspannung für den Arzt, der unter den markerschütternden Schreien des Verwundeten sein Handwerk verrichten musste. Erfahrene Wundärzte schafften eine Amputation in drei Minuten.

Der Erfolg war damit jedoch keineswegs gewiss. Unzureichende Hygiene, Schock und Nachblutungen führten dazu, dass nur 10 % der Operierten die Tortur überlebten. Noch verheerender wüteten Fleckfieber, Typhus und andere Seuchen, denen die Ärzte hilflos gegenüberstanden. Die Militärchirurgie verdient großen Respekt, dass sie trotzdem den Mut bei ihrer aufopferungsvollen Arbeit nicht verlor. Warnery tut ihr bitter Unrecht, wenn er behauptet, er »wisse von guter Hand, daß die Direktoren und Wundärzte in den Hospitälern vom Könige Befehl gehabt, diejenigen umkommen zu lassen, welche auf solche Art blessiert waren, daß sie nach ihrer Heilung nicht mehr dienen konnten, und zwar deswegen, um die Kosten ihres Unterhalts zu sparen«. Bereits die Tatsache, dass sein Buch über die »Campagnes de Frederic II, Roi de Prusse de 1756 à 1762« in Wien erschien, muss nachdenklich stimmen. Darüber hinaus gibt es eine Reihe von Zeugenaussagen, die seine Behauptungen glaubhaft widerlegen. Nicht nur der Feldarzt Baldinger und der Regimentschirurgus Horn – zwei Männer von der Front – haben im Medicinischen Journal von 1788 Warnery sofort heftig widersprochen. Auch der vom Regimentsfeldscher der Artillerie zum Generalchirurgus aufgestiegene Theden, ein Mann, der kraft Amtes die besten Kenntnisse über das Sanitätswesen haben musste, hat hierzu Stellung genommen:

»Ich habe nun ins zwey und funfzigste Jahr meist unter diesem verewigten Könige gedient, und weiß, daß kein Schatten der Wahrheit in dem Behaupteten ist. Ich weiß, wie große Summen dieser König mit Freuden hergab, um seine Kranken und Blessirten gut besorgt zu sehen. Wahr ist es, daß die Anstalten nicht allemal die besten, besonders gleich nach Schlachten waren; dafür aber konnte der König nicht. Die Hauptsache war, daß ein Lazarethreglement fehlte, welches nunmehr der menschenfreundliche König Friedrich Wilhelm veranstaltet hat, und wofür alle in dem holländischen Krieg: Blessirte und Kranke Sr. Majestät noch danken.

Ich erinnere mich, daß der vortrefliche Friedrich nach der Bataille bey Czaslau 1742, als Er aus dem Lager nach Kuttenberg ritt, um die Spitäler zu besuchen, durch die Vorstadt kam und daselbst einen Haufen Kompanie-Feldscherer fand, fragte, was dieser Auflauf bedeute, zur Antwort erhielt: ›Eine Amputation, Ew. Majestät!‹ – ›O ihr Sch…!‹ war seine Antwort; weil dem Könige das Amputiren zuwider war. Aber es erfolgte weder damals noch jemals nachher jener abscheuliche Befehl … Ich eile dem Grabe im 75sten Jahre entgegen, und meine Asche würde nicht der Ruhe werth seyn, wehn ich nicht, so wie die

---

195   Theden, Seite 4

edlen Männer Baldinger und Horn, dieser schändlichen Unwahrheit widerspräche; und da ich gewiß alle bey den Lazarethen gegebene Befehle kenne; so kann mir das Publikum hierüber Glauben zustellen.«[196]

VIII.
Gefangenschaft

Lang anhaltende Kriegsgefangenschaft und Internierung sind Zeichen des modernen Krieges. Im 18. Jahrhundert wurden Kriegsgefangene noch nicht bis zum Friedensschluss verwahrt, sondern bereits auf dem Schlachtfeld angeworben. Selbst über die zwangsweise Rekrutierung regte sich niemand auf, solange sie nicht durch Vertrag ausdrücklich verboten war.[197] Die nicht Übernommenen gingen in die Internierung und wurden kurzfristig in ihren Rangstufen Kopf gegen Kopf ausgetauscht. Bei ungleicher Zahl flossen Geldleistungen. Bis es so weit war, wurden die Gefangenen auf Gegenseitigkeit verpflegt und medizinisch betreut.

Der regelmäßige Austausch war zwischen Preußen und seinen Gegnern bis 1759 ständige Übung. Danach hielten beide Seiten die Gefangenen bis zum Friedensschluss zurück, weil sie erkannt hatten, dass der Entzug gut ausgebildeter Soldaten dieselben Vorteile brachte wie eine gewonnene Schlacht und noch dazu eigene Verluste ersparte. Während Seydlitz, Prinz Moritz und der wertvolle Kabinettsekretär Eichel noch mit der Gewissheit baldiger Rückkehr in die Gefangenschaft gegangen waren, blieb Finck, Fouqué und Wunsch diese Aussicht bis zum Friedensschluss versperrt. Das Grundprinzip des regelmäßigen Austauschs bestand jedoch fort. Erst als mit dem Entstehen der Massenheere im 19. Jahrhundert die Soldaten durch Konskriptionen mühelos ersetzt werden konnten und die Ausbildung durch den Fortfall schneller Bewegung in größeren schlossenen Verbänden erleichtert wurde, trat ein Umdenkungsprozess ein. Der Kriegsgefangene wurde von da an dauerhaft interniert und seine Behandlung über den Lieber Code von 1863 und die Haager Konvention von 1907 auf eine gesetzliche Grundlage gestellt.

Preußen verwahrte seine Gefangenen in Küstrin, Berlin, Magdeburg und nach dem Rückzug der Russen in Preußen. Österreich brachte die Offiziere nach Tirol und Kroatien und die Mannschaften größtenteils nach Krain, Kärnten und in die Steiermark. Sie wohnten dort bei freiem Ausgang in geschlossenen Quartieren und die Offiziere, deren Ehrenwort jedes Misstrauen beseitigte, permanent im Privatquartier. Weil sie Abwechslung in die Gesellschaft der oft öden Provinznester brachten, waren sie auf beiden Seiten gern gesehen. Lehndorff berichtet dazu:

»Herr v. Grappendorf gibt einen Ball, auf dem sich unsere Herren Gefangenen zwanglos der Freude hingeben. Das Publikum gibt den Österreichern den Vorzug vor den Franzosen. Es gibt unter den letzteren allerdings gezierte und geschicktere Leute, aber besonders im Tanzen sind die Österreicher überlegen.«[198]

In Magdeburg, wohin alle höheren Offiziere letztendlich verbracht wurden und auf Weisung des Königs mit Wohlwollen zu behandeln waren, verkehrten sie sogar am exilierten Hofe.[199] Ohne Dienstpflichten und gesellschaftlich anerkannt, hatten die Herren bis auf die Trennung von zu Hause nichts auszustehen und führten ein ausgesprochen angenehmes Leben.

Den gefangenen Mannschaften ging es ebenfalls nicht schlecht, weil sie »ihrem Charakter (Dienstgrad) gemäß wohl zu halten« waren. Eingeschlossen wurden sie nur des Nachts. Ihr größter Feind war die Langeweile, sodass die Werbekommandos des Siegers, die ihnen weiterhin im Nacken saßen, durchaus eine Chance hatten. Weil es im Zeitalter des Absolutismus ein Nationalgefühl noch nicht gab und vielen der in der Leibeigenschaft groß gewordenen Soldaten der Dienstherr gleichgültig war, zog mancher den Dienst unter fremder Fahne der eintönigen Gefangenschaft vor. Dominicus berichtet, dass von 772 Mann seiner Gefangenengruppe 176 diesen Weg gegangen seien. Insgesamt war die Ausbeute der Werber jedoch gering.

---

196   Nicolai, Anekdoten, Seite 336
197   1741 hatten Friedrich und Maria Theresia ein Kartell geschlossen, das die Zwangsrekrutierung für sechs Jahre untersagte.
198   Lehndorff, Seite 106
199   Sophie Gräfin Voß, Seite 48. Lehndorff (Seite 124) berichtet, dass sich 1758 rund 8.000 Kriegsgefangene, darunter 600 Offiziere, in Magdeburg befanden, die von einer lediglich 4.000 Mann starken Garnison »bewacht« wurden.

Kavalleristen und Artilleristen sparten sie von vornherein aus. Auch die Kantonisten galten als sehr widerstandsfähig, sodass im Grunde nur die angeworbenen Freiwilligen in Betracht kamen. 1760 berichtete der Geheime Rat Schaffgotsch nach Wien: »*Die geborenen Brandenburger, Preußen und Pommerer lassen sich gar nicht enrollieren.*« Auch die Mecklenburger wollten lieber bei den Preußen bleiben, als durch Rückkehr in ihre Heimat die Freiheit zu erlangen. Selbst die katholischen Schlesier, bei denen Wien am allerwenigsten Loyalität vermutet hatte, erwiesen sich als königstreu. Als man sie vorzeitig nach Glatz entließ, traten sie sofort wieder in das preußische Heer ein, sodass der Hof 1761 enttäuscht auf eine Wiederholung verzichtete.[200]

Nach Kriegsende kehrten 19.808 preußische Mannschaften und 1.080 Offiziere aus österreichischem Gewahrsam heim. 43 Offiziere waren in der Gefangenschaft gestorben, zwei krank zurückgeblieben und 16 desertiert. Umgekehrt setzten sich 1.084 Offiziere und 10.545 Mann von Preußen über Thorn nach Österreich in Bewegung.[201]

IX.
Die Situation im Mutterland

1. Die Heimat als Versorgungsbasis

Die Erkenntnis, dass eine Armee mit ihrer Logistik steht und fällt, ist Allgemeingut. Materielle Überlegenheit kann fehlende Professionalität ausgleichen, Professionalität fehlendes Material nur bedingt. Ohne kontinuierlichen Nachschub muss selbst die beste Streitkraft irgendwann unterliegen.

Im Heer Friedrichs des Großen war die Verpflegung im großen Ganzen immer gewährleistet. Das notwendige Getreide lieferte das Kernland. Reichten die Mengen nicht aus, besorgten Zwischenhändler das Fehlende aus dem Ausland.

Die Kleiderkammern verfügten über genügend Bestände, um die Soldaten angemessen zu versorgen. Nachfertigungen waren aufgrund der gut entwickelten Tuchindustrie jederzeit möglich.

Den personellen Ersatz stellten die im Frieden weitgehend geschonten Kantone. Zwar wurden die Gezogenen im Laufe des Krieges immer jünger, aber die Infanterie war niemals über längere Dauer oder gar kriegsentscheidend personell geschwächt. Bei der Artillerie lagen die Verhältnisse wegen ihrer Spezialisierung und ihres hohen Bedarfs an Hilfskräften anders. Zwar durfte sie in Fällen höchster personeller Not auch in anderen Kantonen rekrutieren, aber zur Ausbildung des Fachpersonals blieb zu wenig Zeit. Deshalb wurde zum Leidwesen der Kommandanten von der Garnisonartillerie Fachpersonal abgezogen, was die Festungen erheblich schwächte.

Gravierende Engpässe gab es auch bei den Fahrzeugen und Pferden. Das Gerät war in Friedenszeiten aus Kostengründen kaum gewartet worden und fiel deshalb im Kriege häufig aus. Zwar kümmerte sich der König in endloser Korrespondenz mit seinem Generalinspekteur um jede Einzelheit, aber die Freigabe entsprechender Mittel war ihm nur schwer abzuringen. In diesem Disput blieb der Inspekteur fast immer zweiter Sieger. Meistens bewilligte ihm der König weniger als gefordert, verlangte Improvisation dort, wo er eigentlich helfen müsste, und ließ Dieskau bei voller persönlicher Verantwortung häufig allein.

Dieskau 1758 an den König:

»*Er. Königl. Majestät Allergnädigstem Befehl zu Folge soll (ich) näher nachweisen, wie die geforderten 20,000 Thlr. zu Reparation des Artillerie-Trains gebraucht werden könnten. Hierauf nun muß (ich) pflichtgemäß alleruntertänigst anzeigen, wie das Artillerie-Fuhrwesen mit Geschütz und Wagenwerk zusammen genommen bis hierher aus 1471 Fahrzeugen bestanden, und daß unter denen kein einziges ist, so nicht Stellmacher- und Schmiede-Reparatur bedarf. Die sämmtlichen blauen Wagen sind auch bei der vielfältig im Herbst gehabten nassen Witterung in solchen Umständen, daß sie neu überzogen werden müssen, damit die Munition und Patronen in künftigjähriger Campagne trocken transportiert werden können. Das Pferdegeschirr und übriges Zubehör zum Stall ist auch so ruinirt, daß ein großer Theil davon neu gemacht, der andere Theil aber*

---

200 Bleckwenn, Bauerfreiheit durch Wehrpflicht, WTS-Katalog 1986, Seite 11. Die Erfolgsquote der Anwerbungen lag bei 11 %
201 Jany, Band 2, Seite 642

durchgängig repariret werden muß; und die Oesterreichischen Wagen, so an die Artillerie abgeliefert worden, sind nicht zureichend, die Anzahl der Wagen zu ersetzen, so von des Oberst v. Osten Train bei dem Rückmarsch aus Böhmen und Zittau verloren gegangen, so daß noch neue Wagen werden gemacht werden müssen. Es sind auch die Train-Bedienten und Knechte, so mit Ew. Königl. Majestät Corps d'Armée gekommen, an ihren Montierungsstücken gänzlich abgerissen und es ist unumgänglich nöthig, daß selbige neu montiret werden. Wenn also bei dem jetzigen Zusammenfluß alles Artillerie-Fuhrwesens im Stande wäre Ew. Königl. Majestät es für 20,000 Thlr. wieder in den gehörigen Stand zu setzen, so würde (ich) mich vollkommen glücklich schätzen. Ew. Königl. Majestät erinnere Sich allergnädigst zurück, daß Allerhöchstdieselben nur vom Ausmarsch aus Berlin bis anhere 20,000 Thlr. assigniret, die lediglich zu vorgefallenen Extraordinarien verwandt werden, wovon Allerhöchst denselben ich die Rechnung ablegen kann, und worin keine Haupt-Reparaturen bestritten sind. Ew. Königl. Majestät bitte dahere nochmals allerunterhänigst um Allergnädigste Assignation der 20,000 Thlr. zu Wieder-Instandsetzung der Artillerie-Trains, zumal da (ich) außer Stande bin, specielle Anschläge formiren zu können, sondern nach meiner unterthänigen Pflicht es berechnen werde. Breslau, den 4ten Januar 1758. v. Dieskau«[202]

Die Antwort des Königs:

»*M. l. Oberst v. Dieskau. Ich gebe Euch auf Eure anderweite Vorstellung von 4ten dieses wegen der erforderlichen Kosten zu Reparation des Artillerie-Trains, hierdurch in Antwort, daß noch viele Oesterreichische Artillerie-Wagen sein müssen, die Ihr noch alle sehr gut und fast als neu werdet gebrauchen können; wie aber solche noch hie und da herum stehen dürften, so habe Ich an den Etats-Minister v. Schlabrendorff die Ordre ergehen lassen, daß derselbe sogleich in Landräthen, wie auch Dorfschaften aufgeben soll, damit sie alle dergleichen Wagen zusammen bringen und hierher zur Artillerie abliefern lassen sollen. Inzwischen aber und damit die nothwendige Rapraration des Artillerie-Trains nicht aufgehalten werde; so will Ich Euch zu solchem Behuf vorerst die Summe von 10.000 Thlr. assignieren, welche der E.M. v. Schlabrendorff zu Folge an ihn ergangener Ordre auf Eure Assignation und Quittung auszahlen lassen soll. Breslau, den 5ten Januar 1758.«*[203]

Wie blank die Nerven des rechtschaffenen und nach besten Kräften dienenden Offiziers durch das ständige Drängen und Fordern des Königs gelegentlich lagen, erhellt seine Erwiderung auf die an sich harmlose Ermahnung, den Artilleriepferden größere Aufmerksamkeit zu widmen:

»*Ew. Königl. Majestät mir unterem 5ten dieses ertheilte Resolution wegen besserer Verpflegung und Wirthschaft mit den Artillerie-Pferden zeiget nur allzu deutlich von der Allerhochst deroselben auf mich geworfene Ungnade, als daß ich daran zweifeln sollte. Mein einziges Bestreben ist von meiner Jugend an dahin gegangen, durch treue und redliche Dienste, mich Deroselben Gnade nur immer würdiger zu machen. Ich muß aber mit dem innersten Chagrin erfahren, daß Ew. Königliche Majestät meiner lang geleisteten allerunterhänigst treuen Dienste ohngeachtet dennoch an meiner Redlichkeit zweifeln und glauben, daß ich für die Artillerie-Pferde nicht die gehörige Sorge trüge, ja daß sogar mir denselben eine unverantwortliche Wirthschaft getrieben werde. Ew. Königl. Majestät kann ich aber auf meine Ehre und Pflicht allerunterhänigst versichern, daß mir nicht das Geringste von vorgegangener Defraudation bekant, meiner Seits hat es auch so wenig an Erinnerungen als Ermahnungen an die Pflicht der zur Aufsicht bestellten Offiziere gefehlet, und es haben auch die Pferde allemal meines Wissens die ihnen gereichte Fourage richtig erhalten; ich weiß mir also wegen des starken Abgangs der Pferde keine Vorwürfe zu machen, sondern ich finde mich so rein, daß ich mich allemal der allerschärfsten Untersuchung unterwerfen kann. Wilsdruf den 6ten April 1760.«*[204]

Man sollte deshalb unter dem Eindruck der makellosen Uniformen und des weißen Pulverdampfs in den UFA-Filmen nicht davon ausgehen, dass alles zum Besten bestellt gewesen wäre. Es verwundert, dass es in der technischen Truppe der allseits mit großer Bewunderung betrachteten Armee auf Grund mangelhafter

---

202 Schöning, Artillerie, Band 2, Seite 373
203 Schöning, a.a.O.
204 Schöning, Band 2, Seite 175

Eisenwerk in Baruth in zeitgenössischer Darstellung

Vorsorge so weit kommen konnte. Ist der Verzicht auf das Vorhalten eines über längere Zeit nutzlosen Pferdebestandes noch verständlich, gilt das nicht für die Vernachlässigung des rollenden Materials. Offenbar schreckten die Kosten auch hier mehr als die zwangsläufigen Folgen im Felde, eine gefährliche Rechnung, wenn die Artilleristen das Defizit nicht immer wieder durch Improvisation ausgeglichen hätten. Es bedeutete eine ungeheure Anstrengung, das schwere Gerät mit der erforderlichen Munition über schwieriges Gelände mit unzuverlässigen Leuten, schlechten Pferden und mangelhaften Fahrzeugen nach den Wünschen der Führung zur richtigen Zeit an den richtigen Ort zu bringen. Dass das in stiller, unspektakulärer Pflichterfüllung fast immer gelungen ist, verdient großen Respekt.

Gewisse Sorgen machte ferner die Herstellung von Waffen und Munition, weil es in Preußen aufgrund fehlender Rohstoffe so gut wie keine Rüstungsindustrie gab. Außer wenigen an der Oberfläche leicht abzubauenden Rasen- oder Wiesenerzen und etwas Schwarzkupfer in Rothenburg an der Saale, wo jährlich 2.600 Zentner geschürft wurden, hatte des »Heiligen Römischen Reiches Streusandbüchse« nichts zu bieten. Deshalb war bereits der Große Kurfürst darauf angewiesen, seinen Rüstungsbedarf im Ausland zu decken. Schießpulver und Bronzekanonen orderte er in den Niederlanden, eiserne Kanonen in Schweden. Die Gewehre kamen aus Lüttich, die Blankwaffen aus Solingen und die Pistolen aus Suhl.

Auch zur Zeit Friedrich Wilhelms I. war die preußische Industrie kaum über das Stadium handwerklicher Betriebsformen hinausgekommen. Zwar verfügte das Land jetzt über eine Geschützgießerei und eine Pulverfabrik in Berlin sowie über einen Kupferhammer und ein Messingwerk in Eberswalde. Auch gab es in Zehdenick eine mit fünf Meter hohen Öfen ausgestattete Eisenhütte. Wirklich nennenswert war jedoch nur die Tuchindustrie, die aufgrund ihrer starken Förderung nicht nur die eigene Armee vollständig, sondern auch die ausländischen Kunden in erheblichem Umfang belieferte. Auf dem technischen Sektor wurden ähnliche Fortschritte allenfalls in der Gewehrfabrikation erreicht, wo die Manufakturen in Spandau und Potsdam zumindest den Friedensbedarf der Armee deckten. Das Werk Spandau lieferte die Läufe, Bajonette und Ladestöcke und verschiffte die Teile nach Potsdam. Dort fertigten Schlosser, Gießer und Schäfter die Schloss- und Garniturteile einschließlich der Schäfte und setzten das Ganze zu vollständigen Gewehren zusammen.

Die 1717 errichtete Pulvermühle lieferte mit 4.000 Zentnern pro Jahr (Stand 1746) so viel, dass zumindest der Übungsbedarf von 1.300 Zentnern und die Bevorratung der Festungen mit 2.700 Zentnern gedeckt waren.[205]

Friedrich der Große verstärkte die Kapazitäten. 1741 wurde in Breslau ein zweites Gießhaus errichtet, das bis 1762 mit dem Berliner Stammhaus 1.500 bronzene Kanonenrohre produzierte (Berlin 1.200, Breslau 300).[206] Die Rohstoffe lieferten Rothenburg an der Saale (Kupfer) und Produzenten aus England (Zinn).

1752 entstanden neue Eisenhütten für die Produktion von Munition. Die Standorte waren Schadow, Gottow, Torgelow und Vietz. Alle lagen an großen Wasserläufen, weil darauf schwere Fracht am bequemsten befördert werden konnte. Aus demselben Grund war schon Jahre vorher das Gießhaus in Berlin in unmittelbarer Nähe zur Spree errichtet worden. Darüber hinaus wurden 1753 an der Malapane in Oberschlesien zwei Hochöfen gebaut. Ein Jahr darauf folgte die Kreuzburger Hütte. Besonders die Anlagen an der Malapane und die Kreuzhütte produzierten in beträchtlichen Mengen. 1754 wurden 9.400 Explosivgeschosse gefertigt. Anfang 1756 kamen weitere 6.400 hinzu, die für die Festung Cosel bestimmt waren. Auf dem Höhepunkt des Siebenjährigen Krieges gingen in einem Jahr (1759) 17.000 Zentner Munition, darunter 400 Zentner Kartätschenkugeln, 10.000 Hohl- und 40.000 Vollkugeln für die 12-Pfünder sowie 4.000 Granaten für die 25-pfündigen Mörser an die Armee. Das gesamte Hüttenwesen stand zuletzt unter der Aufsicht des Generalbergkommissars Friedrich von Heynitz, der es mit einer effizienteren, den Innovationsschub fördernden Struktur versah und später auch die Aufsicht über die Munitionsherstellung von der Artillerie übernahm.

Von weiteren Investitionen sah der König ab, weil die Kapazitäten im Frieden nicht ausgelastet waren, die militärischen Fertigprodukte jederzeit im Ausland beschafft werden konnten und das Land für die Rohstoffe ohnehin von Importen abhängig blieb. Zu den Hauptimporteuren für Eisen, Zinn Salpeter, Schwefel und Pulver gehörten das Bankhaus Schickler und die Firma Splitgerber & Daum, die zugleich Pächter der Gewehrmanufaktur und der metallverarbeitenden Betriebe in Eberswalde war. Die durch den höheren Kriegsbedarf verursachte vorübergehende Unterdeckung nahm der König in Kauf.

Engpässe gab es im Verlauf des Krieges in der Gewehrproduktion, weil 1747 infolge von Überkapazitäten Personal abgebaut worden war, das nicht schnell genug wieder zusammengebracht werden konnte. Die schließlich auf monatlich 2.000 Gewehre wieder hochgefahrene Produktion der Manufakturen in Spandau und Potsdam reichte nicht aus. Deshalb mussten von 1758 bis 1762 rund 32.000 Gewehre und Säbel aus Holland beschafft werden.[207]

Auch beim Pulver, von dem pro Feldzug 12.000 Zentner benötigt wurden, ergaben sich nach der Sprengung der Berliner Mühle durch die Russen (1760) größere Lücken. Dadurch fielen monatlich 550 Zentner aus.[208] Weil der Vorrat der Festungen nur begrenzt herangezogen werden konnte, wurde die Differenz durch Ankäufe in Holland und England gedeckt. In Ergänzung dazu waren Beutestücke, egal ob Kanonen, Munition, Pulver oder Gerätewagen, immer wichtig. Die Kugeln wurden von den Soldaten mit Ringen vermessen und sofort verwendet, wenn sie zu den preußischen Kalibern passten. Ebenso blieben die Beutekanonen an der Front, wenn ihre Versorgbarkeit gesichert war. Unbrauchbare Stücke wanderten für den Neuguss in die Schmelzöfen.

An der Politik begrenzter Rüstungskapazitäten hat der König auch nach dem Krieg nichts geändert, weil Blockaden, die zu einem Umdenken hätten zwingen können, ausgeblieben waren. Die Wege über die Elbe oder Oder waren niemals behindert worden. Auch hatten die Alliierten nur einmal versucht, den preußischen Bezug von Pulver aus Holland durch Massenaufkäufe zu stören. Die letztlich an mangelhafter Koordination gescheiterte Intervention reichte jedoch aus, um ihn zu einer Erhöhung der eigenen Pulverproduktion zu veranlassen. Ansonsten blieb für ihn die Sicherung ausreichender Finanzen zur Beschaffung des Ergänzungsbedarfs im Ausland wichtiger als der Ausbau einer ohnehin abhängigen Rüstungsindustrie.

---

205 Groehler, Seite 163
206 Groehler, Seite 162
207 Wirtgen, WTS, Seite 37. Nach dem militärischen Testament von 1768 verlor die Armee in jedem Feldzug rund 40.000 Gewehre (Volz, Band 6, Seite 225).
208 Schöning, Artillerie, Band 2, Seite 90

Im Vergleich zu den sonstigen Positionen waren die Ausgaben für Waffen und Munition im Feldetat erstaunlich gering. In Massows Aufstellung über die Gesamtkosten der ersten fünf Jahre des Siebenjährigen Krieges bildeten die Verpflegung mit 70,9 Millionen Talern (63 %) und die Bekleidung mit 8,9 Millionen (11 %) die größten Posten, während die Rüstungsausgaben mit lediglich 3,9 Millionen Talern (3,5 %) zu Buche schlugen.[209] Da der materielle Bedarf jedoch hoch war – allein für das Feldzugsjahr 1759 orderte die Artillerie 17.000 Zentner Munition, darunter 400 Zentner Kartätschenkugeln, 10.000 12-pfündige Hohlkugeln, 40.000 12-pfündige Kanonenkugeln und 4.000 25-pfündige Mörserbomben – ist die Diskrepanz nur mit moderaten Gestehungskosten zu erklären.

Preise für Rüstungsgüter (1761)

Produkt	Taler
Drei Millionen Gewehrpatronen	132.526
Ein Gewehr	5
Dreipfündige Kanone	176
Sechspfündige Kanone	228
Zwölfpfündige Kanone	368
Siebenpfündige Haubitze ohne Zubehör	279–346
Zehnpfündige Haubitze mit Zubehör	540
Granatenwagen für – 7-pfündige Haubitze – 10-pfündige Haubitze	 123 184
Munitionswagen	84
Kartuschwagen für 12-Pfünder	142
Vorratsaffuite für – 7-pfündige Haubitze – 12-pfündige Kanone, schwer – 12-pfündige Kanone, leicht – 24-pfündige Kanone	 227–235 250–278 199 370
Pontonwagen Ponton	50 370
Lafette 24-Pfünder	69 T 5 Gr
Lafette 12-Pfünder	54 T 22 Gr
Lafette 3-Pfünder	35

Artilleriemunition (Kartuschen)

	Für eine Kugel	Für eine Kartätsche	Für eine Brandkugel
3-pfünd. Kanone	3 Gr.	6 Gr.	
6-pfünd. Kanone, leicht	3 Gr. 6 Pf.	8 Gr.	
6-pfünd. Kanone, schwer	3 Gr. 6 Pf.	8 Gr.	
12-pfünd. Kanone, leicht	6 Gr.	12 Gr.	
12-pfünd Kanone, schwer	8 Gr.	12 Gr.	
10-pfünd Haubitze	3 Gr. 6 Pf. Granate	20 Gr.	3 Taler
18-pfünd. Haubitze	4 Gr. 6 Pf.	1 Taler	4 Taler

Quelle: Schöning, Band 2, Seite 211

2. Versorgung der Angehörigen

In den Garnisonen bildeten die Soldaten mit ihren Familien einen bedeutenden Wirtschaftsfaktor. Zogen die Ernährer ins Feld, mussten viele Händler aufgrund der geringeren Nachfrage schließen, was wiederum den daheim gebliebenen Frauen eine Arbeitsmöglichkeit nahm. Die Zahl der plötzlich mittellosen Familien war deshalb groß.[210] Einige Soldatenfrauen konnten der Not entkommen, indem sie der Truppe als Marketenderinnen oder Wäscherinnen folgten. Doch die Armee akzeptierte nur wenige. Höchstens zehn bis zwölf »Weiber« pro Kompanie waren erlaubt. Kein überflüssiges Personal, kein unnützes Gerät sollte die Beweglichkeit der Truppe einschränken. Bis zum letzten Löffel im Offiziergepäck war alles erfasst und genau bemessen. Zustände wie in der französischen Armee, wo die Ausstattung eines einzigen standesbewussten adligen Offiziers mehrere Dutzend Wagen erforderte und Hunderte von Ehefrauen und Mätressen, Lakaien und Händler den Soldaten folgten, sollte es in der preußischen Armee nicht geben. Nicht einmal die Offizierfrauen durften ihren Männern folgen. Friedrich am 30. Juli 1744 an General von Linger:

---

209 WTS-Katalog, Seite 83
210 1766 schätzte man die Zahl der Soldatenfrauen, die bei einer Mobilmachung zurückbleiben würden, auf 600 pro Regiment (Jany, Band 3, Seite 62).

»Mein lieber General von Linger. An Weibern muß auf dem Marsch nicht mehr mitgenommen werden als im Reglement erlaubt ist. Die übrigen müssen in der Garnison zurückbleiben, und werde ich befehlen, daß diejenigen von ihnen, so sich nicht selbst ernähren können, das freue Obdach oder Quartier gelassen und ihnen über dem auf sie und ihre Kinder allmonatlich ein Gewissen an Brodgeldern in Abwesenheit der Männer gezahlt werde. Ich verbiete zugleich bei Cassation, daß während der Campagne kein Offizier seine Frau im Lager bei sich haben, oder nachkomen lassen soll. Wenn aber das Regiment in die Winterquartiere gehen wird, alsdann stehet jedem verheirathetem Offizier frei, seine Frau dahin kommen zu lassen.«

Aufgrund dieser Weisung durften Soldatenfrauen auch im Siebenjährigen Krieg weiterhin in den Kasernen kostenfrei wohnen. Wer privat logierte und nur von Gelegenheitsarbeit lebte, erhielt eine Beihilfe von sechs Groschen für die Unterkunft und vier Groschen für jedes Kind unter 14 Jahren. Müttern, die überhaupt nicht zum Unterhalt beitragen konnten, griff der Staat mit sechs Groschen Wohngeld, acht Groschen Taschengeld und vier Groschen für jedes Kind unter die Arme. Desertierte der Mann während des Feldzugs, endete die Zahlung nach sechs Monaten.[211] Die entsprechenden Versorgungslisten erstellte die Kompanie. Darin waren sogar mit etwas Glück die »Liebsten« erfasst, die mit den Soldaten in eheähnlicher Gemeinschaft lebten. Hatten sie gute Beziehungen zur Kompanie oder ihr Freund in ihr einen guten Ruf, war ihnen die Versorgung sicher, sperrte sich der Kompaniechef, gingen sie leer aus. Jedenfalls hat es auch ihnen nicht grundsätzlich an Unterstützung gefehlt.

Witwen gefallener Soldaten blieben unversorgt. Nur in Fällen ärgster Not half der König mit Zahlungen aus der staatlichen Schatulle.

»Mein lieber General-Lieutenant Graf v. Hacke. Nachdem Ich resolvirt habe, den armen ganz unvermögenden Soldaten-Witwen, deren Männer in dem vorigen Kriege geblieben und umgekommen sind, zu ihrer und ihrer Kinder nothdürftigen Unterhalt abermals etwas zu schenken, und da nach dem von Euch eingesandten Specificationen in der Berlinschen Garnison an 382 mit 571 Kindern sich befinden sollen, Ich aber unmöglich glauben kann, daß unter einer so großen Anzahl Weiber nicht so viele sein sollten, welche durch Arbeit, die ihnen in Berlin niemals fehlen wird, sich selbst zu ernähren zu können; also befehle Ich Euch hierdurch, dieses genau examinieren zu lassen; allermaßen Meine Absicht nicht ist, durch Meine Gnadenbezeigungen junge und starke Weiber in ihrer Faulheit zu stärken oder noch gar liederlich zu machen. Potsdam, den 3ten Februar 1747.«

Erst nach dem Siebenjährigen Krieg wurden die Witwen von den Regimentern in Listen erfasst. Genehmigte der König die Versorgungsfälle, stellte er dafür bis zu 2.000 Taler pro Regiment zur Verfügung. Fiel eine Witwe durch Heirat oder Tod aus, durften die Feldwebel Nachrückerinnen benennen, mussten jedoch hierüber Stillschweigen bewahren, um Streit mit den noch nicht Berücksichtigten zu vermeiden.

Das soziale Sicherungssystem mag aus heutiger Sicht völlig unzureichend erscheinen, wurde aber damals keineswegs so empfunden. In der Bevölkerung war völlig unbestritten, dass jeder selbst für seinen Unterhalt zu sorgen hatte. Wer nicht mehr dazu in der Lage war, fand Unterstützung in der Familie, wandte sich an die Kirche oder ging in das staatlich finanzierte Armenhaus. Die Selbstverantwortung für die Schaffung und Erhaltung der Lebensgrundlage war ein ethisches Prinzip, dem sich alle Glieder der Gesellschaft verpflichtet fühlten. Den Staat dafür in Anspruch zu nehmen, lag außerhalb jeder Vorstellung. Dass der König trotzdem für die Soldatenfamilien eintrat, denen er durch seinen Eingriff den Ernährer genommen hatte, unterschied Preußen von allen anderen Staaten, selbst wenn die Hilfe nur in bescheidenem Maße geschah. Dass dabei sogar die unverheirateten Frauen nicht unberücksichtigt blieben, ist selbst aus heutiger Sicht ein beachtlicher Schritt.

---

211 Mit dieser Maßnahme wollte man den Deserteur zur Rückkehr bewegen (Muth, Seite 152).

Schlussbetrachtung

Als am 15. Februar 1763 in Hubertusburg Frieden geschlossen wurde, waren mit einer guten Dekade Unterbrechung elf Jahre Krieg zu Ende gegangen. Die preußische Armee hatte dabei in höchster Anstrengung Höhen und Tiefen durchlebt, glänzende Siege errungen, aber auch deprimierende Niederlagen hinnehmen müssen, wobei Kunersdorf beinahe zur Rückführung Preußens auf einen bedeutungslosen Keinststaat geführt hätte. Bei Prag waren die Säulen der preußischen Infanterie geblieben. Der Sieg von Zorndorf hatte ⅓ der Kampfstärke gekostet, der Überfall bei Hochkirch ein weiteres Drittel. Bei Torgau waren 13.000 Mann gefallen oder verwundet worden, sodass am Tage danach aus zehn Bataillonen kaum zwei neue formiert werden konnten. Von den adligen Familien hatten die Kleists zwei Dutzend ihrer Angehörigen verloren, 20 Bellings waren gefallen. Bei den Kameckes kehrten 19 Mitglieder nicht zurück, bei den Schenkendorffs waren es sieben. Der König, der selbst in den Kämpfen durch Kugeln getroffen wurde, aber unverletzt geblieben war, hatte mit den Markgrafen Friedrich Wilhelm und Friedrich, den Prinzen Friedrich Franz und Albrecht von Braunschweig nächste Angehörige durch Kriegseinwirkung verloren. Mehr als 145.000 Soldaten waren gefallen und Unzählige zu Krüppeln geworden. 21.000 Preußen befanden sich in Gefangenschaft, davon 1.000 Offiziere.

Trotzdem hatten die Soldaten bis zum Ende den Geistern standgehalten, die Friedrich 1740 mit seinem gewagten Einfall in Schlesien gerufen hatte. Bei der Infanterie leuchteten die Siege von Roßbach und Leuthen bis weit in das 19. Jahrhundert hinein. Bei der Kavallerie sind Roßbach und Zorndorf unvergessen. Nicht ohne Grund hat der standesgemäß weit über Volk und Armee stehende König nach Augenzeugenberichten einzelnen Kavalleristen dafür mit einer persönlichen Umarmung gedankt. Auch das Ausland respektierte die Leistungen. Wenn der österreichische Kaiser Joseph II. nach dem Kriege die preußischen Revuen besuchte, Zar Peter III. Teile seiner Armee nach preußischem Vorbild uniformierte und eine Vielzahl deutscher Kleinfürsten es ihm gleichtaten, ehrten sie nicht nur die Leistungen des Königs, sondern auch die des einfachen Soldaten.

Mit Lob und Ehre bedacht wurden jedoch immer nur die Infanterie und Kavallerie. An die nicht minder tapfere Artillerie hat niemand gedacht. So sehr sich die Historienmaler an heroischen Darstellungen der Kavallerie und Infanterie verausgabten, so sehr haben sie die Artillerie als Sujet ausgespart. Auch in der Nachbetrachtung hat sie keinen nennenswerten Stellenwert gefunden.

Die Gründe für den bescheidenen Platz sind vielfältig. Der wichtigste ist sicherlich, dass die Artillerie als Unterstützungstruppe von vornherein keine Chancen hatte, sich spektakulär zu profilieren. Hinzu kommt, dass sich ihre Ausgangslage wesentlich von den anderen Teilstreitkräften unterschied. Eine erhebliche Schwachstelle bildete die friedensmäßige Vorbereitung. Weil an falscher Stelle gespart wurde, konnte die Truppe wegen der nicht präsenten Pferde den kriegsmäßigen Umgang mit Gespannen nicht üben. Die über Jahre eingelagerten Hilfsfahrzeuge waren nicht gewartet und das Sattel- und Zaumzeug brüchig. Hinzu kommt, dass an den Geschützen keine durch gemeinsame Ausbildung aufeinander eingespielte homogene Mannschaft stand, sondern eine Mischung aus ausgebildeten Artilleristen, labilen Knechten und kommandierten Infanteristen, die als Linienkämpfer weder mit den Handgriffen noch mit den völlig anderen Bewegungsmustern vertraut waren.

Die Vielzahl der Geschütztypen wirkte sich ebenfalls schädlich aus, denn die bereits von Friedrich Wilhelm I. eingeleitete Standardisierung hatte kaum etwas gebracht. Allein bei den 12-Pfündern plagten sich die Kanoniere bis weit in die 60er-Jahre mit neun Typen herum. Bei den Sechspfündern waren es fünf. Auch ließ der Hang des Königs, »alles zu probieren, was möglich ist«, die Artillerie kaum zur Ruhe kommen. Wurden heute ovale Rohre erprobt, von denen man sich eine breitere Streuung versprach, waren es morgen Zwillingsgeschütze, neue Bohrverfahren oder vermeintliche Raffinessen der Pulverherstellung, welche die Wetzels, Überackers und Öttners dem allzu aufnahmebereiten König ins Ohr bliesen.

Nicht zuletzt fehlte es über lange Zeit an einem schlüssigen Einsatzkonzept. Bis in den Siebenjährigen Krieg hinein war die Artillerie in erster Linie als Waffe gegen die Kavallerie gedacht. Erst als die Ressourcen der Infanterie knapp wurden, sollte sie die feindliche Infanterie vor dem Angriff mit konsequent zusammengefasstem Feuer dezimieren, um die eigenen Kräfte zu schonen.

Friedrichs Vorstellungen über die zweckmäßigste Verwendung fußten im Wesentlichen auf Beobachtungen, die er in den Schlachten als Infanterist gemacht hatte. Für weitergehende Ideen fehlte ihm das technische Fundament, wie seine Empfehlungen des Dauerfeuers im Festungskrieg zeigen. Seine Denkanstöße, die den Spezialisten kaum mehr sagten, als was sie ohnehin schon wussten, wären sicherlich gehaltvoller gewesen, wenn ein qualifizierter Artillerist von Rang die fachlichen Lücken beratend ausgeglichen hätte. Aber dafür fehlte es den Kommandeuren an Statur. Holtzmann und Holtzendorff waren gute Techniker und selbst darin, wie die Experimente mit den nachgebohrten und später wieder aufgegebenen Kammern und die naiv progressiv bis ins Unmögliche hochgerechneten Ballistiktabellen zeigen, nicht perfekt. Selbst der hochverdiente Dieskau ragte nicht so heraus, dass er, wie später Napoleon, die Waffe hätte adeln können.

Umso höher sind die Leistungen zu bewerten, welche die Artillerie trotz dieser Vorbelastung erbrachte. Bestärkt durch das Vorbild ihres Königs, der trotz desaströser Niederlagen und großer Enttäuschungen, harter persönlicher Schicksalsschläge und ständiger Krankheitsanfällen niemals den Verlockungen des Aufgebens folgte, schleppten die Kanoniere Tonnen von Munition heran, handhabten sie ihre Kanonen und ersetzten in der Ballistik durch Erfahrung das, was ihnen an theoretischen Kenntnissen fehlte. Nicht Drill, sondern die Zurückstellung aller persönlichen Belange nach dem Beispiel des Königs war für sie die treibende Kraft. In diesem Geist standen sie ihren Kameraden von der Infanterie und Kavallerie keineswegs nach.

Die gute Präsentation hat auch den König überzeugt, denn während er über die Unfähigkeit der Kavallerie lange Zeit bitter geklagt hatte, werden in der Vielzahl seiner militärischen Schriften Korrekturen bei der Artillerie nur einmal erwähnt.[212] Wenn er darin seinen Kommandeuren empfiehlt, die Munition für den entscheidenden Augenblick aufzusparen und es nicht auf die feindlichen Batterien zu lenken, was er in den Grundsätzen der Lagerkunst und Taktik von 1770 noch empfohlen hatte, spricht daraus kein Groll. An den harschen Worten gemessen, die sich die Kavalleristen hatten anhören müssen, sind seine Anmerkungen ein gut gemeinter, freundlicher Rat.

Auch beim österreichischen Gegner haben die Präzision am Geschütz und die hohe Feuergeschwindigkeit der preußischen Kanoniere nicht nur bei Mollwitz einen tiefen Eindruck hinterlassen. Sowohl die Offiziere, die mit Friedrichs Erlaubnis an den Maimanövern 1765 und 1766 teilnehmen durften, als auch Kaiser Josefs II., dem die Truppe 1769 bei Neisse vorgeführt worden war, sahen ihre hohe Meinung bestätigt, während die Nachkriegsdefizite bei der Infanterie sehr wohl erkannt wurden. Dagegen wollen französische Manöverbeobachter auch bei der Artillerie Mängel beobachtet haben.

Es kann dahin stehen, welche Beurteilung zutrifft. Als Oberbefehlshaber hatte der König ohne Zweifel den besten Einblick. Bei der Artillerie kannte er, wie sich aus der unglaublich umfangreichen Korrespon-

---

212 Instruktion vom Mai 1782

denz mit dem Generalinspekteur während des Krieges unschwer ergibt, jedes Detail. Er hatte sich auf Dieskaus Bedarfsanmeldungen mit dem Ankauf von Waffen und Pulver, der Rekrutierung von Knechten, der Nachbeschaffung der Zugpferde, Reparatur beschädigten Materials, der Nachbefüllung der Festungen bis in die letzte Einzelheit persönlich befasst und die eklatantesten Engpässe durch Hin- und Herschieben zwischen den Korps zu beseitigen versucht. Wenn er, der bekanntlich hohe Anforderungen an sich und andere stellte, nach dem Bayerischen Erbfolgekrieg rückblickend bemerkt, dass die technische Truppe unter schwierigsten Bedingungen ihre Pflicht getan hätte, ist das nach preußischen Maßstäben mehr als eine Feststellung. Es ist ein Lob des Königs für seine Artillerie.

Verzeichnis der Chefs und Kommandeure der Artillerie 1762–1786

1. Regiment
Chef
1762	GM	Carl Wilhelm v. Dieskau
1777	GM	Georg Ernst v. Holtzendorff
1785	O	Johann Wilhelm v. Dittmar

Kommandeure
1770	OTL	Johann Wilhelm v. Holtzendorff
1776	O	Christian Friedrich v. Merkatz
1777	O	Carl Alexander du Trossel
1779	OTL	Carl Friedrich v. Moller
1786	OTL	Carl Ludwig v. Linger

2. Regiment
Chef
1762	O	Carl Friedrich v. Moller
1765	O	Christian Friedrich v. Kitscher
1770	O	Carl Ludwig v. Lüderitz
1778	O	Johann Bernhard v. Höfer
1786	O	Adam Heinrich v. Pritzelwitz

Kommandeure
1770	OTL	Friedrich v. Wentzel
1782	OTL	Johann Christoph v. Sohr
1786	O	v. d. Cochau

3. Regiment
Chef
1763	O	Rudolf Wilhelm v. Winterfeldt
1776	O	Georg Ernst v. Holtzendorff
1777	O	Joachim Wilhelm v. Merkatz
1786	O	Christian Friedrich v. Moller

Kommandeure
1778	OTL	Johann Wilhelm Dittmar
1785	OTL	Carl Friedrich v. Bardeleben

4. Regiment (kein Chef)
Kommandeure
1772	M	Adam Heinrich v. Pritzelwitz
1779	M	Carl Ludwig v. Linger
1785	OTL	Johann Friedrich v. Merkatz
1786	O	Joachim Wilhelm v. Merkatz

Garnisonartillerie (kein Chef)
Kommandeure
1748	OTL	Nicolaus Sigismund v. Pannwitz
1753	O	Christian Friedrich v. Merkatz
1759	O	Johann Heinrich v. Holtzmann
1776	O	Rudolf Wilhelm v. Winterfeldt

Verzeichnis der von Friedrich dem Großen ernannten höheren Artillerieoffiziere
(Die im Krieg Gefallenen kursiv)

Generalleutnante
1768 Dieskau, Carl Wilhelm von
1740 Stabskapitän, 1745 Major, 1755 Oberstleutnant und Nachfolger Lingers als Generalinspekteur, 1757 Oberst, 1762 Generalmajor und Kommandeur der ersten drei Bataillone der Feldartillerie (Oberst Moller unter seinem Kommando Kommandeur der Bataillone IV–VI).

Generalmajore
1745 Beauvrye, Bernhard von
(13.8.1690–13.8.1750) aus holländischem Dienst übernommen, versorgte im Schlesischen Krieg von Berlin aus die Feldartillerie; bei Soor durch zwei Streifschüsse verwundet; Schwiegersohn Lingers.

1779 Holtzendorff, Georg Ernst von
(14.2.1714–10.12.1785) Sohn des königlichen Generalchirurgus; 1730 Eintritt in das Artilleriekorps; 1739 wegen seines in Ungnade gefallenen Vaters vorübergehend degradiert; 1742 Volontär der französischen Armee; bei Leuthen schwer verwundet; guter Ausbilder; 1767 geadelt; 1777 Inspekteur der Artillerie, 1779 Generalmajor.

Obristen
1747 Merkatz, Johann Friedrich von
(?–4.1763) Sohn eines Artilleristen; 1713 Eintritt in das Artilleriekorps, 1737 geadelt. 1753 Kommandeur der Schlesischen Garnisonartillerie.

1747 Holtzmann, Ernst Friedrich von
(?–15.10.1759) Sohn eines Majors und Feuerwerksmeisters, älterer Bruder von Johann Heinrich; 1711 Eintritt in die Artillerie; Konstrukteur der 1740 wieder eingeführten Kammerkanone, der Schraubenrichtmaschine und der Klemmkartätsche; 1741 Major und Pour le Mérite. Kommandierte 1757 die Artillerie des Lehwaldschen Korps.

1755 Osten, Valentin Bodo von der
(29.11.1699–23.11.1757) 1717 Eintritt in die Artillerie; Freiwilliger in den Türkenkriegen (1738); Chef des 1. Feldbataillons; in der Schlacht bei Soor tödlich verwundet.

1757 Moller, Carl Friedrich von
(27.5.1734–9.11.1762) Sohn eines Regimentsquartiermeisters, Offizier mit großen Verdiensten im Siebenjährigen Krieg. Der König nach der Schlacht von Lobositz: »*Moller von der Artillerie hat Wunder getan und mich auf eine erstaunende Art sekondirt.*« Der König schrieb den Namen »Mulér«, Keith »Müller«, er selbst »Moller«.

1759 Holtzmann, Johann Heinrich von
(1706–28.09.1776 in Neisse) Bruder von Ernst Friedrich, trat 1720 als Kanonier in das Artilleriekorps ein; 1741 geadelt; viel eingesetzt, leitete im Schlesischen Krieg das Transportwesen der Artillerie; zeitweilig Leiter der Geschützgießerei in Breslau.

1765 Lüderitz, Carl Ludwig von
(1714–11.2.1778) Sohn eines Oberforstmeisters; 1730 Eintritt in das Artilleriekorps, 48 Jahre Dienstzeit, Pour le Mérite wegen besonderer Leistungen bei Lobositz.

1765 Kitscher, Christian Friedrich von
(?–1.3.1770) 1737 Eintritt in die Artillerie; Pour le Mérite nach dem Gefecht bei Strehla (1765).

1765 Winterfeldt, Rudolf Wilhelm von
(25.4.1720–14.3.1788) 1738 Korporal der Artillerie, in allen Feldzügen bewährt, guter Ausbilder; hohes Ansehen. 1763 Kommandeur des 3. Artillerieregiments, 1776 Chef des Schlesischen Artilleriekorps.

1771 Wentzel, Friedrich von
Chef des 3. Artillerieregiments 1777.

1773 Höfer, Johann Bernhard von
(1712–31.10.1784) 1730 Eintritt in die Artillerie, 1769 geadelt, 1774 Pour le Mérite, 1778 Chef des 2. Artillerieregiments.

1782 Dittmar, Johann Wilhelm von
(13.1.1725–2.2.1792) Sohn eines Pfarrers, 1744 Eintritt in die Artillerie; große Leistungen bei Hochkirch und Torgau. 1786 geadelt, starb an Blutvergiftung.

1785 Pritzelwitz, Adam Heinrich von
(?–28.7.1787) Sohn eines Kavallerieoffiziers; 1748 Eintritt in die Artillerie, Teilnahme am Siebenjährigen Krieg; Chef des 2. Artillerieregiments.

1785 Moller, Christian Friedrich von
(?–1802) Offizier mit großen Verdiensten im Siebenjährigen Krieg, 1786 Chef des 3. Artillerieregiments.

1786 Bardeleben, Carl Friedrich von
(23.9.1727–1798) kam 1748 vom Kadettenkorps zur Artillerie; geschickter Offizier im Siebenjährigen Krieg.

Oberstleutnante

1748	Jonae, Friedrich
1748	Pannwitz, Nicolaus Sigismund von
1749	Reichmann, Christoph Heinrich von
1773	Perlett, Vollbrecht Christian
1776	Trossel, Carl Alexander du

Majore

1750	Linger, Carl Ludwig von
1757	*Zbikowski, Friedrich Wilhelm von*
1758	Zastrow, Bogislaus Friedrich von
1758	*Below, Michael Ernst von*
1758	Dölle, Johann Georg
1759	Kegeler, Jacob
1759	Traubenthal, Theodor von
1761	Grunenthal, Johann von
1761	Rumland, Johann
1764	Marle, Johann Friedrich
1767	Lepell, Carl Freiherr von
1768	Langen, Jacob von
1770	Sohr, Johann Christoph von
1772	Belling, Johann Georg von
1779	Reesch, Sebastian
1783	Braatz, Johann
1783	Tempelhof, Georg Friedrich
1786	Arendt, Johann
1786	Dröse, Christian

Rangliste der königlich preußischen Feld- und Garnisonsartillerie von 1741

1. Feldartillerie
Stabsoffiziere
Generallieutenant Christian v. Linger
Oberst Bernhard v. Beauvrye
Oberstleutnant Johann Friedrich v. Merkatz
Oberstleutnant Ernst von Holtzmann
Major Valentin Bodo v. d. Osten
Major Ernst v. Wacholtz

Capitains
Nicolaus Sigismund v. Pannwitz
Carl Wilhelm v. Dieskau
Christian Ludwig v. Linger
Johann Heinrich v. Holtzmann
Carl Friedrich v. Moller
Friedrich Wilhelm v. Zbikowsky
Johann Friedrich v. Hertzberg
Bogislaus v. Zastrow

Premier-Lieutenants
Peter Ernst v. Zastrow
Ernst Nicolaus v. Below
Johann George Dölle
Johann Friedrich Nicolai
Hubert v. Beauvrye
Matthias Friedrich v. Brauchitsch
Georg Ludwig v. Holtzmann
Jonathan August v. Naumeister
Theophilus v. Traubenthal

Seconde-Lieutenants
Carl Friedrich v. Lepel
Jacob Kegeler
Georg Moritz v. Rohr
Carl Ludwig v. Lüderitz
Christoph Friedrich v. Kitscher
Rudolf Wilhelm v. Winterfeldt
Leopold v. Beauvrye
Johann Daniel v. Borcke
Kayser
Friedrich Wentzel
Rosenfeldt
Georg Ernst Holtzendorff
Fincke
Ottleben
v. Kleist
Mann
Johann Christian Laband
Kitzing

Daniel Hänsel
Johann Friedrich Grunenthal
Joachim Wilhelm Merkatz
Barboneß
May
Cayard

2. Garnisonartillerie
Stabsoffiziere
Oberst Lorentius Nehring

Capitains
Friedrich Wartenberg
Christoph Heinrich
Albrecht Churdes (Cordes)
Hans Gabriel v. Kühle
Ernst Pohle

Premier-Lieutnenants
David Freundt
Christ. Friedrich Mentzell
Lorentz Ringelmuth
George Friedr. Eichelberg
Johann Georg v. Otterstädt

Sous-Lieutenants
Friedrich Jonae
Martin Borcherdt
George Thiele
Johann Carl v. Botzheim

Rangliste der königlich preußischen Feld- und Garnisonartillerie von 1756

1. Feldartillerie
Stabsoffiziere
OTL	Carl Wilhelm v. Dieskau, Generalinspekteur
O	Ernst Friedrich v. Holtzmann, I. Bataillon
O	*Valentin Bodo v. d. Osten, II. Bataillon*
M	Johann Heinrich v. Holtzmann
M	Carl Friedrich v. Moller

Premier-Kapitains
Friedrich Wilhelm v. Zbikowsky
Bogislaus Friedrich v. Zastrow
Ernst Nicolaus v. Below
Johann Georg Dölle
Matthias Friedrich. v. Brauchitsch
Georg Moritz v. Rohr
Carl Ludwig v. Lüderitz

Stabs-Kapitains
Christoph Friedrich v. Kitscher

Rudolph Wilhelm v. Winterfeldt
Johann Daniel Borcke
Feuerwerksmeister Friedrich Wentzel
Georg Ernst Holtzendorff
Johann Christian Laband

Premier-Lieutenants
Johann Friedrich Grunenthal
Joachim Wilhelm Merkatz
Johann Bernhard Höfer
Adam Friedrich v. Leszinsky
Caspar Adam Pascha
Vollrath Christian Perlett
Martin Heyden
Georg Friedrich Höffling
Carl Stephan du Trossel

Sous-Lieutenants
Johann Gottlieb Töpffer

Johann Wilhelm Dittmar
Heinrich Adolph v. Dresky
Adam Heinrich v. Pritzelwitz
Carl Gottfried v. Tettau
Christian Friedrich v. Moller
Ernst August Wilhelm. v. Tettenborn
Georg Wilhelm Sohr
Jakob Lange
Daniel Gottlieb Kühnemann
Christoph Carl Friedrich v. Bardeleben
Otto Christian Ludwig Langelair
Feuerwerker-Lieut. Paul Friedrich Jacobi
Johann Georg v. Belling
Johann Friedrich Ludolph Merkatz
Leopold Aemilius v. Beausobre
Joachim Friedrich Eichwaldt
Hans Joachim Ruitz
Christian Friedrich v. Holtzmann
August Friedrich Heinrichs
Moritz Ernst Julius v. Bugenhagen
Christian Bodo v. Moller
Johann Friedrich Blumenow
Johann Heinrich v. Holtzmann
Heinrich v. Dürant
George August v. Berger

2. Garnisonartillerie
Neissesche Kompagnie
Oberst Johann Friedrich v. Merkatz
Stabskapitän Ludwig Christian Pflug
Premier-Lieutenant Johann Friedrich Marl
Joseph Abraham v. Dyhrrn
Souslieutenant August Friedrich Vogel

Magdeburgische Kompagnie
Major Johann Gabriel v. Kühle

Stabskapitain Daniel Hänsel
Souslieutenant Christoph Ernst Mederjahn
Souslieutenant Heinrich v. Saint Paul

Weselsche Kompagnie
Major Christian Ludwig v. Linger
Stabskapitain Johann Friedrich Nicolai
Souslieutenant Heinrich la Fleur
Souslieutenant Gerhardt Josias Witte
Souslieutenant Carl Ludwig Hübener

Stettiner Kompagnie
Kapitain Martin Borcherdt
Premierlieutenant Johann Wilhelm Hübener
Premierlieutenant Martin Friedrich Ebel

Glatzsche Kompagnie
Kapitain Theophilus Eugenius v. Traubenthal
Premierlieutenant Johann Jacob Gottfried Töpffer
Souslieutenant Gottfried Dietzkow

Schweidnitzer Kompagnie
Kapitain Jakob Kegeler
Premierlieutenant Johann Christoph Sohr
Souslieutenant Johann Joachim Braatz
Souslieutenant George v. Karmansky

Coselsche Kompagnie
Kapitain Carl Christoph Michelmann
Premierlieutenant Johann Georg Richter
Souslieutenant Gottlieb Kegel
Souslieutenant Johann Friedrich Hirsekorn

Schlesisches Kommando
Carl Hartwich v. Lepel
Premierlieutenant Johann Conrad Herrmann
Jakob Glasow

Rangliste der königlich preußischen Feld- und Garnisonartillerie von 1763

1. Feldartillerie
Stabsoffiziere
1. GM   Karl Wihelm v. Dieskau
           Chef der Artillerie und
           des 1. Feldartillerieregiments
2. O   Johann Heinrich v. Holtzmann
3. O   Christian Friedrich v. Kitscher
           Chef des 2. Feldartillerieregiments
4. OTL   Karl Friedrich v. Lüderitz
5. OTL   Adolph Wilhelm v. Winterfeldt
           Chef des 3. Feldartillerieregiments
6. M   Friedrich Wenzell

7. M   und Feuerwerksmeister
           Georg Ernst Holtzendorff
8. M   Andreas Friedrich Grunenthal
9. M   Joachim Wilhelm v. Merkatz
10. M   Johann Bernhard Höfer
11. M   Johann Friedrich Rumland

Premier-Kapitains
1.   Johann Friedrich Marl
2.   Kaspar Adam Pascha
3.   Vollrath Christian Perlett
4.   Martin Heyden

5. Karl Stephan du Trossel
6. Johann Gottlieb Töpffer
7. Johann Christoph v. Sohr
8. Johann Wilhelm Dittmar
9. Adolph Heinrich v. Pritzelwitz
10. August Christian Friedrich v. Moller
11. Georg Wilhelm v. Sohr
12. Jakob Lange
13. Christian Karl Friedrich v. Bardeleben
14. Johann George v. Belling
15. Johann Friedrich Ludwig v. Merkatz
16. Hans Joachim v. Anitz
17. Peter v. Linger
18. Heinrich Durant
19. Philipp v. Anhalt
20. August Alexander v. d. Lochau

Seconde-Kapitains (Stabskapitäne)
1. Sebastian Gottlob Neesch
2. Ludwig Sigismund Dammerow
3. Johann Gottfried Schwencke
4. Gottfried Siegesmund v. Steinwehr
5. Gottlob Bernhard Supprian
6. Karl August Lindner
7. Karl August Löwenberg v. Schönholz
8. Karl Christian Richter
9. Johann Christian v. Müller
10. Martin Bernhard v. Wolfradt
11. N. N. Weitzmann
12. Otto Friedrich Wilhelm Wedigen
13. Karl Friedrich Fiedler

Premier-Lieutenants
1. Friedrich Arent
2. August Wilhelm Berger
3. Christian Gottfried Herforth
4. Johann Karl Friedrich Block
5. Hildebrand Sigismund Kappe
6. Gottlieb Magnus
7. Johann Christoph Arent
8. Johann Christian v. Lentcke
9. Christian Dröse
10. Martin Friedrich Blanke
11. Gottfried Hartmann
12. Erdmann Heinrich Schwebs
13. Johann Karl Wendt
14. Karl Friedrich Pischel
15. Karl Friedrich Geelhaar, Feuerwerks-Lieutenant
16. Daniel Grabow
17. Johann Christoph Stein

Seconde-Lieutenants
1. Friedrich Fiebig
2. George de Rege
3. Heinrich Gottlieb Becker
4. Georg Friedrich Wilhelm Schönermark
5. Karl Friedrich Ebel
6. Georg Friedrich Bonmann
7. Gottlieb Lohmann
8. Samual Wilhelm Koch
9. Johann Bartholomäus Weinmann
10. Johann Spangenberg
11. Johann George Eimbeke
12. Gotthilf Kluge, Feuerwerks-Lieutenant
13. Christian Gottfried Tempelhof
14. Johann Christian Hiccius
15. Gottfried Alkier
16. Karl Ludwig Prosch
17. Gottlieb Lehmann
18. Karl Ludwig Reiffenstahl
19. Ernst Strampff
20. Friedrich Wilhelm Lembke
21. Johann George Schultnel
22. Bernhard Wierg Kühnen
23. Johann Gottlieb Schmidt
24. Wilhelm Ludwig v. Puttkamer
25. Gottfried Ludwig Reichardt
26. Anton Friedrich Pleetz
27. Gottfried Kersten, Feuerwerks-Lieutenant
28. Gottfried Hennert
29. Gottfried v. Mauritius
30. Gottfried v. Lehmann
31. Gottfried Graßhoff
32. Johann Friedrich Goltze
33. Johann Marsch
34. Friedrich Pehle
35. Johann Heine
36. Friedrich Wilhelm Laub
37. Andreas v. Löwen
38. Anton Wilhelm Mirus
39. Johann Lieben
40. v. Hüser
41. Theodor Matthes Fischer
42. Anton Böcker
43. Karl Friedrich Dequede
44. Karl Friedrich Böttcher
45. Johann Friedrich Ostendorff
46. Samual Ludwig Waldheim
47. Gottfried Dietrich v. Faber
48. Johann Konrad Blume
49. Friedrich Wilhelm Breetz
50. Johann August Kolshorn
51. Johann August Eckenbrecher
52. Johann Friedrich Müller
53. Christoph Euler
54. Karl Friedrich Rudolph Henrici
55. Johann Ernst Bitterlin
56. Johann Wilhelm Casall
57. Samuel Buchwald
58. Heinrich Gustav Ruffmann
59. Johann Christoph Ordong

60.	Peter Chevilliet	92.	Otto Friedrich Schultze
61.	Heinrich Ferdinand Schmidt	93.	Daniel Büchten
62.	Martin Heinrich Rettel	94.	Johann Friedrich Hörnicke
63.	Johann Ludwig Anderson	95.	August Wilhelm Hertig
64.	Ferdinand Felgermann	96.	Johann Christian Müller
65.	Friedrich Gorcke	97.	David Zincke
66.	Ludwig Ronstorff		
67.	Karl Ludwig Schramm		
68.	Johann Christian Müller		

2. Garnison-Kompanien

Magdeburg
1. Major Johann Gabriel v. Kühle
2. Sec.-Kapit. Daniel Höfling
3. Prem.-Lieut. Heinrich la Fleur
4. Sec.-Lieut. Johann Bock
5. Johann Ernst Lieben

69. August Wilhelm Sack
70. Heinrich Rosenthal
71. Johann Friedrich Krey
72. Wolffen Peters
73. Johann Peter Schleßmann
74. Friedrich Wilhelm Dittmar
75. Peter Adam Wollber
76. David Kellner
77. Gottlieb v. Geisau
78. Peter Friedrich Wernitz
79. Karl Heinrich Probst
80. Karl Gottfried Drewitz
81. Johann Christoph Waldemann
82. Johann Daniel Hoffmann
83. Franz Heinrich Medina
84. Wilhelm Heydemann
85. Friedrich Leopold Regeler
86. Johann Ludwig Fromme
87. Friedrich Richter
88. Karl Gotthold Havenstein
89. Benjamin Gottlieb Thiemann
90. Daniel Nage
91. Christian Lassan

Preußen
1. Prem.-Kapit. Martin Friedrich Ebel
2. Gottfried Sigismund v. Steinwehr
3. Sec.-Kapit. Johann Friedrich Eltze
4. Prem.-Lieut. Karl Ludwig Hübner
5. Sec.-Lieut. Keßler

Wesel
1. Major Johann George Dölle
2. Sec.-Kapit. Lobedank
3. Sec.-Lieut. Gerhard Josias Witte
4. Sec.-Lieut. Georg Christoph Adolph
5. Wilhelm Gröne

Stettin
1. Prem.-Kap. Martin Borchert
2. Prem.-Lieut. Johann George Schultze

Rangliste des Feldartillerie-Corps in Schlesien Mai 1764

Nikolaus Theodorus Annorius
Oberst Johann Heinrich v. Holtzmann
Stabskapitän Johann Georg Richter
Premierleutnant Daniel Nimann
Secondeleutnant Johann Lindekampff
Secondeleutnant Karl Ludwig Zimmermann
Major Theoph. Eugen v. Traubenthal
Stabskapitän Joh. Jakob Gottfried Töpffer
Premierleutnant Gottlieb Kegel
Secondeleutnant Joachim Georg Schultz
Major Jakob Kegeler

Stabskapitän Otto Christ. Ludwig v. Langelair
Premierleutnant Johann Friedrich Hirsekorn
Secondeleutnant Johann Christian Wendrig
Secondeleutnant Christian Friedrich Schultz
Premierleutnant Ludwig Kaarsch
Secondeleutnant Johann Christian Michaelis
Secondeleutnant Johann Ludwig Pflug
Kapitän Johann Joachim Braatz
Stabskapitän Karl Hartwig v. Lepel
Stabskapitän August Friedrich Vogel
Premierleutnant Johann Konrad Herrmann

Erläuterung wichtiger Fachbegriffe

Affuite: Bis 1809 übliche Bezeichnung für die Lafette.
Ansetzer: Stange mit verdicktem zylindrischem Ende, die für das Verfestigen der in das Rohr eingebrachten Pulverladung und das Nachstoßen der Kugel verwendet wurde. Ansetzer und Wischer waren bei den Positionsgeschützen und Haubitzen an einer Stange vereinigt. Bei den Bataillonsgeschützen benutzte der Kanonier für das Ansetzen das längere Ende des Flegelwischers.
Artilleriebrigade: Zusammenfassung von in der Regel zehn Geschützen zu einer Einheit. Standen sie zusammen in einer Stellung, wurden sie Batterie genannt.
Aufsatz: Richtmittel; bei den schweren Geschützen als Handgerät, bei den leichten ein auf dem Bodenstück angebrachtes mit Löchern versehenes Klappvisier aus Messing.
Auditeur: In Preußen seit 1712 übliche Bezeichnung für einen juristisch ausgebildeten Beamten im Offiziersrang (ab 1900 Kriegsgerichtsrat), der den Schriftverkehr des Regiments führte, zivile Streitigkeiten zwischen den Soldaten im Namen des Regimentschefs entschied, ein Kriegsgericht juristisch beriet und dessen Urteil abfasste.
Avancement: Beförderung
Avancierbaum: Zur Mitte hin verdickte Holzstange für das Anheben der Geschützlafette beim Stellungswechsel. Sie war aus einem Stück oder zusammengesetzt, damit die Teile zugleich zum Richten verwendet werden konnten.
Avancierriemen: Über die Schulter gelegtes Tau zum Ziehen des Geschützes beim Stellungswechsel.
Bataillonsartillerie: Geschütze, die der Infanterie ständig beigegeben wurden. Dabei handelt es sich um leichte drei- und sechspfündige Feldkanonen und später auch eine siebenpfündige Haubitze. Jedes Bataillon verfügte über zwei Geschütze.
Batterie: Taktische Zusammenfassung von zunächst sechs später zehn oder zwölf Geschützen eines Kalibers.
Bombardier: Artillerist, der dem Range nach zwischen dem Gefreiten und Unteroffizier stand (ab 1859 Obergefreiter). Bombardiere waren ursprünglich die Bedienungsmannschaft der großen Steinbüchse (Bombarde), die ein Kaliber von 35 cm hatte und Steinkugeln von 50 kg Gewicht verschoss. Als um 1530 die Kanonen in Hauptbüchsen (Bombarde a.A.), Kathaunen und Mortiers (Mörser) eingeteilt wurden, die ihre großkalibrige Munition zunächst noch von Lafetten, später aus kräftigen Stühlen nahezu senkrecht verschossen, behielt die Bedienung der Wurfgeschütze die Bezeichnung Bombardiere bei. Sie übernahmen im 18. Jahrhundert auch die Bedienung der Haubitzen und trugen bis 1740 (Garnisonartillerie bis 1756) eine der Füsiliermütze nachgebildete Kopfbedeckung aus schwarzer Wachsleinwand mit Messingschild.
Bombe: Mit Pulver gefülltes Hohlgeschoss, das mittels einer Zündschnur über oder im Ziel zur Explosion gebracht wurde.
Bracke: Pferdegeschirr zum Ziehen von Lasten.
Constabler (comes stabuli): alte Bezeichnung der Artilleristen. Im Gegensatz zur übrigen Bedienung verblieben sie als Spezialisten nach einem Krieg im Dienst und waren deshalb »Stallgenossen«.

Dammzieher: Stange, mit der nach etwa zehn Schuss die Rückstände der Kartusche entfernt wurden.
Deployieren: taktisches Manövrieren. Nach Archenholz die Kunst, eine Linie in viele Haufen zu teilen, diese dicht aufeinander zu schieben und die gedrängte Menschenmasse geordnet zu bewegen.
Defilee: nicht einzusehener Hohlweg.
Einhorn: siehe Schuwalow
Eiserne Hand: Kelle zum Transport glühender Kugeln.
Eskarpe: Schärpe der Offiziere. Sie zeigte an, dass sich der Träger im Dienst befand.
Fahne: Ursprünglich Erkennungs- und Richtungszeichen, später Staatssymbol; im Gegensatz zur Flagge, deren Tuch hochgezogen wird, ist bei der Fahne das Tuch an die Stange genagelt. Die Artillerie hatte im Gegensatz zur Infanterie keine Kompaniefahnen, sondern nur eine einzige Fahne für das gesamte Korps, die bei besonderen Anlässen auf dem Paukenwagen mitgeführt wurde.
Fahnenschmied: Für den Hufbeschlag zuständiger Unteroffizier.
Falkonet: Einpfündiges, langrohriges Feldgeschütz des 16. Jahrhunderts, dessen Lafette eine Gabeldeichsel besaß, in die ein Pferd eingespannt wurde.
Feldequipage: Feldmarschmäßige Ausrüstung des Soldaten.
Feuerwerker: Artillerist, der im Range zwischen dem Kanonier und Unteroffizier stand (ab 1858 Obergefreiter) und in den Pulverfabriken für die Mischung und Qualität der Pulversorten (feines für die Zündung, groberes für die Treibladungen) zuständig war. Im Felde proportionierte er die Ladung der Geschütze.
Flegelwischer: Unter Friedrich Wilhelm I. eingeführtes Gerät zum Säubern und Ansetzen der Ladung von Bataillonsgeschützen. Mit der gebrochenen Stange konnte der Kanonier beide Tätigkeiten gefahrlos verrichten, ohne vor die Mündung treten zu müssen.
Flug: Teil des Rohres von der Pulverkammer bis zur Mündung.
Fuß: preußisches Längenmaß, entspricht 0,31 Meter.
Granate: Mit Pulver gefülltes Sprenggeschoss.
Handhabe: Verdickung am Bodenstück eines Rohres zunächst in Form eines Pinienkerns, später einer Kugel. Dort wurden die Hebebäume zum Elavieren angesetzt.
Haubitze: Kurzrohriges Geschütz, das sowohl flach als auch mit einem Winkel von bis zu 40 Grad feuern konnte.
Kamisol: Die Weste eines Soldaten. Bei den Artilleristen waren Hose und Weste beige.
Kantonist: Der aus einem Musterungsbezirk (Kanton) zum Wehrdienst herangezogene Einheimische.
Kammer: Zylindrische oder konische Ausbohrung des Rohres in Verlängerung der Seele für die Aufnahme der Treibladung. Die Kammern waren schwer zu reinigen und nicht so effektiv wie erwartet. Kammerkanonen waren deshalb nach 1762 nicht mehr in Gebrauch. Mörser hatten stets eine Kammer.
Karre: Mit Zwangsarbeit verbundene Festungshaft.
Kartätsche: Ein mit Bleistücken, Kugeln oder Eisenstücken gefülltes Artilleriegeschoss.

Karthaune: Altes Geschütz, dessen Bezeichnung von »quartana«, d.h. einem Viertel der Bezugsgröße, abgeleitet ist.

Kartuschnadel: Alternative Bezeichnung für die Räumnadel, mit der der Kartuschmantel zur Herstellung des Kontakts mit dem Zündpulver durchstoßen wurde.

Kastenprotze: 1745 eingeführtes einachsiges Fahrgestell, auf das die Lafette beim Marsch aufgelegt wurde. Im Kasten über der Achse befand sich Zubehör und der Erstvorrat an Munition. Die Zugpferde wurden noch nicht vom Kasten geführt, sondern aus dem Sattel der links laufenden Tiere.

Kernschuss: Schuss, bei dem die Seelenachse mit der Erdoberfläche parallel verläuft.

Kepelle: Vorrichtung zum Bedecken des Zündlochs; in der Regel ein Pfanndeckel aus Blech oder Leder. Es konnte aber auch ein einfacher Nagel mit entsprechend großem Kopf sein.

Kommandant: Befehlshaber einer militärischen Einrichtung.

Kommandeur: Befehlshaber einer militärischen Einheit.

Kompanie (companio = Brotgenosse): Administrative Teileinheit eines Regiments.

Konduite: Verhalten, Benehmen, Auftreten.

Kordon: Auf der Naht zwischen Krempe und Hutkörper sitzende Zierschnur, häufig mit Troddeln versehen.

Korporal: Eingangsdienstgrad der Unteroffiziere, gefolgt vom Sergeanten. Feldwebel (Wachtmeister) war kein Dienstgrad, sondern bezeichnete eine Funktion.

Kovent (Kofent): leichte Biersorte.

Krummschießen: Schwere Form der Bestrafung, bei der Hände und Füße kreuzweise zusammengeschlossen wurden.

Kugellehre: Eiserne Ringe zum Messen des Kugeldurchmessers, wichtig für das Bestimmen von Beutemunition.

Lademaß: Oben mit halbem Boden und einem abnehmbaren Deckel versehenes Hilfsmittel zum Proportionieren der Ladung von Mörsern.

Ladeschaufel: An einer Stange befestigtes halb offenes zylindrisches Kupferblech für das Einbringen loser Treibladung.

Lot(h): altes Gewicht, entspricht 15 Gramm; auch alte Bezeichnung für Blei (Lotbüchse).

Mantelsack: Zylindrischer, hinter dem Sattel aufgeschnallter Beutel, in dem der Soldat seine Habe aufbewahrte.

Meile: Längenmaß, entspricht 7.573 Meter.

Menage: Warme Kost des Soldaten.

Metzen: Getreidemaß, entspricht in Preußen 3,4 Liter oder 3,4 Kilogramm.

Mörser: Geschütz, dessen Ladung im Winkel von 45 bis 80 Grad geworfen wurde, auch Böller oder Mortier genannt.

ordinäre Kanone: Geschütz, dessen Rohr keine Kammer besaß.

Pallasch: Seitenwaffe mit Säbelgriff und gerader Klinge.

Parkartillerie: Sammelbegriff für die bei Belagerungen eingesetzten Geschütze.

Petarde: Auf einem Holzbrett befestigte Hohlladung zum Aufsprengen von Stadttoren.

Plumage: Federrand am Hut der Generale.

Plunder: Aus Lumpen bestehender nasser Wischer zum Reinigen des Rohres nach dem Abschuss glühender Kugeln.

Positionsartillerie: In Batterien zusammengefasste Kanonen größerer Kaliber, die neben den Bataillonsgeschützen im Felde eingesetzt wurden. Dabei handelt es sich um schwere Sechspfünder, Zwölf- und Vierundzwanzigpfünder sowie Haubitzen.

Prellschuss (Ricochettschuss): Mehrfach aufsetzender Schuss, vergleichbar mit dem Flug eines auf eine Wasserfläche geworfenen Steins.

Prima plana: Das Unterstützungspersonal eines Kommandeurs, so bezeichnet, weil es auf der ersten Seite der Musterungsrolle stand.

Protzkette: Kette zur Sicherung der aufgeprotzten Kanone.

Quadrant: Richtmittel für Wurfgeschütze. Das Gerät wurde auf das Bodenstück oder die Mündung aufgesetzt und hatte zu diesem Zweck einen konkaven Fuß. Mit dem Quadranten konnte die Elevation wie die Lage des Geschützes zum Horizont bestimmt werden.

Rapport: Stärkenachweis, der dem Vorgesetzten beim Truppenbesuch oder zu Revuen gemeldet wurde.

Regiment: Taktische Einheit unter dem Kommando eines Offiziers mit Gerichtsbefugnis.

Regimentsartillerie: Die der Infanterie ständig zugeordneten Geschütze. Zu jedem Bataillon gehörten zwei-, drei- oder sechspfündige Kanonen.

Riegel: Verbindungsstück zwischen den Lafettenwänden.

Sappe: Annäherungsgraben im Belagerungskrieg.

Schabracke: Überlegdecke, um Sattel und Gepäck vor Staub zu schützen.

Schildzapfen: Beidseitige Auswüchse im mittleren Drittel des Rohres, durch die es auf der Lafette ruhte.

Schirrmeister: Der für die Bespannung (Rosspartei) verantwortliche Offizier.

Schrapnell: Mit Kartätschkugeln gefüllte Granate.

Schuwalow: Von der russischen Kavallerie mitgeführte 20-pfündige Haubitze, auch Einhorn genannt. Das Rohr von 1,85 cm Länge hatte ein Kaliber von 15,5 cm und eine ovale Seele, um die Streuung der Kartätschen zu erhöhen. Eine reitende Batterie aus acht Geschützen erforderte einen Offizier, 151 Mann, 36 Fahrzeuge und 138 Pferde.

Schritt: Längenmaß, entspricht 0,45 Zentimeter.

Seele: Der Hohlraum eines Geschützes, durch den die Kugel das Rohr verlässt.

Service: Verpflichtung der Bürger, den Soldaten Quartier zu geben.

Subalternoffizier: niederer Offizierdienstgrad (Fähnrich/Kornett bis Premierleutnant).

Taler: preußische Standardwährung, 1 Taler = 24 Groschen = 288 Pfennige.

Train: Die Gesamtheit der Fahrzeuge, die den Geschützen zur Unterstützung folgte.

Treffen: Teil der in Schlachtordnung aufgestellten Armee; gewöhnlich wurden zwei Treffen formiert, wobei das zweite in Gewehrschussweite (rund 200 Meter) hinter dem ersten stand.

Unterstab: Führungsgehilfen des Stabes (z. B. Quartiermeister, Auditeur, Regimentsfeldscher).

Überkomplette: Außerhalb der Rangierliste geführter Mannschaftsersatz.

Vogelzunge: Stange zum Entladen des Geschützes.

Wachtmeister: Feldwebel der Artillerie und Kavallerie.

Werkschuh: Altes Längenmaß, entspricht 0,36 Zentimeter.

Zoll: Längenmaß, entspricht 2,5 Zentimeter.

Literaturverzeichnis

Allmayer-Beck: Die friderizianische Armee im Spiegel ihrer österreichischen Gegner. Vorträge zur Militärgeschichte, Bd. 8, E.S. Mittler & Sohn, Herford 1987

Bleckwenn, Hans: Unter dem Preußenadler, Bertelsmann, München 1978

Bleckwenn, Hans: Die friderizianischen Uniformen. Biblio Verlag, Dortmund 1984

(Bleckwenn, Hans): Zur Ausbildung und Taktik der Artillerie. Biblio Verlag, Osnabrück 1982

Bleckwenn, Hans: Die preußischen Feldgeschütztypen 1756–1762 in Beziehung zur allgemeinen Gefechtstaktik. In: Zeitschrift für Heereskunde 1957 IV, V, VI; 1958 I

Bleckwenn, Hans: Zur Herkunft und soziologischen Gruppierung des altpreußischen Artilleriepersonals. Zeitschrift für Heereskunde 1959, S. 55 ff.

Bräker, Ulrich: Lebensgeschichte und Abenteuer des armen Mannes im Tockenburg, Progressverlag Düsseldorf

Carsted: Zwischen Schwert und Pflugschar, Hüttemann, Paderborn 1989

Catt, Henri de: Tagebücher 1758–1760, Deutscher Kunstverlag, München 1986

Cyran, Eberhard: Preußisches Rokoko, Berlin 1979

Dolleczek, Anton: Die Geschichte der österreichischen Artillerie, Wien 1867

Dominicus: Tagebuch aus dem Siebenjährigen Krieg, München 1891

Dreyer: Leben und Taten eines preußischen Regiments-Tambours, Biblio Verlag, Osnabrück 1975

Duffy, Christopher: Friedrich der Große und seine Armee: Motor-Buch Verlag, Stuttgart 1978

Götz, Hans-Dieter: Mit Pulver und Blei. Goldmann, München 1972

Gohlke, W.: Geschichte der gesamten Feuerwaffen bis 1850, Berlin 1911

Groehler, Olaf: Die Kriege Friedrichs II., Brandenburgisches Verlagshaus, Berlin 1990

Hüttemann, Bernd: Das Erscheinungsbild und die Gefechtsformen der preußischen Artillerie im Siebenjährigen Krieg. Hüttemann, Paderborn 1989

Jany, Curt: Geschichte der preußischen Armee. Biblio Verlag, Osnabrück 1967 (Nachdruck)

Klio Landesgruppe Baden-Württemberg, Die Heere der kriegführenden Staaten 1756–1763, Magstadt 1989

Kuenheim, Haug: Aus den Tagebüchern des Grafen Lehndorff, Severin u. Siedler, Berlin 1982

Lippe, Ernst Graf zur: Militaria aus Friedrich des Großen Zeit, Krefeld 1866

Malinowski, Bonin: Die Geschichte der Brandenburgisch-Preußischen Artillerie, Berlin 1840

Mendelssohn, Bartholdy: Der König, München 1912

Müller, Heinrich: Das Heerwesen in Brandenburg und Preußen von 1640 bis 1806 – Die Bewaffnung. Brandenburgisches Verlagshaus, Berlin 1991

Müller, Heinrich: Alte Geschütze, Museum für Deutsche Geschichte ohne Datum

Müller, H.: Geschichte des Festungskrieges, Mittler, Berlin 1892

Muth, Jörg: Flucht aus dem militärischen Alltag, Rombach Verlag, Freiburg 2003

Nicolai, Friedrich: Beschreibung der königlichen Residenzstadt Berlin. Propyläen, Berlin 1987 (Nachdruck)

Nicolai, Friedrich: Beschreibung der königlichen Residenzstadt Potsdam. Reclam Verlag, Leipzig 1983

Nicolai, Friedrich: Anekdoten von Friedrich II. von Preußen. Berlin 1788

Niemeyer, Joachim: Die preußische Heeresversorgung unter Friedrich dem Großen, Ausstellungskatalog der Wehrtechnischen Studiensammlung, Koblenz 1986

Petersdorff, Herman von: Friedrich der Große, Berlin 1911

Reglement vor die Königl. Preußische Infanterie, gegeben den 1. Juni 1743, Nachdruck Biblio Verlag, Osnabrück 1976

Saldern, Friedrich Christoph von: Taktische Grundsätze und Anweisung zu militairischen Evolutionen, Dresden 1786

Schöning, Kurd von: Historisch biografische Nachrichten zur Geschichte der brandenburgisch-preußischen Artillerie. Berlin 1844

Schöning, Curd von: Der Siebenjährige Krieg nach der Originalkorrespondenz Friedrichs des Großen, Potsdam 1851

Sinn: Der Alltag in Preußen, Societätsverlag, Frankfurt a.M. 1991

Strotha von: Die königlich preußische Reitende Artillerie vom Jahre 1759 bis 1806, Berlin 1868

Tempelhof, Georg Friedrich: Geschichte des Siebenjährigen Krieges zwischen dem Könige von Preußen und der Kaiserin Königin mit ihren Alliierten, Berlin 1783

Theden, Johann Christian: Unterricht für die Unterwundärzte bey Armeen, Nicolai Berlin 1782

Volz, Gustav: Die Werke Friedrichs des Großen. Hobbing, Berlin 1913

Voß, Sophie Marie, Gräfin: Neunundsechzig Jahre am Preußischen Hofe, Reprint, Story Verlag, Berlin 2004

Wirtgen, Rolf: Das Feldgeschützmaterial der preußischen Artillerie zwischen 1740 und 1786. Die Bewaffnung und Ausrüstung der Armee Friedrichs des Großen. Austellungskatalog der wehrtechnischen Studiensammlung (WTS), Koblenz 1986.

Wirtgen, Rolf: Die Handfeuerwaffen der preußischen Armee 1740–1786. Manufakturen und Güteprüfung. Austellungskatalog der wehrtechnischen Studiensammlung (WTS) Koblenz 1986.

Witzleben, von: Aus den alten Parolebüchern der Berliner Garnison. Biblio Verlag, Osnabrück 1971

Woche, Klaus-Rainer: Vom Wecken bis zum Zapfenstreich. Vowinkel 1986